U0529660

字烛照未来
TopBook

李浩学术文集

濡羽编
讲辞、讲稿与讲纲

李浩·著

陕西新华出版
陕西人民出版社

图书在版编目（CIP）数据

濡羽编 / 李浩著. —西安：陕西人民出版社，2023.10
 ISBN 978-7-224-15028-5

Ⅰ.①濡… Ⅱ.①李… Ⅲ.①中国历史—唐代—文集 Ⅳ.①K242.07-53

中国国家版本馆 CIP 数据核字（2023）第 148186 号

出 品 人：赵小峰
总 策 划：关　宁
策划编辑：武晓雨
责任编辑：张启阳
整体设计：哲　峰

濡羽编
RU YU BIAN

作　　者	李　浩
出版发行	陕西人民出版社
	（西安市北大街 147 号　邮编：710003）
印　　刷	中煤地西安地图制印有限公司
开　　本	920 毫米×1092 毫米　1/32
印　　张	10.5
字　　数	230 千字
版　　次	2023 年 10 月第 1 版
印　　次	2023 年 10 月第 1 次印刷
书　　号	ISBN 978-7-224-15028-5
定　　价	99.80 元

如有印装质量问题，请与本社联系调换。电话：029-87205094

李 浩

陕西靖边人，现为西北大学文学院教授，西北大学中国文化研究中心主任，兼任中国唐代文学学会会长等。著有《唐诗的文本阐释》《唐代关中士族与文学》《唐代三大地域文学士族研究》《摩石录》《唐园说》等学术类著述。

内容简介

本书是作者专业教学与科普讲座内容的选集。全书分为"通识视野""专题讲纲""悠悠河汾"等三部分。

第一部分话题较广，既有对大学历史、大学功能、学科建设、教师志业等的讨论，也有针对学生和一般读者的经典阅读等的解说。第二部分是与唐代文学与文化相关的几个话题。第三部分是对学术师承的致意。主要选录了对自己求学不同阶段老师的追忆，也包括对学术成长过程中几位出版家的感怀。

作者倡导终身教育和全人教育的理念，在专业教学中标举以原典细读为第一原理，在以小班教学为主的研究型教学中，践行文献阅读先行、研讨教学落地，以提升学生研究能力、专业写作技能和创新思维为目标，以最新的考古发现、新见文物以及科学新知，激活学生的创新思维。从选入本书的部分讲辞、讲稿和讲纲中，细心的读者可以略窥一斑，或许能体察到讲者隐微的良苦用心。

自 序

一

近二三十年来，除了校内的正常教学外，也曾不断被邀请出席相关的交流活动及专题讲座，有些话题我事先有些准备，先后讲过多次，稍微主动些。也有些话题是应主办方要求，为他们的活动专门准备，只讲一次，但花的时间精力，并不比写一篇论文少，而且因时间所限，总是匆匆忙忙，留有不少遗憾。也有的活动，超出自己专业范围，出席为了友情，发言也仅仅是客气和礼数。这些内容，就不想收入文集了。其他与学术相关的内容，实际上是学术的拓展和外溢，与学术工作是一个整体，故将这些内容纳入本书收录范围。收入前两部分的内容较杂乱，只能按照话题粗略地划分。

第三部分是追忆自己的师承以及在学术成长过程过从较多的几位师长，收入这部分的不是全部师长，仅仅是受邀参加一些活动并发过言、写过文章的部分。

二

近读唐君毅唐先生在《生命存在与心灵境界》一书中说:"吾不欲吾之哲学成堡垒之建筑,而唯愿其为一桥梁;吾复不欲吾之哲学如山岳,而唯愿其为一道路,为河流。"诚获我心。1961年,唐先生发表《说中华民族之花果飘零》一文,两年多后,他又发表《花果飘零及灵根自植》,就相关问题反复申述:"一切民族之自救……必须由自拔于奴隶意识而作为自作主宰人之始……故无论其飘零何处,亦皆能自植灵根……其有朝一日风云际会时,共负再造中华,使中国人之人文世界花繁叶茂,于当今之世界之大任者也。"19世纪下半叶至20世纪,由于外力造成中华文化的花果飘零,期待有朝一日风云际会,花繁叶茂,这是唐先生的文化梦想,但自植灵根是我们每个人在当下都能践履实行的。

一百年前德国学者马克斯·韦伯晚年著名演讲《以学术为业》结尾有一段话:

> 在课堂里,唯有理智的正直诚实,才是最有价值的美德。然而诚实也迫使他们指出,对于这么多期待着新的先知和圣徒的人来说,他们的境况,同以赛亚神谕所包含的流放时期以东的守望人那首美丽的歌所唱的完全相同?
>
> 有人从西珥呼问我,守望的啊,黑夜如何。守望的说,早晨将至,黑夜依然,你们若要问就可以问,可以回头再

来。①

对于今天的读者,马克斯·韦伯所强调的"学术志业"和以赛亚神谕,都晦涩难懂,这里就不展开了。还是看《旧杂譬喻经》卷上第二三的一则寓言故事:

> 昔有鹦鹉,飞集他山中。山中百鸟畜兽,转相重爱,不相残害。鹦鹉自念:"虽尔,不可久也,当归尔。"便去。却后数月,大山失火,四面皆然。鹦鹉逢见,便入水,以羽翅取水,飞上空中,以衣毛润水洒之,欲灭大火。如是往来往来。天神言:"咄!鹦鹉!汝何以痴:千里之火,宁为汝两翅水灭乎?"鹦鹉曰:"我由不知而灭也?我曾客是山中,山中百鸟畜兽皆仁善,要为兄弟,我不忍见之耳!"天神感其至意,则雨灭火也。

《旧杂譬喻经》,吴康僧会译。故事情节虽简单,但却美丽动人。佛典中除《旧杂譬喻经》外,《阿育王譬喻经》和《杂宝藏经》也载有这个寓言。其中元魏吉迦夜所译《杂宝藏经·佛以智水灭三火缘品》:

> 过去之世,雪山一面,有大竹林,多诸鸟兽,依彼林

---

① [德]马克斯·韦伯《学术与政治:韦伯的两篇演说》,冯克利译,北京:生活·读书·新知三联书店1998年,第49页。

住。有一鹦鹉,名"欢喜首"。彼时,林中风吹两竹,共相揩磨,其间火出,烧彼竹林,鸟兽恐怖,无归依处。尔时,鹦鹉深生悲心,怜彼鸟兽,捉翅到水,以洒火上。悲心精勤故,感帝释宫,令大震动。释提桓因以天眼观:"有何因缘,我宫殿动?"乃见世间有一鹦鹉,心怀大悲,欲救济火;尽其身力,不能灭火。释提桓因即向鹦鹉所,而语之言:"此林广大,数千万里,汝之翅羽所取之水,不过数滴,何以能灭如此大火?"鹦鹉答言:"我心弘旷,精勤不懈,必当灭火。若尽此身,不能灭者,更受来身,誓必灭之。"释提桓感其志意,为降大雨,火即得灭。

《杂宝藏经》中还给鹦鹉取了"欢喜首"的名字,欢喜者,是佛家尊者名,为释迦弟子。其他二经中都将受鹦鹉感动而降天雨的记为天神,而《杂宝藏经》则归美于释提桓。"释提桓"即"释迦提桓因陀罗",是住在须弥山顶的能天主。

南朝刘宋时期刘义庆《宣验记》中有一篇《鹦鹉》,情节袭取于此。此外,刘敬叔所著《异苑》中有一篇《鹦鹉救火》也与此相类:

有鹦鹉飞集他山,山中禽兽,辄相贵重。鹦鹉自念:"虽乐,不可久也。"便去。后数月,山中大火,鹦鹉遥见,便水濡羽,飞而洒之。天神言:"汝虽有志,何足云也。"对曰:"虽知不能救,然尝侨居是山,禽兽行善,皆为兄弟,不忍见耳!"天神嘉感,即为灭火。

另，《太平御览》卷九一七也曾记载一则与鹦鹉灭火绝似的故事，亦见于《宣验记》。记中云："野火焚山，林中有一雉，入水渍羽，飞以灭火，往来疲乏，不以为苦。"其实也是源自佛教传说，详见玄奘《大唐西域记》卷六中的《雉王本生故事》，亦可参见《智度论》卷十六。

刘敬叔所编撰的《鹦鹉救火》故事是《旧杂譬喻经》的删改本，表明这个寓言故事对南北朝志怪小说的影响。鲁迅、余英时等的著述中也曾引用了《异苑》中的这个寓言故事。

我在此不厌其烦地引述一个寓言故事的母题及其衍变，是想证明文化记忆的强大作用。在《杂宝藏经》版故事的最后，鹦鹉说："我心弘旷，精勤不懈，必当灭火。若尽此身，不能灭者，更受来身，誓必灭之。"与本土的《列子·汤问》中"愚公移山"寓言主题遥相呼应："虽我之死，有子存焉。子又生孙，孙又生子；子又有子，子又有孙；子子孙孙无穷匮也，而山不加增，何苦而不平？"

鹦鹉救火的故事感人，濡羽、渍羽的意象也很新奇。作为一种文化记忆和文化模因，昔哲今贤前后相续，千年以来不断复述改编，积淀成一个丰厚的文化岩层，我借过来作为本集的题目，是否唐突，希望读者朋友有以教我。

2022 年 11 月 25 日居安路寓所，小区新一轮静默第一天

目 录

通识视野

大雅：传统文化视域中的高等教育资源 …………… 3
大学与大楼 …………………………………………… 23
人文何以化成 ………………………………………… 27
让一部分人先高雅起来 ……………………………… 34
我们的生活缺失什么？ ……………………………… 38
教师的三重境界 ……………………………………… 42
师德四维 ……………………………………………… 48
从"复述知识"到"创新学术" ……………………… 53
与新生一席谈 ………………………………………… 62
经典阅读四题 ………………………………………… 70
传统与开新 …………………………………………… 84
语文教学：大学与中学的异同 ……………………… 87
人工智能时代，我们如何教中文？ ………………… 90
也说"打通" …………………………………………… 99

学科建设的"三为"境界 …………………………… 107
人文学科为什么要做科研？ …………………………… 110
诗运三关：从古典到现代 …………………………… 113
评论家的两味药：学理化与诗意化 …………………… 118
延安与中国传统文化 …………………………………… 125

专题讲纲

唐代的启示 …………………………………………… 137
唐诗与中国文化精神 ………………………………… 143
唐诗与唐乐舞 ………………………………………… 161
唐诗中的黄河文化 …………………………………… 168
从"两京"到"双城"
　　——长安与洛阳的前世今生 …………………… 196
唐代长安与丝路文化 ………………………………… 204
都市形象与文学美典
　　——以唐代长安的国际性与唐诗的世界性为重点 ……… 220
李白与丝路文化 ……………………………………… 226

悠悠河汾

依然芳草年年绿 ……………………………………… 243
立雪琐忆 ……………………………………………… 247
最后一次拜年 ………………………………………… 250
鸿　迹 ………………………………………………… 255

我是傅粉
　　——傅先生印象小记 ………………………………… 261
迟到的追思 ……………………………………………… 268
让学术守护苦难生命
　　——初读《傅璇琮文集》的一点体会 ……………… 271
纪念章先生 ……………………………………………… 275
广大而精微
　　——王水照师印象记 ………………………………… 278
水照先生学术人生的六重世界 ………………………… 283
三张华 …………………………………………………… 286
怀念薛老师 ……………………………………………… 289
双飞翼 …………………………………………………… 294
空向秋波哭逝川 ………………………………………… 298
仰望赵昌平 ……………………………………………… 302
启蒙者的心语
　　——《钵钵山诗文集》读后 ………………………… 308

后　记 …………………………………………………… 317

通识视野

大雅：传统文化视域中的高等教育资源

> 大雅久不作，吾衰竟谁陈？
> ——李白《古风五十九首》其一

一般认为，现代大学教育或高等教育起源于欧洲。最早的大学可以追溯到创建于1087年的意大利博洛尼亚大学，而现代学术型的大学起源于德国洪堡大学。中国的现代大学教育则与清末新式学堂的出现有关。这似乎已成为毋庸置疑的常识，笔者无意于挑战高等教育史上的这些基本共识。治教育史而博学者，言必称洪堡者在在不少，更有谓"开谈不说MIT（麻省理工），读尽诗书也枉然"者。当下开展的"双一流"建设，更助推了中国的现代大学向世界一流大学的基准看齐，而一流大学的标准似乎就是对国外大学先进理念与实践的认知。

本文拟进一步思考的问题是，前现代的中国有无自己的高等教育？如果有，其理念与实践对当代高等教育的改革与"双一流"建设有无启示？如果无，那么至少三千年以来不同历史时期的高等级人才培养或精英人才培养，有何经验教训值得反思？中国当前的高等教育改革除了横向移植外，可否也能做一点纵向借鉴的实验与尝试？

一、刻意回避本土资源的 20 世纪高等教育

19 世纪末 20 世纪初，维新派鼓吹废除科举，兴办（新式）学堂，这确实是"三千年未有之大变局"，在当时及后来都引起很大的震动。有学者甚至说，清朝帝制的灭亡，不是亡于武昌首义的新军，而是亡于被断绝了仕进通道的士人举子。因与本论题关系不大，此不枝蔓赘述。但是，学者在论述时多将科举作为新式教育的对立物，则是应该商榷的。应该说，一废一兴，两者自然有错综复杂的关系，但废科举与兴学堂是并列关系，而不是对立（对举）关系。循名责实，科举作为旧式的选人用人制度，与它对立的是新式的程序正义、唯才是举的新型人才选拔制度。而新式学堂作为新式的学校制度或人才培养机构，与它对立的是旧式的学校制度或古典的教育制度。因为仇视科举，废止了科举，连类而及，同时将为科举培养人才的教育机构也全盘否定了。在倒洗澡水时，连澡盆中的孩子一起倒掉了，以此表示咸与维新，与旧制度做彻底的决裂。此后，无论是民国时期高等教育初创期的全盘欧美化，还是新中国成立后高等教育再生期的全盘俄苏化，都是将古典教育制度作为批判对象。若同中求异，20 世纪初的破旧立新，仅仅将本土的古典教育作为靶标，而 20 世纪中叶的再次除旧布新，则将古典（封建主义）教育与欧美（资产阶级）教育统统

视为靶标。20世纪70年代末恢复高考，虽恢复了新一轮向欧美高等教育学习，但迄今仍未敢理直气壮地提出向本土的古典教育学习，所以对教育界而言，这种恢复与开放仍然是有限度的。

当下高等教育的深化改革，如果仅仅取法于中国现代高等教育资源，一百多年的河流短暂而清浅；如果还能取资欧洲中世纪以来的西方古典大学教育史，一千多年的时间之河上水光潋滟，山色空蒙，看起来似乎也不错；但如果溯流而上，沿波讨源，从前现代的本土文化中发现教育资源，我们既能看到下游的茫茫九派，壮阔波澜，又能追溯到上游复杂多样的水文地貌。滥觞处也许不是标准的河流，仅仅是一块广袤的湿地，但它涵养着水源，蕴藏着各种濒危的动植物标本，这是本土教育资源的原生态，也是本土文化的基因库。

"六载观摩傍九夷，吟成欹舌总猜疑。唐贤读破三千纸，勒马回缰作旧诗。"①被尊称为现代新诗主将的闻一多，在海外留学多年，学习西方的美术和文学，但并未忘怀传统的文学形式，于1925年在纽约时写下此诗。值得注意的是，他的"勒马回缰"，不是一般人理解的回国后要谋生、要在高校教书搞研究才有此想。被认为是新文学创作中最有成就的、也最激进的闻一多先生能够"不薄今人爱古人"，一个世纪后的高等教育研究者可否适度屈尊，勒马回缰，回顾并反思一下中国高等教育演进的过程。

在笔者看来，毫无疑问，前现代的中国有自己的古典型的高等教育或大学教育。它们不光承担了那个时代传承文明、创新知

---

① 闻一多《废旧诗六年矣。复理铅椠，纪以绝句》。

识、培养人才的使命，而且也有许多行之有效的理念、方法和实践，可以通过转化性的创造，转换成现代高等教育发展可供选择的资源。这对于突破当下高等教育改革的瓶颈，消弭人们对高等教育的种种歧见和误解，引领未来中国高等教育走上充满自信的向上一路，将会裨益无穷。

二、传统文化中的高等教育理念

关于大学概念的提出[①]，《礼记·明堂位》第十四中说："殷人设右学为大学，左学为小学，而作乐于瞽宗。"《大戴礼记·保傅》："古者年八岁而出就外舍，学小艺焉，履小节焉；束发而就大学，学大艺焉，履大节焉。"《礼记·王制》第五："天子命之教然后为学。小学在公宫南之左，大学在郊。天子曰辟雍，诸侯曰泮宫。"东汉何休《春秋公羊传解诂》："（邑里）其有秀者，移于乡学。乡学之秀者，移于庠。庠之秀者，移于国学，学于小学。诸侯岁贡小学之秀者于天子，学于大学。"这几段文献中的个别文字有异辞，学童何时进入大学的时间也有不同说法，大学的"四学""五学"也有异称，但如我们说，早在殷周时期就有了中国式的贵族学校教育制度（其中包含大学体系），则异议不会太多。殷商出现于公元前17世纪，西周出现于公元前11世纪，距今都超过了三千年，则中国前现代古典型高等教育出现的时间就约略可

[①] 据文献载，甲骨文中已出现大学之名，因本文不涉及大学名称概念起源的考证，有关论述可参见陈梦家《殷墟卜辞综述》，科学出版社1956年；王贵民《从殷墟甲骨文论古代学校教育》，《人文杂志》1982年第2期。

知了。

近年来，笔者先后撰写过《我之大学教育观》《人文何以化成：新国学教育的三个境界》《传统与开新》等文，相关论述还辑录为学术随笔集《课比天大》①，曾引起不少关注。坦白地讲，我著述中提及的那些大学理念大多是阅读古代文化典籍时所获一鳞半爪，而且仅仅是初步简单的罗列，甚至可能是生吞活剥，并未能完全消化，如稍微整齐化一下，至少我们可以从以下方面理解。

关于教育目的。《礼记·大学》第四十二开宗明义："大学之道，在明明德，在亲民，在止于至善。"又，《礼记·中庸》第三十一："故君子尊德性而道问学，致广大而尽精微，极高明而道中庸。温故而知新，敦厚以崇礼。"无论是我们的高等教育学原理类著述，还是目前正在开展的各学校大学章程的撰写，都不敢理直气壮地将这些论述直接引用，视作高等教育的目的和办学宗旨，硬要自己拍脑袋拼凑一些东西，其实在这方面编新不如述旧。有意思的是，如果翻阅教育史料，我们会发现民国时期设立的大学，或海外汉文圈中的一些大学，反倒理直气壮地将这些语录引作校训或办学理念。

校训、校歌、校徽、校旗、学校章程往往是一个学校办学宗旨、办学理念的最集中体现。有意思的是，19世纪末至20世纪前期设立的大学，虽然学校的体制是新式的现代的，但在校训、

---

① 《我之大学教育观》（见2013年1月17日《中国科学报》）、《人文何以化成：新国学教育的三个境界》（原题《新国学教育三境界》，见2013年4月1日《光明日报》）与《传统与开新》三文皆收入拙著《课比天大》（增订本），北京：生活·读书·新知三联书店2013年。

校歌中却仍直接引用或化用古典教育理念，20世纪50年代至"文革"十年这种做法被废止。打倒"四人帮"后，有些学校恢复了原来的校训和校歌，也有不少学校新编新写，以示与时俱变。我们比较熟悉清华大学的校训"自强不息，厚德载物"，复旦大学的校训"博学而笃志，切问而近思"，南开大学的校训"允公允能，日新月异"，中山大学的校训"博学审问慎思明辨笃行"，厦门大学的校训"自强不息，止于至善"，苏州大学的校训"养天地正气，法古今完人"，西北大学的校训"公诚勤朴"，西北工业大学的校训"公诚勇毅"（来源于原国立西北工学院院训），都是继承学校老传统，述旧为新的例子。台中市中兴大学校门口将《论语·述而》中"志于道，据于德，依于仁，游于艺"四句孔学要旨，邀请书法名家陈其铨、杜忠诰、汪中和王静芝等教授书写刻石，成为"孔学要旨石碑"，既是学校理念与宗旨的体现，又俨然成为学校校园的人文景观地标。

关于教学方法。孔子讲学与思的辩证关系说："学而不思则罔，思而不学则殆。"（《论语·为政》）《礼记·学记》："大学之教也，时教必有正业，退息必有居学。不学操缦，不能安弦；不学博依，不能安诗；不学杂服，不能安礼。不兴其艺，不能乐学。故君子之于学也，藏焉修焉，息焉游焉。夫然，故安其学而亲其师，乐其友而信其道，是以虽离师辅而不反也。《兑命》曰：'敬孙务时敏，厥修乃来。'其此之谓乎！"这一段侧重说教学。又，《礼记·中庸》第三十一还说："博学之，审问之，慎思之，明辨之，笃行之。有弗学，学之弗能弗措也；有弗问，问之弗知弗措也；有弗思，思之弗得弗措也；有弗辨，辨之弗明弗措也；有弗行，行之弗笃弗措也；人一能之己百之，人十能之己千之。果能此道矣，虽愚必明，虽柔必强。"这段语录虽侧重说学习的方法，但不是孤立地绝对地讲某某方法重要，而是辩证地从学习的整个过程，从诸种关系中来把握各种方法。20世纪前半叶设立的复旦大学、中山大学等多所大学的校训直接引用或化用这段话，可见古典的教育理念仍然启迪着现代的智慧之光。

在讨论读书方法时，孟子说："尽信书，则不如无书。"(《孟子·尽心下》)英国哲学家培根说："有些书可供一尝，有些书可以吞下，有不多的几部书则应当咀嚼消化；这就是说，有些书只要读读他们底一部分就够了，有些书可以全读，但是不必过于细心地读；还有不多的几部书则应当全读，勤读，而且用心地读。有些书也可以请代表去读，并且由别人替我作出节要来，但是这种办法只适于次要的议论和次要的书籍；否则录要的书就和蒸馏的水一样，都是无味的东西。"① 与孟子所说可以参照比较，孟子讲得很简要，而培根讲得更详细切实。

关于素质教育。虽然关于素质教育的内涵及名称，一直有不同的说法，甚至有人对此概念有过多的否定。② 但为了讨论的方便，我们将此概念视作通识教育、通才教育、博雅教育的替换词使用，不在此做进一步辨析区分。《周礼·地官司徒》第二："以乡三物教万民，而宾兴之。一曰六德：知、仁、圣、义、忠、和。二曰六行：孝、友、睦、姻、任、恤。三曰六艺：礼、乐、

---

① [英]培根《培根论说文集》第五十《论学问》，水天同译，北京：商务印书馆1958年，第159页。
② 郑也夫《吾国教育病理》，北京：中信出版社2013年。

射、御、书、数。""乡三物"应是基础教育的基本内容,"六德"应是六种道德规范,"六行"应是六种合乎道德的行为,而"六艺"则是一个君子应该掌握的六种技能,也是六门技能课程。六德、六行与六艺合起来称为"乡三物"。需要特别提示的是,从周朝以来,中国文化所倡导的古典素养教育,其范围不仅大于西方的通识教育或博雅教育,也远大于时下方兴未艾的素质教育,倒是有点类似目前哈佛大学等教育机构所推展的"全人教育(Holistic Education)"。这是时下倡导素质教育者应注意区别和辨析的。其次,"乡三物"中的许多内容,有的属于基础教育,但又不限于基础教育,在高等教育中仍然继续贯穿,比如"六艺"的课程。

与本文题旨密切相关的是,已有学者指出"全人教育"的理念来源于日本教育学家小原国芳的"十二教育信条",即:①全人教育;②尊重个性的教育;③自学自律(重视学生的自学和自我约束的能力);④高效率的教育(创造良好的学习环境、精选教材、改善教学方法和提高学习兴趣);⑤立足于学的教育(改变立足于教的指导思想);⑥尊重自然;⑦师生间的温情(尊师爱生);⑧劳作教育(培养知行合一的坚强意志和实践能力);⑨对立的合一(使两种对立的品质合于一身);⑩尽量满足他人的愿望和做人生开拓者;⑪学塾教育(继承日本古代学塾的传统,师生同吃、同住、同劳动、同学习、同祈祷);⑫国际教育。小原国芳在《全人教育论》中还说:"学问的理想在于真,道德的理想在于善,艺术的理想在于美,宗教的理想在于圣,身体的理想在于健,生活的理想在于富"。"这六个方面的文化价值就像秋天庭院里盛开的大波斯菊花一样,希望和谐地生长"。他将学问、道德、艺术、宗教、身体和生活的真、善、美、圣、健、富比作大波斯菊花的六个花瓣,每个花瓣代表全人的一个方面,六者和谐发展,缺一不可。① 这种认识既受到西方教育文化的影响,又有日本的教育实践,也能看到中国古典教育的影子。他的六瓣说显然与《周礼》中的六德说、六行说、六艺说秘响旁通,可以互相发挥。

关于人才培养。马端临《文献通考》提及夏"以射造士",商"以乐造士",周"以礼造士",说明三代时期所面临的问题不同,对人才培养与使用的侧重点也不同。清人龚自珍《己亥杂诗》其五中说:"浩荡离愁白日斜,吟鞭东指即天涯。落红不是无情物,化作春泥更护花。"喻指教师的牺牲与奉献,对学生健康成长是有意义的。又其二二〇写道:"九州生气恃风雷,万马齐喑究可哀。我劝天公重抖擞,不拘一格降人才。"虽是一首青词,但在大众创业、万众创新的当下,诗人呼唤不拘一格育才、不拘一格用才的热诚仍有当下意义。

关于师资队伍。《礼记·学记》:"凡学之道,严师为难。师严然后道尊,道尊然后民知敬学。是故君之所以不臣于其臣者二:当其为尸,则弗臣也;当其为师,则弗臣也。大学之礼,虽诏于天子,无北面,所以尊师也。"韩愈《师说》:"师者,所以传道授业解惑也。"也是由秦汉以来的思想演生而来的。

岳麓书院崇道祠有一块匾额,上面写着"斯文正脉"四个大

---

① 可参见小原国芳《小原国芳选集》第三卷,日本玉川大学出版社 1970 年(昭和五十五年)。潘光旦在考察欧美教育后,也曾将教育的功能归纳为德、智、体、群、美、富等"六育"。可参见潘乃谷、潘乃和编《潘光旦教育文存》,北京:人民教育出版社 2002 年。

字。在岳麓书院讲堂的门上，由山长旷敏本撰写了一副对联，上联是："是非审之于己，毁誉听之于人，得失安之余数，陟岳麓峰头，朗月清风，太极悠然可会。"下联是："君亲恩何以酬，民物命何以立，圣贤道何以传，登赫曦台上，衡云湘水，斯文定有攸归。"

古代儒家设置的祭祀牌位为天、地、君、亲、师，构成社会成员最基本的五种关系，迄今在民间仍有很大的影响。钱穆曾说："天地君亲师五字，始见于《荀子》书中。此下两千年，五字深入人心，常挂口头。其在中国文化、中国人生中之意义价值之重大，自可想像（象）。"[①]这就使得教师这一职业与劳动力市场上的其他出卖体力、出卖智力（知力）者有了本质区别。在现代人看来，学成文武艺，可以货于帝王家，也可以货于资本家。但是在中国古人看来，一旦做了教师，成了受教育者的"教父"（或教傅、保傅），与学生缔结了血统之外的"学统"（道统）关系，那么就不是劳动力市场上买与卖的关系那么简单了。故不能用商家经营理念中的"顾客是上帝"云云，来对接学校中的师生关系。在中国传统文化中，学生被定位为接受教育者，被开蒙者。师生反目、师生决裂，比夫妻关系破裂更为人们关注。师生关系取得了拟血缘的地位，也使得人们对教师的遴选、教师队伍的建设有着几近苛刻的要求。

[①] 钱穆《晚学盲言》，桂林：广西师范大学出版社2004年，第242页。有关"天地君亲师"的观念最早出现于何时、源于何典籍说法较多，最新的研究可参见徐梓《"天地君亲师"源流考》，《北京师范大学学报》2006年第2期。

三、传统文化中的高等教育实践

关于素质教育的实践。《论语·述而》："子曰：'志于道，据于德，依于仁，游于艺。'"朱熹注："此章言人之为学当如是也。盖学莫先于立志，志道，则心存于正而不他；据德，则道得于心而不失；依仁，则德性常用而物欲不行；游艺，则小物不遗而动息有养。学者于此，有以不失其先后之序、轻重之伦焉，则本末兼该，内外交养，日用之间，无少间隙，而涵泳从容，忽不自知其入于圣贤之域矣。"①钱穆说："本章所举四端，孔门教学之条目。惟其次第轻重之间，则犹有说者。……志道、据德、依仁三者，有先后无轻重。而三者之于游艺，则有其轻重无先后，斯为大人之学。"②李泽厚说："这大概是孔子教学总纲。'游'，朱熹注为'玩物适情之谓'，不够充分。而应是因熟练掌握礼、乐、射、御、书、数即六艺，有如鱼之在水，十分自由，即通过技艺之熟练掌握，获得自由，从而愉快也。亦是一种'为科学而科学，为艺术而艺术'的快乐也。"③

关于精英教育的实践。古代的教育特别是高等教育，主要集中在贵族和皇族中间。接受教育者是有等级身份的限制的。与现代的大众教育、普及教育有本质的区别。但他们对接受教育者的精心、精致和精细，视学生如己出，则是现代教育者应该学习

---

① 朱熹《四书章句集注》，北京：中华书局1983年点校本，第94页。
② 钱穆《论语新解》，北京：生活·读书·新知三联书店2002年，第130页。
③ 李泽厚《论语今读》，北京：中华书局2015年，第128—129页。

的。孟子讲君子有三乐，其中"得天下英才而教育之"是第三乐。刘源俊认为这句话的九个字应重组，改为"教育而得天下之英才"，这样才能与"有教无类"的意思相通，完整的说法应该是：得天下英才而教育之，莫如教育而得天下之英才。[①] 即便如此，重点仍是在说教育可以把受教育者变成社会的英才和精英。

关于小班教学的实践。早期的辟雍、太学等，后来的国子监、四门学等招收学生都很有限，故有推行小班教学的可能性。包括春秋时期的私学、宋元以后的书院，规模都不很大，也是一种变相的小班制。西方大学中的"班"是指同一专业或学分制中修同一门课程的教学组织单位，不是固定的行政组织。有学者指出，今天大陆教育机构中固定封闭式的"班"，既不是传统书院中的概念，也不是西方教育的概念，更多的是受苏联教育体制的影响，而苏联教育中的"班"，有可能来源于军队的组织编制，是一种有利于配合军事作战的固定组织。20世纪60年代中期后，中苏政治交恶，大陆从各个方面摆脱了苏联的影响，70年代后期改革开放，大陆的高等教育更多是学西方，唯独高校里固定设班这一点没有改变。因为班在学校中属于一级管理组织，而不仅仅是一个教学单位，故我们的一些家长，从孩子入幼儿园开始，就给班主任打招呼，希望能委任孩子做班长或班干部，看重的就是班长或班干部是学生组织中一个最基础的职级。

关于导师制的实践。古代私塾中的家庭教师，皇族中为皇子

[①] 台湾大学共同教育委员会编《迈向杰出第二集我的学思历程》，台北：台湾大学出版中心2003年版，第97页。

特别是太子所选拔的教师，不仅在学习期间，就是在学习期结束后，师生仍有联系，有些老师甚至就是学生顾问性质的智囊或军师。后代士人热衷于成为所谓的"帝王师"。实际上，"帝师"有许多就是学生读书时期的保傅。

四、萃取与移植：传统资源的创造性转化

传统文化中的教育资源内容繁多，数量极大。虽然也有《礼记·大学》《礼记·学记》《荀子·劝学》、韩愈《师说》这样完整的古典教育学文章，但绝大多数是散章短篇、语录警句。有好多还隐含在碑志、书信、家训、笔记、野史、佛道藏中，多为一鳞半爪，残丛小语，需要我们仔细搜集、爬梳整理。在行文风格上，传统的教育文献多采用奇比妙喻，直觉思维的特色非常鲜明，也需要我们不断理论化、系统化，并与现代教育理论互释会通。

笔者本人并非泥古或复古论者，没有想用零散的古典教育史料对抗完整的现代教育理论。恰恰相反，笔者意在提醒教育管理者和教育理论研究者注意，传统中国是教育资源大国，有很多资源需要研究，需要萃取①。

一是用诗教、乐教、礼教等古典素质教育的内容来充实现代素质教育体系。传统教育中有关诗教、乐教、礼教的内容非常丰富，有很多很好的理念，也有非常悠久的实践。孔子讲："兴于

---

① "萃取"一词，借用陈洪先生的概念。陈洪先生曾多次讲对待传统要以萃取、激活、兼容、发展的辩证眼光看待。

诗，立于礼，成于乐"（《论语·泰伯》），又说："不学诗，无以言……不学礼，无以立"（《论语·季氏》），在他看来，诗、礼、乐三教是三位一体的，是其他教育内容的基础。现代素质教育的提出，出发点与动机很好，但因实践的时间太短，范例与案例太少，没有得到整个华人社会高等教育界的广泛认可，还不足以移风易俗，改变风气。故可以直接借镜于古典，使它成为华人高等教育界的共识。

前两年教育界都在热议习近平总书记教师节在北京师范大学的讲话，讨论中小学语文教材中古典诗词数量的多少问题。笔者认为，这个问题表面上看是诗词作品数量的多与少的问题，而实质上是诗教的有与无的问题。传为孔子所说的一段话："入其国，其教可知也。其为人也，温柔敦厚，诗教也；疏通知远，书教也；广博易良，乐教也；絜静精微，易教也；恭俭庄敬，礼教也；属辞比事，春秋教也。"（《礼记·经解》）在传统教育谱系中，诗教、乐教、礼教等都是基质的，而在现代教育视野中，这些内容都下降为工具性、技能性与识记性的东西，与人格、人品、人性毫无关联了。

大家都不会忘记《论语·先进·侍坐章》中曾皙的"鼓瑟希，铿尔，舍瑟而作"，与孔子的"吾与点也"（《论语·先进》），在孔子看来，曾皙的演奏所传达出的是一种理想的人生境界，所以让他心向往之。这种理想境界是一种和美的音乐境界。同样，在孔子看来，社会治理的最好状态，也是一种弦歌。

至于礼乐从根本上、制度上被破坏，基于20世纪天崩地陷的纲维解纽所导致的礼崩乐坏，我们今天目睹的各种社会怪现状,都是在这样的背景下出现的。

二是以文质彬彬的君子教育完善现代的全人教育。"文质彬彬,然后君子。"(《论语·雍也》)"君子"的一个替换词是"斯文",传统教育中对培养社会精英君子、斯文有很多论述,也有很好的实践。现代的革命教育,则是对这种传统的不断破坏:"革命不是请客吃饭,不是做文章,不能那样雅致,那样从容不迫,文质彬彬,那样温良恭俭让。革命是暴动,是一个阶级推翻另一个阶级的暴烈的行动。"如果在战争年代,谈革命谈暴力谈破坏谈推翻,自是题中应有之义。那么在和平年代,在构建现代文明社会中,应倡导什么,我想并不难理解吧。

三是汲取传统生态文明理念以丰富现代生态教育。前现代的中国是农业社会,教育也是这种文明的衍生物。农业文明曾长期为人们诟病,但农业时代人与自然的关系还较和谐,在教育理论中也能看到这些痕迹。《礼记·中庸》第三十一:"喜怒哀乐之未发,谓之中;发而皆中节,谓之和。中也者,天下之大本也;和也者,天下之达道也。致中和,天地位焉,万物育焉。"现代著名教育学家潘光旦据此总结出"位育"的教育理论。[①] 这一理论已超越了狭隘的学校教育观念,含有中和位育、遂生乐业的博大思想。《中庸》第三十一还说:"唯天下至诚,为能尽其性;能尽其性,则能尽人之性;能尽人之性,则能尽物之性;能尽物之性,则可以赞天地之化育;可以赞天地之化育,则可以与天地参矣。"《庄子·马蹄》第九描述理想的社会说:"故至德之世,其行填填,

---

① 潘乃谷、潘乃和编《潘光旦教育文存》,北京:人民教育出版社2002年。

其视颠颠。当是时也，山无蹊隧，泽无舟梁；万物群生，连属其乡；禽兽成群，草木遂长。是故禽兽可系羁而游，鸟鹊之巢可攀援而窥。夫至德之世，同与禽兽居，族与万物并。恶乎知君子小人哉！同乎无知，其德不离；同乎无欲，是谓素朴。素朴而民性得矣。"人与自然界中包括动植物在内的万物和谐相处，是鸿蒙初辟时的本初状态。人与自然的不断紧张对立是所谓的人类文明进步的伴生物和代价，到了工业化的现代，这种代价已经高昂到人类无法承受之重，人类才开始慢慢反思。作为一种知识谱系的生态科学，主要产生于西方，但是古老的东方智慧中就有许多生态文明的智慧，这种智慧至今仍有特殊的启示意义。"古代中国的自然哲学比古希腊的自然哲学更深刻。古希腊人希望通过获取自然科学的知识来探视自然，而中国的古人则将人浸入到自然当中，并亲身体验人与自然的神奇的关联性。"[①]

四是通过对经典的践行来唤醒全社会的诚信意识。儒家典籍强调仁义礼智信，其中对信的重视，对目前出现的道德溃坝如何防范，通过吸纳并践行传统应该是其中的一个途径。

五是以和而不同的理念来传承一种古典自由主义的思想[②]，以援助现代大学教育所倡导的自由思考、自由探索、自主研究。儒家主张博学审问，慎思明辨，肯定狂狷，鄙夷乡愿，推崇贫贱不移、富贵不淫、威武不屈的独立的大丈夫人格，仍有一种古典

[①] [德]阿尔伯特·史怀哲《中国思想史》，常暄译，北京：社会科学文献出版社2009年，第40页。
[②] 本文所用"古典自由主义"一语，与政治学上该词的指涉无关，而是与前面的古典大学教育呼应，仅仅是指前现代而已。

自由主义的遗义。在中国传统文化中，自由主义虽然不是主旋律，但我们从"箪食瓢饮"的"孔颜之乐"，到范仲淹的"宁鸣而死，不默而生"(《答梅圣俞灵乌赋》)，再到程颢的《秋日偶成》："闲来无事不从容，睡觉东窗日已红。万物静观皆自得，四时佳兴与人同。道通天地有形外，思入风云变态中。富贵不淫贫贱乐，男儿到此是豪雄。"他的另一首《秋日偶成》说得更透彻："寥寥天气已高秋，更倚凌虚百尺楼。世上利名群蠛蠓，古来兴废几浮沤。退居陋巷颜回乐，不见长安李白愁。两事到头须有得，我心处处自优游。"只有精神上"处处自优游"，才能"道通天地""思入风云"。

胡适很早就注意寻找传统文化中的自由思想成分。其1949年3月一次公开演讲的题目就是《中国文化里的自由传统》，侧重以谏官和史官制度为例，讨论言论自由和思想自由。① 有人曾问胡适，美国开国元勋、独立英雄帕特里克·亨利的名言"不自由，毋宁死"(Give me liberty, or give me death)，在中国有没有相似的话，胡适说有，就举范仲淹"宁鸣而死，不默而生"为答，认为其言可以立懦，多次手书成条幅赠友人。他说古代用此专指谏诤的自由，现在则指言论的自由。② 汉学家狄百瑞也认为中国文化中有自由传统，并做了更为深入的发掘和阐释，他强调宋明理学中的自由思想，还特别以黄宗羲为例，阐释黄所讲的"天下为主君为客""有治法而后有治人""公其非是于学校"等思想，实际上就

---

① 胡颂平编《胡适之先生年谱长编初稿》第六册，台北：联经出版公司1984年，第2078—2081页。
② 原载1955年4月台北《自由中国》第12卷第7期。

是在强调政治上分散权力，法律上维护尊严，学术上独立自由。与胡适从谏官、史官入手不同，狄百瑞更多强调经筵讨论、书院制度和朱熹的教育思想中的自由意涵。① 朱熹与陆九渊的"鹅湖之会"，二人学派不同，见解各异，黄宗羲在《宋元学案》中说双方"同值纲常，同扶名教，同宗孔孟，即使意见终于不合，亦不过仁者见仁，智者见智"，体现出在学术上的和而不同。在《明儒学案发凡》中，黄宗羲还说："有一偏之见，有相反之论，学者于其不同处，正宜着眼理会，所谓一本而万殊也。以水济水，岂是学问！"②

庄子的逍遥高蹈仍是士人追求精神自由的偶像："故夫知效一官、行比一乡、德合一君、而征一国者，其自视也，亦若此矣。而宋荣子犹然笑之。且举世而誉之而不加劝，举世而非之而不加沮，定乎内外之分，辩乎荣辱之境，斯已矣。彼其于世，未数数然也。虽然，犹有未树也。夫列子御风而行，泠然善也，旬有五日而后反。彼于致福者，未数数然也。此虽免乎行，犹有所待者也。若夫乘天地之正，而御六气之辩，以游无穷者，彼且恶乎待哉？故曰：至人无己，神人无功，圣人无名。"(《庄子·逍遥游》)

法国学者贡斯当(1767—1830，又译本扎曼·孔斯坦)有关自由言述的最大特色在于以时代的区分为基础把自由分为"古代人的自由"与"现代人的自由"，他认为古代人的自由是一种公民资

---

① [美]狄百瑞《中国的自由传统》，李弘祺译，香港：香港中文大学出版社1983年。
② 黄宗羲《明儒学案》，沈芝盈点校，北京：中华书局1985年，前言第18页。

格，相对现代人的"以个体为本位的自由"而言，古代人的自由是一种"以集体为本位的自由"。①

20世纪英国哲学家以赛亚·伯林在此基础上提出"两种自由概念"：第一种自由概念，带有"消极"的含义，旨在回答在怎样的领域，一个人或一个群体，应该免于他人的干涉。第二种自由概念，带有"积极"的含义，旨在回答何物、何人，能够决定人的存在与行为。换言之，在伯林看来，前者是"摆脱……"的自由，后者是"成为……"的自由。有人认为，前者与道家式的自由接近，后者与儒家式的自由接近。② 倡导"名著计划"、主编过《西方世界的经典》的美国学者莫提默·J. 艾德勒进一步提出，思考自由时要注意区别三种自由，即社会自由（或政治自由、经济自由）、精神自由（意志自由）、道德自由。③

五、本文的初步结论

从传统文化视野中探索找寻高等教育资源，可以发现其数量巨大、内容繁多。这些本土资源对于破解当下高等教育深化改革的难题，建构既有现代视野又有本土根底的当代高等教育理论体系，具有不可或缺的意义。

通过初步梳理传统文化中的高等教育理念，对文献中所述古

---

① [法]贡斯当《古代人的自由与现代人的自由：贡斯当政治论文选》，阎克文、刘满贵译，北京：商务印书馆1999年。
② 刘固盛《中国传统文化中的自由精神与现代启示》，《长安大学学报》2016年第3期。
③ [美]艾德勒《大观念：如何思考西方思想的基本主题》，安佳、李业慧译，广州：花城出版社2008年。

代高等教育实践的一些案例进行新的阐释,可以对本土教育资源的独特性与深刻性有更清晰的认知。

当代教育管理者可以通过对传统教育资源的萃取或创造性转化来援助并丰富现代高等教育的思想体系。例如以诗教、乐教、礼教等充实现代素质教育,以君子教育来完善全人教育,汲取传统的天人理论内涵丰富现代生态文明教育,通过践行经典来唤醒诚信意识,以和而不同的理念弘传古典自由主义。

习近平总书记最近谈中国的哲学社会科学研究要"不忘本来,吸收外来,面向未来"①,其实中国的高等教育发展宗旨,也应该有这样一个态度。"东海西海,心理攸同"②处颇多,学人应该多做打通和会通的工作,这既是为了古为今用、外为中用的"用",更重要的也是处身于大数据和人工智能时代的我们应该具有的大智慧和大境界。

---

① 见习近平总书记《在哲学社会科学工作座谈会上的讲话》。
② 钱锺书《谈艺录》,北京:中华书局1984年,第1页。

大学与大楼

我的母校是西北大学，这是一所与西北环境一样艰苦卓绝的学校。创建时校舍条件较差，在西安老城中一块逼仄的地方办学。抗战光复后，从汉中城固复员回来，利用原东北大学留下的校舍，建成现在的边家村校区（又称北校区、太白校区）。我的大学时光就是在这里度过的。当时改革开放伊始，百废待举，校舍已不敷恢复高考后的教学之用，我们是在极简陋的平房和简易房中上大课的，既无暖气也无电风扇。据说牛津大学学生的绅士派头是由下午茶和教授烟斗中的烤烟熏习而成的，而我们这批"新三届"的大学生活，则是在简易房中冬天的蜂窝煤熏呛中度过的。上午四节课下来，鼻孔是黑的，嗓子是黏的，学生辛苦，在二氧化碳烟雾中喊了几小时的老师就更惨了。

20世纪90年代利用原西安市老飞机场拓展出桃园校区。2006年校本部整体迁到长安郭杜校区，就是现在所谓的南校区（又称长安校区）。郭杜南依秦岭终南，北瞰西京古城，唐时达官显贵们的别墅田庄鳞次栉比，所谓"城南韦杜，去天尺五"，是那个时代的高尚社区、风水宝地。几度春秋，几番风雨，南校区已初具规模，漫步校园，会让人感到敞亮宽阔、神清气爽。

当然，校园规划中缺乏水景，景观静而不动，景气凝而不活。教职工的住宅配套没有跟上，教授的研究室没有全部解决，每天十数部校车往返于三校区之间，燃烧了大量汽油，耗费了不少宝贵时间，也贡献了不少PM2.5。这可能是内地高校扩建新校区所面临的共同问题，也是世界各国多校区办学的共同问题。相信经过二期、三期建设，相关条件会进一步改善。总体上说，南校区还了历史旧账，为今后百年发展打下了基业，从大楼或办学空间上与世界著名大学缩小了差距。

迄今为止，包括我自己在内，谈大学教育的人，都喜欢搬用梅贻琦"所谓大学者，非谓有大楼之谓也，乃有大师之谓也"的说法，这话没有错，但大楼与大师不是矛盾对立的，更没有深仇大恨。大楼湮没不了大师，为了大师也不必将大楼炸掉，搬到田间地头去办大学。

恰恰相反，大楼是大师也是大学最基本的条件。没有大楼，甭说是礼聘大师了，就连普通学生也招募不来。为什么西部学校没有东南学校的师资强、生源好，更无法与京沪两地相比？就是因西部的地势不再，大楼不高，条件不好。一句话：物质条件太差。诚如有人戏仿古诗所讽刺的：西北无高楼，孔雀东南飞。

我们可以做个假设，清华、北大现在是否有大师且不讨论，若说两校在国内大学中师资最雄厚、生源最好并不过分。如将这两所名校从首善之区的北京迁到新疆或青海，是否还有目前这样的师资、这样的生源呢？如果让这两校下放上三十年、五十年，享受当地的教师待遇、学生待遇,是否还能保持现在的知名度、美誉度呢?

有人会说不然,以民国时期的大学为例,抗战时西南联大播迁昆明,西北联大北迁城固,物质条件极差,不是照样辉煌一时吗?特别是西南联大,不是在中国现代大学教育史上写下了光彩夺目的一页吗?不是有那么多的"民国范儿"都活跃在这个时期的大学吗?

但我们不要忘记,抗战时期是民族危亡之际,全国同仇敌忾,浴血奋斗,相比于前线的军人、沦陷区的百姓,大后方师生的生活还不算是最差的。阅读描述那个时代大学生活的作品像鹿桥的《未央歌》,宗璞的《南渡记》,岳南的《南渡北归》,齐邦媛的《巨流河》,汪曾祺回忆西南联大生活的系列散文等,可以印证这个看法。即便如此,假如战争持续三十年、五十年,在长期极端恶劣的环境中,能否会比和平时期取得的科研成果更丰硕、培养的英才更多呢?恐怕就要打一个大大的问号。

在战争等险恶环境中的人,犹如在地震绝境中求生存的灾民一样,是靠一种神奇的本能和意志来支撑的。但这种精神与意志是有极限的,超过了底线,精神也是无可奈何的。过分强调精神意志的力量,又要轮回到精神原子弹无往而不胜的时代。更何况,那个时代大学的物质条件虽差,但校长敢于拒见"蒋委员长",教授敢于理直气壮地讲"独立之精神,自由之思想"。

国外的大学校长是靠教授和董事会推选的。校长除了懂教育、有人格魅力外,还要有筹资募款的能力。美国加州大学伯克利分校的校长之所以被人称道,是因为该校出了四五位诺贝尔奖得主。在引进一位教授时,对方提出实验室需要一座大楼,校长就拍板为他建了一栋楼,于是这位教授后来获得了诺贝尔奖。都说孟尝君是个伯乐,门客冯谖对待遇有意见,不停发牢骚,孟尝君帮他解决了住房、餐饮与用车问题,冯谖才死心塌地为他做出卓越贡献。所谓先筑巢后引凤、先栽梧桐树后有金凤凰,就是这样浅显的道理。

"地势使之然,由来非一朝"。其实不仅人才成长受制于地势,大学的发展也往往受制于地势。如此说来,包括西北大学在内的所有大学的发展,大楼不是万能的,但没有大楼是万万不能的。

人文何以化成

在全球化浪潮汹涌澎湃的当下，如何强化民族文化的固有特色？在科学技术革故鼎新的时代，如何突显古典文化的当代价值？在外物欲求无限膨胀的今天，如何重建自我精神的清明理性？西方世界主要诉诸科学，中国则更多求助于国学等传统文化资源。作为一种应对之策，这毫无疑问是必要的。但作为解决现代性问题的根本之路，它是否是对症之药？学界见仁见智，看法并不一致。

以国学或传统文化资源作为解决现实问题的策略，不失为一种选择，但要真正落实，并能切实解决实际问题，似仍需要转化性创造。其中有几个关键点，就是要科学设计，重新发掘，外推内省，协同成教。一言以蔽之，就是要倡导新国学教育。

推行新国学教育，首要的是先确立新国学教育的原理。古人云"为学日益，为道日损"，又云"乾以易知，坤以简能"。大道尚简，新国学教育的原理也应追求简要、简便、简易之道。我个人认为，新国学教育的进阶可分成三步：初等国学、中等国学和高等国学。达致三个境界：初等国学强调自我建设，达成知识境界；中等国学强调外推与内省，达成人文境界；高等国学则应走向化成之道，达成天人境界。

新国学进阶第一步：重在自我建设

当务之急先是要为国学正名。这既涉及对国学概念内涵外延的重新界定，也涉及对国学学科自足性的确认，还涉及国学的人才培养，同时还关联到长久以来在国学问题上的文化民粹主义与文化虚无主义的博弈。

孔子说："必也正名乎……名不正则言不顺，言不顺则事不成。"国学同国故、国术、国医、国药、国画、国乐、国语、国文、国史、国剧、国酒、国菜这些"国"字头的术语是什么关系？国学是六艺之学吗？国学是儒学的同义语吗？儒学之外，国学中是否有释道耶的地位？还有前现代时期的天地生、文史哲、理工医这些学科与国学是否无涉？此外，国学与西方的古典学、人文学又是什么关系？国学是否可以直接对应中国传统文化或国故之学？再深一层追问，国学的古典智慧是否能在现代化的道路上开直通车？如此等等问题，首先要求我们梳理这些语词，厘清这些概念，确定其外延与内涵，然后才可讨论。否则，国学讨论几近鸡同鸭讲，同声而异闻；或如民谚所说，哭了半天，不知道所哭为何人。一些有识之士已意识到传统国学概念不能周延，导致解释的困惑，故提出"大国学""新国学""现代国学""国学现代化"等补救概念，以应对国学名称的困窘。但这仅仅是开端，更多的问题仍未能解决。

国学正名更重要的是原道原学。清末皮锡瑞为总结经学撰写《经学历史》《经学通论》，此后，邓实《国学讲习记》，章太炎、钱穆的两种《国学概论》各自阐述了国学概念及历史的视界和理解方法。但20世纪后半叶迄今仍未见到更多有分量的国学历史、国学通论之类的著作。最近，《光明日报》"国学版"先后刊出讨论"新仁学""新子学"的文章，令人耳目一新。《社会科学报》也曾刊登何怀宏《新世纪的纲常——"中华新伦理"一个构想》①，以"民为政纲""义为人纲""生为物纲"的"新三纲"作为道德基石，以"天人""族群""社会""人人""亲友"的"新五常"为社会德行，欲由此构建一种从制度正义到个人义务的全面的"共和之德"，颇有新意。这些成果均在综述已有成就的基础上，有了创设新理论、新学派的新思维，是国学界的新气象，惜乎这类文章和著作还太少。

国学要产生深远影响，改造世道人心，同时要不断壮大自我，加强学科建设。当务之急，首先要培养拔尖创新人才。遥想20世纪，传统学术文化领域先后涌现章太炎、梁启超、王国维、陈寅恪、胡适、马一浮、熊十力、钱穆、牟宗三、张君劢、唐君毅、钱锺书、饶宗颐、李泽厚等一大批大师。新佛学运动也产生了欧阳竟无、太虚、印顺、星云等龙德大象，促成佛学的现代化。但21世纪以来，老成凋零，后继不接。应该呼唤和促成新时代大家的涌现。目前国学方面积累的成果少，有广泛影响的人

---

① 见《社会科学报》2012年3月29日第6版。

才少，远不足以转移风气、广大教化，更谈不到拯救世道人心。因而，迫切需要当代知识人沉潜学问，熔铸传统，发挥新知，拓殖新国学的知识境界。

新国学进阶的第二步：外推内省

这是国学教育充分展开的重要阶段。外推是指国学教育的向外拓展，分别有三个途径：下行、上达和旁通。内省是国学教育的向内融通，它通过反求诸己以实现自省、自觉与自我完善。

具体而言，下行是向大众普及国学知识，没有民众基础的学问及理论只能是实验室、书斋里的高深理论，不会产生广大的社会影响。要发生影响，就应深入浅出，形象生动，以便大众理解接受。中古时期，佛教在中国化过程中的宣传很成功。20世纪马克思主义在中国的传播，也有很多可圈可点处。由宁波市鄞州区与《光明日报》配合，对蒙学读物《三字经》进行修订，虽有不同看法，但历时一年多，收到征文及书面意见数百份，引起社会各方面长时期关注，收到了普及推广的效果。这些都值得今天国学教育者学习借鉴。

国学教育除下行外，还要上达。所谓的上达就是向社会精英、政治管理者、商界领袖来推广国学。同样是传播，上达与下行要有所区别，有所侧重，应该指定针对特定人群和对象的传播，普及与提高区别对待，道器与体用相互对举，这样的传播才是最有效的传播。

所谓的旁通，既指国学门类与其他学科的互相解释、互相沟通、互相借鉴，也指国学要能主动走出去，与其他民族的文化、宗教互相解释，互相融合。有人说 21 世纪是中国文化的时代，这样的判断当然太乐观、太自大、太武断，但若说 21 世纪中国文化主动走出去与其他民族文化平等对话、互相阐释、互相发明，则是有道理的。从过去的"各美其美"，到现阶段的"美人之美"，并进入下一阶段的"美美与共"（费孝通语），也是应积极推进的。

国学在外推的同时，更要强调内省。坦率地说，从"外王之学"的层面看国学，其功能作用并不及其他学问有更大、更直接、更具体的效用，比如攻城陷地，国学不如军事学；救死扶伤，国学不如医学；富民强国，国学不如经济学；统计运算，国学不如数学。国学更大的价值应在其"内圣之学"层面。经宋儒强化提升的内圣之道，在今日后现代文化背景中，仍有它独特的价值：强调反躬自省，强调自我的觉悟觉醒，抵御外物诱惑而不迷失自我，重建清明理性与道德人心，中国固有学术文化对人性建构起到砥柱中流作用。循此一径，或许有可能在当今社会锻造出情理协和、尽善尽美之人文境界。

新国学进阶的高级阶段：走向化成

《周易·贲卦·象传》："观乎天文以察时变，观乎人文以化成天下。"孔颖达解释说："'观乎天文以察时变'者，言圣人当观视天文，刚柔交错，相饰成文，以察四时变化。'观乎人文以化成天下'者，言圣人观察人文，则《诗》《书》《礼》《乐》之谓，当法此教而'化成天下'也。"(王弼注、孔颖达疏《周易正义》卷三"贲卦")因此,以文德止物教人,使人们有良好的行为,原是人文的本义。这里有两重意义需要阐发:其一是儒家认为化成之道是经过"心—意—家—国—天下—宇宙—形上之天"这样的连续感通的关联作用逐步实现的。① 其二是人文与天文相对举形成孪生范畴,分别具有人际和谐与天人和谐两种价值取向,故中华文明的化成之道中既包含着人文的化成,也包含着与自然的化成,这在强调生态文明的当下,有着特别重要的意义。可惜这层微意仍未能充分抉发和彰显,研究国学教育者应该大力倡导。

内省与自我完善仅仅是社会成员自我的修行,是从我做起,但它充其量是少数人的道德提升,走向化成则是向全社会指出一条光明大道,于是就有了社会学的公共意义;化成之道同时含有"人皆可以为尧舜"(孟子语),故有方便法门的普适意义;由于中国文化的实践理性特征,故化成之道不会成为偏执狂迷的新宗教,也不会把大众导向虚幻的彼岸。应该说,它更多的是由文化信仰和伦理实践驱动的一种道德自觉与道德实践。这样的道德觉行应由民间来推动,而不要让政府来包办;社会可以倡导,但不要强迫强制。应乐观其润物无声、潜移默化,而不要迫切地希望立竿见影。"涓流滴到沧溟水,拳石崇成泰华岑"(陆九渊语),我们有理由期望,通过深耕细作、日积月累,假以时日,可以在全社会、全人类培育出新型的社会良知与生存范式,导向人文化成、圆融广大、品类和谐之天人境界。

---

① 黄俊杰《孟学思想史论》第一册,台北:东大图书公司1991年。

新国学教育的三境界虽有由浅入深、由外向内、由近及远的差别，操作起来也可以不拘一格，同时推进。《礼记·中庸》中说："故君子尊德性而道问学，致广大而尽精微，极高明而道中庸，温故而知新，敦厚以崇礼。"如沿着这个方向朝前走，必能使中国传统文化思想"招魂起魄"，旧躯壳如蝉蜕般慢慢脱掉，新生命在其中活泼泼地蠕动，且能安立得住，贞定得住（余英时语），也才有可能在世界的"第二个轴心文明时代"形成过程中，参与创造，并起到"转世"作用（杜维明语）。汤一介先生进一步提出"新轴心时代"，祈望华夏文明传统能超越"专制为体，教化为用"的过去，落实到"自由为体，民主为用"的今天，并走向"和谐为体，中庸为用"的未来。① 如此的新国学教育目标，虽不能至，然庶几近矣。

（本文修改时曾吸收谷鹏飞、杨遇青、万德敬、赵阳阳、田苗、和谈等几位青年朋友的意见，谨致谢忱！）

---

① 参见汤一介《瞩望新轴心时代》，北京：中央编译出版社2013年。

让一部分人先高雅起来

30年前,邓小平拨乱反正,倡导经济改革,提出让一部分人先富起来,于是出现了此后中国经济持续发展一直飙升的大好局面。

20年前,美国普林斯顿大学的华裔学者余英时接着小平的话说,让一部分人精神上先富起来。

又过了10年,有感于贫富对立、物欲膨胀、精神沦丧、满目伦俗的现实,我在2009年第二届中国诗歌节诗歌论坛的主题演讲中,引申余英时的话说,让一部分人精神上先高贵起来,心灵上先自由起来。①

2011年秋,"第二届国学杯全国业余围棋大奖赛"在临潼举行,西北大学作为协办单位,学校大学生文化素质基地的同学表演了精彩的节目以助兴,尹小林兄邀我在开赛式上致辞。我于手谈完全是外行,不懂黑白对弈之术,但认为围棋既是一种竞技体

---

① 原文收入拙著《行水看云》。

育项目，又是中华民族贡献给世界的文化遗产，目前仍有强大的生命力和广大的发展空间。围棋本身也是博大精深的国学的一部分，此次大赛以"国学杯"冠名，由国学网主办，抓住了围棋进一步普及、发展、提高的关键词和核心范畴。琴棋书画可以说是我们民族的高雅文化，实即国学，也就是国粹。我们不能让所有人都学习琴棋书画，但应让一部分人先高雅起来。闭幕式上，小林兄和几位朋友都夸奖说我的这个提法在整个比赛期间，引用率和点击率都是最高的。

其实高贵高雅应不止于教孩子学习琴棋书画。战争中的优待俘虏，不滥杀无辜；道德上的不助恶，有底线；学术上的宁可劳而无功，决不不劳而获；经营上的一诺千金，童叟无欺；财会上的不做假账，不设小金柜；司法上的独立审判，无罪推定，不搞刑讯逼供；新闻报道中的不搞有偿新闻，客观中立，多方视点；体育竞技上的不注射兴奋剂，不服违禁药品，进而由举国体制追逐几个奖杯转变为切实提高全民族的体质；发展模式上由为眼前GDP破坏生态、牺牲环境转变为追求生态文明、政治文明、精神文明等同步提升和永续发展。这些都应属于文明时代具有普适意义的高贵高雅。

高贵高雅的提法也绝不是我的孤明先发，很多有识之士都有类似的认识。如王蒙先生认为革命时期的"费尔泼赖（Fair Play）"缓行可以理解，但和平时期的"费尔泼赖"亟须实行。刘再复先生感叹现代中国贵族传统的失落，陈丹青先生顶礼膜拜木心，寻找"民国范儿"，实际上都是在呼唤高贵高雅精神的重建。

当前各地申报物质文化遗产和非物质文化遗产，热情很高，但多沦为圈地搞房地产、找由头拉动旅游，拉动经济开发。于是开发成了破坏，毁了真遗产，做了些假古董。轰轰烈烈的保护反加速了文化遗产的大面积消失。

故宫的错字未引起重视；某校的"三妈"粗口教授迄今还有人追捧；某几个知名大学的学者在学术著作中把孟子翻译成"门修斯"，把蒋介石翻译成"常凯申"；外交部门不知道如何翻译"韬光养晦""胸有成竹"等成语；向全国人民派送心灵鸡汤的某讲坛新秀，引文时搞不清楚张大千与金庸，仍能大谈心得体会；抗议领土纠纷的正当活动演变为打砸抢烧的刑事案件——说明我们离高贵高雅还很遥远。

国人高喊振兴国学，弘扬国粹，但会正确书写汉字、准确使用汉语的越来越少，会吟诗作赋的更少。国产电影电视剧中的字幕、配音，没有书写、发音错误的太少了。过去是无错不成书，现在是无错不成影视。上海有个语文刊物《咬文嚼字》，一直被誉为"语文啄木鸟"，过去除了圈内人，无人知晓，现在很红火，因为随便把哪个文化名人的著述拎出来，就可以一啄一大堆语病。但揪出问题后，名人与大众都不以为耻，反倒认为这是为某人增加点击率，甚至有人以为是出版商与名人的精心策划。在此背景下，文化的繁荣发展还仅仅是个口号，要真正实现还任重道远。故我不惮辞费，重复并引申前哲时贤的清论，提出让一部分人先高雅起来。

从物质上的富起来，到精神上的富起来，从精神的高贵到举止游戏的高雅,倘能真正做到,是我民族的幸事。

从"一部分人"的进步,到全体国民、公民都有此共识,则中国庶几可称"大国崛起",可称"文化强国",才有可能真正"自立于世界民族之林"了。

我们的生活缺失什么？

物质生活的丰富，交通运输的便捷，学校教育的普及，特别是由互联网所引发的数字革命，正在深刻地改变着世界，也在改变着中国。我们的物理空间和虚拟空间显得非常的丰富甚至拥挤，因为堆砌了太多的叫作物资、财富、信息和知识的东西。这样看来，似乎我们的生活并不缺少什么。

各级文联和作协的组织中都有一类叫诗人的成员，各个出版社印制的纸质出版物中都有一类叫诗集，各种刊物报纸、各个网站、各类博客中也都有一种分行排列甚至押韵的文字。在地区性的、全国性的，甚至国际性的奖励中，也不乏颁给文学家或诗人的荣誉。如此看来，似乎我们的生活中也并不缺少那种叫诗的东西。相反，我们可以举出许多诗歌普及甚至繁荣、诗人活跃甚至有成就的例证。

第二届中国诗歌节选在古城西安召开，给我们提供了一个从周秦汉唐的历史隧道观察当代诗歌生存状态的视角，这样的限制与规定也许有些狭窄，但却能使我们的思考更专注、更集中，也使长期在书斋中从事古典研究的学人,有机会与当代的诗人、诗论家、诗歌爱好者互动、交流、沟通,在一个更为广阔的平台上思考当代人精神生态与当代诗歌命运这样的大问题、真问题。

"屈平辞赋悬日月,楚王台榭空山丘"(李白《江上吟》),物换星移,风流总被雨打风吹去。不管是楚国的君王、秦汉的皇帝,还是大唐的天子,俱往矣!承载并演绎他们霸业的雕栏玉砌、亭台楼阁也都荡然无存了。留传下来的反倒是屈原的辞赋、李白的诗歌。所以,在大唐王朝灭亡1102年后的长安讲坛上,我要执着地发问:今天我们的生活缺失了什么?

我的答案是,与唐人相比,我们的生活缺失了诗意、诗兴、诗胆和诗语。

德国诗人荷尔德林在他的诗里写道:"人,诗意地栖居在大地上。"(《在柔媚的湛蓝中》)"诗意栖居"作为一个哲学命题被提出,正反衬出它在当代生活中的稀罕与匮乏;"诗意栖居"在当下中国被房地产商用华丽的广告牌高高挂起,正说明它与我们寻常百姓是多么遥远,像天价的商品房一样高不可攀。充满诗意的、感性的、真诚的生活,本来应该像充满新鲜空气的生活一样稀松平常。当空气被污染、水源被污染、土地被污染、农作物被污染、牛奶被污染已引起广泛关注,享受新鲜空气、清洁水源、健康食品被当作一项权利提出时,值得深思的是,现代化、工业化使生活缺少诗意,却从未引起人们的严重关切,更未有人将享受诗意生活作为一项个人权利来提出。

唐人王维《终南别业》诗中说:"兴来每独往,胜事空自知。行到水穷处,坐看云起时。"兴,或者说诗兴,是一种纯粹的高级的艺术的冲动。我们今天的生活则充满功利的、目标的、既定的意向，很少有率性而为的不期而遇的意外的收获。我们的诗人和作家目标明确地瞄准"五个一工程奖""茅盾文学奖""诺贝尔文学奖"写作，不再是冲着诗兴、冲着艺术冲动来写作。文学仿佛可以用几种成分按比例勾兑，诗歌仿佛像编写程序一样，只要一篇成功，随后就可以在流水线上生产组装一车厢。

唐代诗人刘叉《自问》诗中说自己"酒肠宽似海，诗胆大于天"，唐代史学理论家刘知几提出合格的史学家要具备胆、识、才、学四种品格，而当代诗人、诗论家、诗歌读者不再以为诗胆是诗人或诗歌的一个基本元素，直面人生、干预现实也不再被认为是优秀作品的基本要求。

汉语是一种高贵的语言、典雅的语言、柔软的语言，本质上是一种诗性的语言。"五四"以来的白话文运动使古代汉语的高贵典雅和诗性流失不少，欧化句式、外来语、科技时尚新词的泛滥成灾，使汉语中典雅的、得体的、诗性的表达被蒸发得越来越少。皮之不存，毛将焉附？连高贵的、典雅的、诗性的语言环境都发生了危机，我们又如何苛责诗人和诗歌呢？

这就是我认为我们生活中缺失的四种基本成分，我们精神上需要进补的四种基本元素。有了以上四种元素，即便写的是散文、小说、肥皂剧、顺口溜、手机短信、网络段子，本质上仍然是诗性的。没有这些成分，即便写成整齐排列、分行押韵的文字，即便套红、镶金突出强调出来，即便获得文学大奖，即便再次出现诗歌"大跃进"、诗歌井喷，仍然是一件令人悲哀的事情。

20世纪80年代，改革开放伊始，邓小平同志以通俗直白的语言说：让一部分人先富起来。此后十年，普林斯顿大学的一位华裔学者余英时接着说：让一部分人精神上先富起来。时间又过了十年，我们今天完全有理由说，让一部分人精神上先高贵起来，心灵上先自由起来。而诗歌永远是滋养人类精神、浇灌人类心灵的源头活水。

"天意君须会，人间要好诗"（白居易《读李杜诗集，因题卷后》），所以我虔诚地呼唤生活中出现更多的好诗、好诗人、好诗论家和有鉴赏力的懂得诗歌的公民大众。

教师的三重境界

教师从事的据说是太阳底下最光辉的事业，可是近来教师的形象变得不太光辉了。媒体上不断有关于高等教育、高校教师的负面报道。原因一方面是我们的大学教育理念不够清晰、大学精神未能彰显，另一方面是我们对教师职业的定位、对高校教师的功能作用认识模糊混乱。我所理解的大学教师应从三个方面努力，应追求三重境界，分别是：敬畏讲坛，站好讲坛，超越讲坛。

第一是敬畏讲坛

所谓的敬畏讲坛是指讲坛的神圣性、庄严性。西方的大学来源于中世纪的修道院，中国古代的学校也是沟通天人、传道授业、启蒙发愚的场所。所以古代对学校的教职人员的要求与对神职人员的要求近似，极其苛刻。讲学迹近布道、传道，献身教育类似殉道。前两年，有教师打趣地将教师走穴赶场子出席各种非专业场合，比作娱乐圈的坐台、出台，但我认为此台非彼台。仅仅为了谋生混饭,为了发大财,为了出大名,为了当大官,那么就请尽快离开讲坛,不要玷污了这块圣洁的地方。

因为讲坛具有神圣性,所以讲授的内容都应该是科学、民主、宪政的基本内容,都应该是本乎圣贤经传的,都应该是有益于世道人心的,都应该是有出处的。而不应全是稗官野史的传闻附会、低级趣味的黄段子、街头市井的庸俗见解。

因为讲坛具有神圣性,所以也应赋予传道讲学者以人格尊严、精神独立,而不能动辄以洗脑、洗澡、割尾巴、清除精神污染之名,行思想改造之实,剥夺教师思想的自由、学术的自由,使教师成为卑贱的思想奴隶。

因为讲坛具有神圣性,所以关于教育改革的所有商业性议论都应受到质疑,教师的生活待遇及工作条件毫无疑问应得到改善,以便使他们能穿得起质地良好的长袍或西装,在学生面前挺直腰杆,体面地从事有尊严的工作。但这种改善与提高主要应通过政府的拨款及学校的筹措,而不是鼓励或放任教师的走穴搞创收。

因为讲坛具有神圣性,所以从业人员主要应从思想的深刻、业务的精湛的角度要求自己,换句话说,从精神的富有、学识的渊博的角度来要求自己,而不应过分看重物质的待遇,与其他行业从业者进行无谓的攀比。如果是为了物质的奢华,请离开教师队伍;如果是为了一夜成名,成为媒体追捧的所谓演艺明星或文化明星,请离开教师队伍;如果是为了政治上的发达,请离开教师队伍。

最近网上议论北京大学阿忆、孔庆东两位副教授的工资收入问题，我个人认为他们的工资待遇及津贴确实不高，应呼吁有关部门提高和改善全体教师的待遇，但不能将工资低、津贴少作为走穴赶场子从事经营性兼职的借口。经营性兼职赶场子走穴，说明教师对专业缺乏自信。假如北大教授都耐不住寂寞，都缺乏学术自信，那么关于教师队伍危机的议论就不完全是危言耸听了。难怪媒体及网民要讽刺挖苦甚至丑化高校教师，难怪海外学界对我们的学者有许多负面评论。一分为二地看问题，我们的教师首先要自律、自持、自重，然后才能呼吁媒体及大众理解教师、同情教师，公正公平地对待、评价教师。

我可以坦然地说，近十年来我没有出于经济原因为自考班或培训班上过课，赚过课时费，虽然我和大家一样，同样经济拮据。西部地区大学教授的收入普遍要比阿忆这样的副教授低得多，我们也面临侍亲行孝、养家糊口、购房买车的问题。但人生有涯，一个人的体力、精力是一个常数，只能抓大节、抓关键，不可能每一方面都尽如人意。样样都抓，样样稀松。甘于清贫、耐得住寂寞是当好教师的首要条件。俗话说坐得冷板凳，方能吃上冷猪肉。沧海横流，纷纭热闹的东西可能如昙花、如浮萍，而真英雄会砥柱其间的。

第二是站好讲坛

我理解的站好讲坛是指履行好一个教师应负的责任，具有独立承担各个环节各个层次教学工作的能力。这包括业务要过硬，教学要受学生欢迎，对学生要有耐心、有爱心、有责任心。这是教师职业准则的题中应有之义。

我所从事的是中国古代文学教学，这个专业犹如中医，认老不认少，一个年轻教师要做到纵横古今，旁征博引，确实不是一件容易的事。为了练基本功，从刚走上教学岗位，我就要求自己将备课所涉及的所有作品原文背诵，所有讲授内容都能脱稿，每次上课前都要将所讲内容重新设计，即便是再熟悉不过的内容也要预先认真准备一遍，同学或一些同行听我讲课如脱口秀，误以为我口才好，善于言辩。其实我是嘴笨脑子也笨，我的教学能取得较好的效果，看似容易，实则艰辛。

有些文科老师不给学生布置作业，不提要求，我所在的学院在学生中实施"2-3511 工程"，即要求学生在大学前两年背诵三百篇古代名作，写五十篇文章，讲一口流利的普通话，写一手好的书法。其中背诵的任务就要在我的课堂上落实，凡是要求学生背诵的，我自己先背会。其中每个年级都会有些学生不理解，我总是不急不躁，每次上课都认真考核，为提高学生的中文基本功做了些工作，赢得了学生们的好评。

第三是超越讲坛

所谓的超越讲坛是指不满足、不局限于讲好一门课，不仅能胜任教学工作，而且能在教学之外发挥自己的作用，施展自己的才华。

大学教师有三大任务：教学、学术研究与社会服务。除教学外，科研与服务都是讲坛之外的，但又都与教学息息相关。学术研究的新动态、新成果可以回馈教学，充实教学，丰富教学，将教学内容引到学术前沿，对培养创新人才、对建设世界一流的研究型大学是必不可少的。而教师的社会服务不仅是他应尽的责任，而且可以启发学生不脱离社会，不脱离团队，有社会归属感。

对教学与科研非常浅显的辩证关系不仅我身边许多老师不明白，就连媒体的一些报道也故意混淆是非，误导受众。比如前段时间主流媒体与网上都炒上海某高校一位长期在教学第一线深受学生欢迎的老讲师，因成果少临病逝时都没有评上高级职称。消息传出，又引起媒体及大众对高校教师评价体系的质疑及非议。我很钦佩这位老师，也很同情他的遭遇，但媒体称这位老师因工作忙而无暇写论文，这种说法很值得商榷。我们知道自然科学特别是实验科学是在实验室做出来的，而不是凭空写出来的。人文社会科学研究也只有在长期文献资料积累的基础上才能做出大成果，并非凭着小聪明拼凑几条材料就能出成果。所以我个人认为这位老师的症结不是没时间写论文，而是没时间搞研究。除非教基础课，否则自己不搞研究就无法站在国际学术前沿，能将课讲好很值得怀疑。何况没时间搞科研，但将教学特色总结提炼为一项教学成果也是有价值的，与科研成果同等重要。如果这位老师连总结、概括自己教学经验的时间也没有，那么话就不好说了。

我自己则坚持两条腿走路，两手抓两手都要硬。在教学之余，坚持不懈地进行学术研究，且取得了一些成果，得到了国内外同行的肯定和尊重。

教师对专业之外的社会公益、院系的事务、学术团体的活动也应竭尽所能，做一些服务工作。

还有，作为一名教师，对社会的民主、公正等更应有所关心。既要关心结果的公平公正,也要关心程序与过程的公平正义。一个大学教师只有对专业之外的公众事业表示关心,表现出应有的态度,才能称为真正的知识分子。中国古人讲:风声雨声读书声,声声入耳;家事国事天下事,事事关心。美国人讲:一个核物理学家不能算知识分子,只有当他在反核声明上签了字,才算知识分子。

古人说"君子不器",一个大学教师只有当他超越了自己狭窄的专业,对人类命运及人类共同面对的困境有了终极关怀,才有可能超越教坛,成为伟大的学术大师和社会公众的良知。

有这样的大师与良知是青年学生的福祉。我们西北大学需要这样的大师与良知,我们中国高等教育更需要这样的大师与良知。

对于新加入我们这个学术共同体的青年教师来说,我认为你们非常有希望成为这样的大师与良知。

对我个人而言,这也是一个远大的理想与目标。高山仰止,景行行止。虽不能至,而我心向往之。

我愿与我们的年轻朋友共勉,在这条道路上不断实践、不断努力。

师德四维

关于教师的使命与责任，几年前我曾应校工会与人事处的邀请给新参加工作的年轻教师讲过一次，题目是《教师的三重境界》①，分别从敬畏讲坛、站好讲坛、超越讲坛三端展开论述。后来又陆续写过《大学与大楼》《策解高校评估危机》《提高大学教育质量，教授何为？》等文章。

坦率地说，我很喜欢教务处出的这个题目，我愿意将自己的新思考奉献出来，与大家共同探讨。但这也把我逼到了一个很尴尬的境地，按照学术游戏规则，我既不能重复自己，更不能重复别人。我理解的大学教师的使命与责任有四个方面，分别是佛陀愿、学者眼、园丁剪、老婆心，我把此叫作"师德四维"，也就是构成师德的四根基柱。下面分别解说一下。

---

① 见本书第42页，可参读。

佛 陀 愿

佛陀就是释迦牟尼，原来是迦毗罗卫国的一位王子。看到普天下的生老病死，佛陀毅然放弃了荣华富贵，放弃了他的妃子和儿子，出家修行，普度众生。佛陀愿就是大愿、宏愿。普度、普救、普济、普施，这是何等宏大庄严的理想和志向。

不光是佛教，在基督教、伊斯兰教、儒教、道教中都有类似的表述，有类似的壮行。而释迦牟尼、耶稣、穆罕默德、老子、孔子都是世界各民族文化中最早的教师，他们传下来的典籍是最早的、最好的教科书，他们从事的活动也是教学活动。佛说：我不入地狱，谁入地狱？宋儒说：为天地立心，为生民立命，为往圣继绝学，为万世开太平。这些都是大愿、宏愿。

取法乎上仅得其中，取法乎中仅得其下。年轻教师如要选自己从教的榜样或偶像，如你选的是释迦牟尼，是耶稣，是穆罕默德，是老子，是孔子，那么你的学术志业就有一个很高的起点，你也能循此通往向上一路。

教师们经常给学生说，授人以"鱼"不如授人以"渔"，意思是教师要给学生教方法，而不是仅仅灌输知识。还有人说，要给大学生以常识，给硕士生以方法，给博士生以视野。这些说法都是对的。但我认为第一位的既不是知识也不是方法，而是理念、誓愿。要教给学生大的理念、大的誓愿，教师自己首先应该有。教师没有这样的誓愿，自然腰直不起来，话硬不起来，教出来的最好的学生充其量是一群"精致的利己主义者"（钱理群语）。

学 者 眼

大学教师首先是学者，有自己的学术领域、学术专长和学术判断。学术事业要薪火相传，这就要求教师能选出自己的传人。学术事业更要发扬光大，这就要求教师选出来的苗子能后来居上，青出于蓝而胜于蓝。佛教禅宗大师也说："见过于师，仅堪传授；见与师齐，减师半德。"其中有些学生是偏才、怪才、大器晚成者，这就需要教师独具慧眼。最近大家议论比较多的是钱伟长先生读清华时，允许他转科的物理教授吴有训。还有熊庆来发现华罗庚，华罗庚发现陈景润，都是学术史上具有慧眼的美谈。复旦大学古文字专家裘锡圭先生破格录取蹬三轮车的青年，之所以成为一大新闻，就是因为当下这样具慧眼的教师太少，而能够促成这样好事的制度和政策更少。

选出好的学术苗子，固然重要，但更重要的是要因材施教，根据学生材质、天分、兴趣的不同，给每位学生提出不同的学业规划建议，让每位学生都能在实现自己人生价值的过程中走上成才之路。不轻视每一位学生，不放弃每一位学生，这是高等教育大众化时代我们教师尤其应具备的责任和使命。

园 丁 剪

干过农活、学过园艺的人都知道，长势好的庄稼和植物，除了要选用良种外，除草、培土、浇水、修剪，都是不可缺少的环节。大学教师接触到的学生,虽然身体上成人了,但精神上、心理上未必成人,这就需要教师在呵护的同时还要不断敲打。至于在专业上、学术上,学生们更是刚刚迈步,幼稚出错在所难免,更需要我们教师的批评、打磨。孔子和学生讨论的"如切如磋,如琢如磨",也说明只有通过反复的切磋、琢磨,才能不断提升,止于至善。

世界上除了上智与下愚之外,智力中常的人,都是通过后天的学习,通过挫折和失败的学习成长起来的。现代教育的原则,就是通过教师的指导,让学生不断成长,完成精神成人的过程,顺利走向社会。所以批评学生、敲打学生与表扬学生、激励学生,同样是教师的职责,缺一不可。

举例来说,目前有关学术道德和学风问题,上上下下三令五申,但都是侧重强调教师和研究生。我认为中国的足球要从娃娃抓起,计算机要从娃娃抓起,学术道德也要从娃娃抓起。也就是说,从大一新生开始,就要不断敲打学生,就要严格要求学生。这样才有转移风气的可能。

老 婆 心

老婆心是刀子嘴,豆腐心,是一颗柔软的心,是一颗体恤的心。师者要存老婆心。卢梭在《爱弥尔》里说过:教育就是爱。中科院院士、曾任英国诺丁汉大学校董的杨福家先生率先提出,中国大学教育缺乏的既不是经费,也不是人才,而是大爱。陈鲁民先生将此概括为教育应有三境界:大楼、大师和大爱。其中的大爱，也可以解释为一种大慈悲，就是我所说的老婆心，也即我们经常说的苦口婆心。

据我所知，大学生包括研究生最大的失落是，在中学时期，家长、教师视他们为中心，一切围绕着他们，虽然其中也产生了不少矛盾，但那是因爱成恨的。而上了大学，家长鞭长莫及，教师除了上课，与学生交流甚少，疏远了学生，冷落了学生，忽视了学生。所以学生有心理障碍，与教师也有关系。

老婆心要不厌其烦，要诲人不倦。老婆心要从长远出发，源于对子女的爱，但又高于对子女的爱。

以上我绞尽脑汁、自以为独特的几点想法和说法，也许毫无独创，不过是些常识而已。但是当下中国大学教育的发展，我认为缺乏的其实并不是高深的理论，恰恰是常识。那么我也在此郑重承诺并呼吁：提升大学教师的责任与使命，从我做起，从常识做起吧。

从"复述知识"到"创新学术"

缘起:为什么关注此问题?

1."李约瑟难题"

【知识链接一】

李约瑟难题

由英国学者李约瑟在1930年代开始研究中国科技史时提出,1976年美国经济学家肯尼思·博尔丁正式将这个历史问题称为"李约瑟难题"(Needham's Grand Question)。其主题是"尽管中国古代对人类科技发展做出了很多重要贡献,但为什么科学和工业革命没有在近代的中国发生?"很多人把李约瑟难题进一步推广,出现了"中国近代科学为什么落后?""中国为什么在近代落后了?"等问题,对其争论一直非常热烈。"为何科学发生在西方社会?"则是李约瑟问题的反面。

李约瑟难题的实质内容第一段是"为什么在公元前1世纪到公元

16世纪之间,古代中国人在科学和技术方面的发达程度远远超过同时期的欧洲?同时社会制度上,中国的政教分离现象、文官选拔制度、私塾教育和诸子百家流派为何没有在同期的欧洲产生?"第二段是"为什么近代科学没有产生在中国,而是在17世纪的西方,特别是文艺复兴之后的欧洲?"其讨论点在于:中国古代以东方的经验科学渐进式发展的技术,得以领先世界一千年左右;但为何中国没有产生近代以多样化实验为基础的创新型科学。事实上,这是关于两种科学研究范式(Paradigm)的起源问题。

另外补充推荐阅读:

[美]贾雷德·戴蒙德《枪炮、病菌与钢铁:人类社会的命运》,上海译文出版社2016年。

[美]彭慕兰《大分流》,黄中宪译,北京日报出版社2021年。

2."钱学森之问"

【知识链接二】

钱学森之问

"为什么我们的学校总是培养不出杰出人才?"这就是著名的"钱学森之问"。钱学森之问与李约瑟难题一脉相承,都是对中国科学的关怀。

2005年,温家宝总理在看望钱学森的时候,钱老感慨说:"这么多年培养的学生,还没有哪一个的学术成就,能够跟民国时期培养的大师相比。"

钱老又发问:"为什么我们的学校总是培养不出杰出的人才?"

"钱学森之问"是关于中国教育事业发展的一道艰深命题,需要整个教育界乃至社会各界共同破解。

3. 研究生教学与本科生教学的异同
4. 中国跻身现代科技强国、创新强国的教育使命
5. 本问题的提出不具备学术创新意义,仅仅是科普常识,有一点实际应用价值

一、"复述知识"是人类的本能和天性

1. 保存和复制是生物基因的最基本特征
2. 人类文化基本单位的"模因"也具备保存和复制的特征

【知识链接三】

模因论(memetics)是一种基于达尔文进化论的观点解释文化进化规律的新理论。它指文化领域内人与人之间相互模仿、散播开来的思想或主意,并一代一代地相传下来。模因(meme)用了与基因(gene)相近的发音,表示"出自相同基因而导致相似"的意思,故模因指文化基因。我国学者何自然他们将 meme 译成"模因",是有意让人们联想它是一些模仿现象,是一种与基因相似的现象。基因是通过遗传而繁衍的,但模因却通过模仿而传播,是文化的基本单位。

模因(Memes)是文化资讯传承时的单位。这个词是在 1976 年由理查·道金斯在《自私的基因》(*The Selfish Gene*)一书中所创造,我国学者何自然和何雪林于 2003 年将 memes 翻译为"模因"。

模因包括大脑内的知识、观念、宗教信仰、镜像神经元或神经电讯号,或是外在的习俗、谣言、新闻、习惯、口号、谚语、用语、用

字、笑话。模因学认为模因会进行自我繁衍，从而在不同人的思想领域内传播。模因学部分沿用了基因学中以基因为中心的进化观点，正如基因的优胜劣汰，一个模因是否成功取决于内容影响和传播能力。

3. 人类先民发明语言和数学两种基本工具，今天我们仍在使用
4. "知识就是力量"的现代意义
5. 作为教育目标的知识传授
6. 库恩《科学革命的结构》所引发的危机

【知识链接四】

  作者从科学史的视角探讨常规科学和科学革命的本质，第一次提出了范式理论以及不可通约性、学术共同体、常态、危机等概念，提出了革命是世界观的转变的观点。
  库恩在本书中提出了一个以"范式"理论为中心的动态科学发展模式：前科学时期—常规科学—反常与危机—科学革命—新的常规科学。

7. 从"照着讲"到"接着讲"
8. 作为基础教育与大学本科教学的重点

二、现代大学教育与"创新学术"

1. 注重通识教育是现代对古代的致敬
2. 洪堡大学的范式意义

3. 学科细分是学术进步的标志
4. 科学与技术变革的步伐越来越快
5. "前喻""同喻""后喻"的戏剧性变化
6. 教学生会思考比不厌其烦地教知识更重要
7. 原创思维：从 0 到 1

【知识链接五】

推荐阅读：

［美］彼得·蒂尔（Peter Thiel）、［美］布莱克·马斯特斯（Blake Masters）等著，《从 0 到 1：开启商业与未来的秘密》，高玉芳译，中信出版社 2015 年版。

原创思维：道生一，从 0 到 1，垂直进步
a. 原始创新与集成创新
b. 学术创新与学术复制
c. 垂直进步与水平进步
d. 发明、发现与重混（集成）

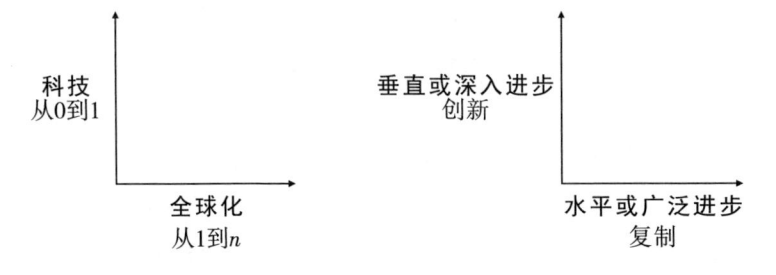

科技
从0到1

全球化
从1到n

垂直或深入进步
创新

水平或广泛进步
复制

三、人工智能时代大学教师的作用

1. 互联网、大数据使共享知识、付费知识的门槛越来越低
2. 带领研究生走向本学科和周边学科发展的前沿
3. 自设课程、自编讲义、定期升级讲义版本,让你的讲义对接学术前沿
4. 屏读时代如何指导学生
5. 未来已来:人工智能时代如何指导研究生

【知识链接六】

1. 技术奇点

人类文化的发展,经过新人阶段的旧石器时代晚期以后,先后进入新石器时代及金属时代。愈到后来发展愈为迅猛。从新石器时代的开始到现在至多不过一万年左右,金属时代的开始到现在不过数千年,人们开始利用电能到现在不过一百多年,原子能的利用则仅是最近几十年的事;而新石器时代以前的发展阶段,则动辄以数十万年到千百万年计。由此可见,人类的发展不是等速度运动,而是类似一种加速度运动,即愈到后来前进的速度愈是成倍地增加。

李四光《人类的出现》

2. 摩尔定律(Moore's law)

由英特尔(Intel)创始人之一戈登·摩尔提出,其内容为:集成电路上可容纳的晶体管数目,约每隔两年便会增加一倍;而经常被引用的"18个月",是由英特尔首席执行官大卫·豪斯(David House)提出:预计18个月会将芯片的性能提高一倍(即更多的晶体管使其更快),是一

种以倍数增长的观测。归纳起来，主要有以下三种版本：

1) 集成电路上可容纳的晶体管数目，约每隔18个月便增加一倍。

2) 微处理器的性能每隔18个月提高一倍，或价格下降一半。

3) 相同价格所买的电脑，性能能每隔18个月增加一倍。

瑞·库茨维尔认为，随着范型转移的加快，计算机以几何级数的速度发展，从打卡式机械计算机，到电磁继电式计算机，到真空管计算机，到晶体管计算机，到早期集成电路计算机，到现代超大规模集成电路计算机，计算机设计与技术的范型转移所需的时间越来越短，此即摩尔定律。

四、回到中文学科

1. 一流学科、研究生课程教学中教师的功能

a. 作为领跑者和教练的研究生导师

b. 教授思维方法比讲授知识更重要

c. 卓越科研的示范效应

2. 课堂：由以教师为中心转化为以学生为中心

3. 倡导"全脑思维"，让学生的大脑充分开发，物尽其用

【知识链接七】

推荐阅读：

[美]丹尼尔·平克著《全新思维：决胜未来的6大能力》，浙江人民出版社2013年版。

转向右脑思维的三大推动力：

第一，随着物质财富的充裕，我们开始进入一个选择困难期。

第二，亚洲的崛起，大量的知识业务都在被外包。

第三，人工智能的发展促进了自动化。

这三种力量把我们从信息时代推向概念时代，所以我们必须要学会用右脑思考。

在这样一个概念时代，我们要找到自己的谋生手段，必须要清楚地回答三个问题：

1. 你做的工作是不是外包人员比你的成本会更低，这个外包人员不仅是你身边的人，可能是另一个国家的竞争者。

2. 你的工作电脑是不是会让你做得更好更快，你是不是在和电脑抢工作？

3. 你提供的服务是不是超越了实用需求，能满足用户的精神需求，用户在享受你的服务的时候，能不能激起一个场景想象？

未来必须掌握的六大能力，或三感三力：

三感是指设计感、娱乐感、意义感。三力是指故事力、交响力和共情力。

澳大利亚彼得·伊利亚德说："今天如果不生活在未来，那么未来我们将生活在过去！"

同理，今天你不思考未来，未来你将生活在过去。

4. 导师的责任：引导学生，培训学生，放飞学生，成就学生。

结　语

研究生应该会做研究，特别是创新性研究，导师就是教会学生做创新学术的那些手艺人。

学校应该为研究生创新学术撒下种子。教室、图书馆和实验室应该为研究生创新学术提供空间。院系应该坚持开设有关创造、创新和创意的系列课程。

研究生导师应该能够提供卓越科研(精湛技能)的示范。倡导"全脑思维",全面开发研究生的潜能。

中国如建设成为现代科技强国、创新强国,高校和教师功不可没。科技强国、创新强国的建设仍在路上,那么,高校的研究生导师也任重道远。

爱因斯坦说:"大学教育的价值不在于记住很多事实,而是训练大脑会思考。"故本次讲座旨在唤醒教育常识,希望我们回归研究生教育的常识。

与新生一席谈

今天给大家讲以下三段家常话：第一段话，风檐展书读，古道照颜色。记住自己的学术出身。第二段话，莫负韶光，度过充实而有光辉的大学岁月。第三段话，长远规划，马上行动。

第一段话：风檐展书读，古道照颜色。记住自己的学术出身

1. 学校的历史沿革

西北大学肇始于1902年的陕西大学堂和京师大学堂速成科仕学馆。1912年始称西北大学。1923年改为国立西北大学。1937年西迁来陕的国立北平大学、北平师范大学、北洋工学院和北平研究院等组成国立西安临时大学，1938年改为国立西北联合大学，1939年复称国立西北大学。新中国成立后为教育部直属综合大学。1950年复名西北大学。1958年改隶陕西省主管。1978年被确定为全国重点大学。现为国家"双一流"建设高校、国家"211

工程"建设院校、教育部与陕西省共建高校。

在长期的发展历程中,西北大学形成了"发扬民族精神,融合世界思想,肩负建设西北之重任"的办学理念,汇聚了众多名师大家,产生了一批高水平学术成果,培养了大批才任天下的杰出人才,享有良好的学术声誉和社会声望,被誉为"中华石油英才之母""经济学家的摇篮""作家摇篮"。

学校十分重视对外科技文化交流,已与美、英、法、德、日等近30个国家及地区的120余所大学、科研机构建立了友好合作关系。《大英百科全书》曾将西北大学列为世界著名大学之一。①

2. 文学学科的前世今生

1902年陕西大学堂之中学门与西学门下辖文语科。1923年国立西北大学时期,设立了文学院。1938年西北联合大学之文理学院下设国文系。1939年国立西北大学,再设文学院。1949年后改称中文系。1994年成立了文学艺术传播学院。2001年恢复文学院。2001年新闻传播学院独立。2011年艺术学院独立。2020年成立电影学院。以下是学科建设的一些大事记:

1998年　中国古代文学学科被评为陕西省省级重点学科

2000年　汉语言文学专业被确定为西北大学校内人才培养基地

2003年　中国古代文学专业获批为博士授权点

2003年　汉语言文学专业被陕西省人民政府命名为"名牌专业"

---

① 引自西北大学官网"学校简介"。

2003 年　电影学获批西北第一家硕士学位授予权

2004 年　中国古代文学课程被评为陕西省"精品课程"

2005 年　中国语言文学学科获批一级学科硕士学位授予权

2005 年　美学、宗教学获批硕士学位授予权

2007 年　中国语言文学博士后流动站获批设站

2008 年　中国古代文学学科重新获评为省级重点学科

2009 年　陕西文学古今演变获批为陕西省特色学科

2009 年　汉唐文化与陕西文学发展研究中心获批为陕西省人文社科重点研究基地

2009 年　汉语言文学专业获批为教育部高等学校特色专业
　　　　　中国语言文学学科获批一级学科博士学位授予权

2016 年　戏剧与影视学学科获批一级学科博士学位授予权

2018 年　古代文学系列教材建设成果获国家级优秀教学成果二等奖

2019 年　汉语言文学专业获批为教育部一流专业建设单位
　　　　　大学语文课程获批为国家一流课程

2020 年　中国古代文学课程获批为国家一流课程

2023 年　中国古代文学教师团队入选第三批全国高校黄大年式教师团队

文学学科的部分杰出院(系)友：诗人牛汉、雷抒雁、薛保勤、张君宽(月人)；作家尹雪曼、贾平凹、迟子建、吴克敬、白阿莹、穆涛、方英文、张艳茜；编剧张子良；导演黄建新、张晓春；学者何西来、王富仁、薛天纬、党圣元、何锡章、牛宏宝、张永清、卢燕新、李道新、蒋真、王伟、和谈、万德敬、马立军、王长顺、

师海军、胡永杰；书法家倪文东、柏一林。

第二段话：莫负韶光，度过充实而有光辉的大学岁月

1. 恪守第一性原理，多读文学和学术的原典原著
【知识链接】

> 第一性原理(First principle thinking)，又称"第一原理"，哲学与逻辑名词，是一个最基本的命题或假设，不能被省略或删除，也不能被违反。第一原理相当于数学中的公理。最早由亚里士多德提出。
> 亚里士多德说：任何一个系统都有自己的第一性原理，是一个根基性命题或假设，不能被缺省，也不能被违反。(《第一哲学》)
> 第一性原理的三大特征：第一因、简一律、动力因。

以王式通的一首诗中所批评的现象作为反面案例：

王式通《题〈岛田彦桢皕宋楼藏书源流考〉》其十："未窥旧籍谈新理，不读西书恃译编。亚椠欧铅同一呋，千元百宋更懵然。"

王式通自注曰："侯官严几道先生每教人以浏览古书、熟精西文为研究新学之根柢(底)。客冬晤先生于上海，语及近年国文之寖衰，科学之无实，太息不已。"

2. 学会独立思考，用自己的眼光看，用自己的脑子想

爱因斯坦："大学教育的价值不在于记住很多事实，而是训练大脑会思考。"

明代陈献章："前辈谓学贵知疑，小疑则小进，大疑则大进。

疑者，觉悟之机也。一番觉悟，一番长进。"①

帕斯卡尔《思想录》中也说：

> 思想形成人的伟大。
>
> 人只不过是一根苇草，是自然界最脆弱的东西；但他是一根能思想的苇草。用不着整个宇宙都拿起武器来才能毁灭；一口气、一滴水就足以致他死命了。然而，纵使宇宙毁灭了他，人却仍然要比致他于死命的东西更高贵得多；因为他知道自己要死亡，以及宇宙对他所具有的优势，而宇宙对此却是一无所知。
>
> 因而，我们全部的尊严就在于思想。正是由于它而不是由于我们所无法填充的空间和时间我们才必须提高自己。因此，我们要努力好好地思想；这就是道德的原则。
>
> 能思想的苇草——我应该追求自己的尊严，绝不是求之于空间，而是求之于自己的思想的规定。我占有多少土地都不会有用；由于空间，宇宙便囊括了我并吞没了我，有如一个质点；由于思想，我却囊括了宇宙。人既不是天使，又不是禽兽；但不幸就在于想表现为天使的人却表现为禽兽。
>
> 思想——人的全部的尊严就在于思想。②

---

① 陈献章《白沙子·与张廷实》。
② [法]帕斯卡尔《思想录》，何兆武译，北京：商务印书馆1985年。

3. 身体进入大学的门，思想要进入学术的殿堂

思想进入学术殿堂是指：恪守学术规范，向往学术志业，了解学术史与学术前沿，沿着学术阶梯，循正道而前进，追求卓越学术。

4. 读书无禁区，多浏览专业之外、学科之外、交叉学科的学术新知

5. 游学游览，用自己的脚丈量万里，用自己的眼饱览锦绣山河

  眼处心生句自神，暗中摸索总非真。画图临出秦川景，亲到长安有几人？

    元好问《论诗三十首》其十一

  画家六法，一曰"气韵生动"。"气韵"不可学，此生而知之，自有天授。然亦有学得处，读万卷书，行万里路，胸中脱去尘浊，自然丘壑内营。成立郛郭，随手写去，皆为山水传神。

  昔人评大年画，谓得胸中万卷书。更奇，又大年以宗室不得远游，每朝陵回，得写胸中丘壑，不行万里路，不读万卷书，欲作画祖，其可得乎？

    董其昌《画禅室随笔》卷二

第三段话：长远规划，马上行动

1. 人无远虑，必有近忧
2. 天道酬勤，功不唐捐
3. 记住"1万小时定律(十年法则)"，一生做好一件事

【知识链接】

1万小时定律

心理学家 K. 安德斯·埃里克森(K. Anders Ericsson)和他的两名同事在顶尖水平的柏林音乐学院展开的一项研究。

埃里克森的研究中最引人注目的结论是：第一，根本没有"与生俱来的天才"：花比别人少的时间就能达到比别人高的成就；第二，也不存在"劳苦命"：一个人的努力程度比别人高却无法比别人更优秀。

研究结果表明，一旦一位演奏者进入顶级音乐学校，唯一能使他出人头地的方法就是：刻苦练习。成功的要素在这个阶段变得简单明了。还有一点是，那些顶级演奏家们，他们练琴不只是比其他人更加努力，而是比其他人努力十倍，甚至百倍。一个人在学习的过程中，要完美掌握某项复杂技能，就要一遍又一遍地艰苦练习，而练习的时长必须达到一个最小临界量。事实上，研究者们就练习时长给出了一个神奇的临界量：1万小时。①

---

① [加拿大]马尔科姆·格拉德威尔《异类：不一样的成功启示录》。

4. 兼容并蓄，吸纳狐狸与刺猬的长处

以赛亚·伯林《俄国思想家·刺猬与狐狸》讲：思想家分刺猬与狐狸两种：刺猬之道，一以贯之(一元主义)；狐狸狡诈，却性喜多方(多元主义)。

5. 先做人后做事，先器识后艺文

6. 努力说人话，做人事，争取做一个有底线的现代知识人

陶行知《小学教师与民主运动》："教师的职务，是'千教万教，教人求真'。学生的职务，是'千学万学，学做真人'。"

经典阅读四题

从读到的两则材料说起。

第一则材料是刚刚公布的《第十二次全国国民阅读调查报告》中提供的几个数据：

从成年国民对各类出版物阅读量的考察看，2014年我国成年国民人均纸质图书的阅读量为4.56本，与2013年的4.77本相比，纸质图书阅读量减少了0.21本。人均阅读报纸和期刊分别为65.03期(份)和6.07期(份)，与2013年相比，人均报纸阅读量下降了5.82期(份)，期刊的人均阅读量增加了0.56期(份)。

2014年我国成年国民人均阅读电子书3.22本，较2013年的2.48本增加了0.74本。此外，成年国民人均纸质图书和电子书合计阅读量为7.78本，较2013年纸质图书和电子书合计阅读量7.25本增加了0.53本。

另一则材料说，2013年，印度一名工程师所写《令人忧虑，不阅读的中国人》的短文，红遍网络。文章对在法兰克福机场、上海机场以及国际航班上所见国人的阅读现象不无直率地提出了批评。各大网站都有转载。但究竟是何人所写,最早出于何处,是真是假,不得而知。不过,本着闻过则喜的态度,多听听批评的话没有坏处。又据统计,韩国人均年阅读量是11本,法国人为20本,日本人为40本,而以色列人为64本,阅读量居世界第一。据新华社资料,我国全国书店销售的书籍中,80%是各种各样的教材资料。① 这两则材料提醒我们,要多读纸质书,多读好书,多读传世经典著作。

那么何谓经典?先看百度百科的定义:英文classics,指具有典范性、权威性的、经久不衰的万世之作;经过历史选择出来的最有价值的、最能表现本行业的精髓的、最具代表性的、最完美的作品。

我对经典的定义则是:信得过,指精神信仰的来源,它能指示回归精神家园的路径。生得早,是民族、种族、学派、学说、主义或宗教中最早出现的,具有原典或原创意义的文本。靠得住,指在学理上、观点上、材料上、数据上可靠。引得多,指引用的人多,有人看,有人谈,有人买,有人不断提及,有人反复引用。走得远,指能超越狭小的地域,走出民族,走出国门,走向了世界,甚至可以走向星际——如果人类要向太空中其他的智能生命展示地球文明,推荐的著述类成果,肯定是人类的那些古老的经典。传得久,经典一般可以藏之名山,可以传诸后世。

---

① 郭超《今天我们为什么还要读书》,2015年4月25日《光明日报》。

一、仰观俯察：广义阅读与狭义阅读

加拿大学者阿尔维托·曼古埃尔在《阅读史》一书中说："天文学家阅读一张不复存在的星星图；日本建筑师阅读准备盖房子的土地，以保护它免受邪恶势力侵袭；动物学家阅读森林中动物的臭迹；玩纸牌者阅读伙伴的手势，以打出获胜之牌；舞者阅读编舞者的记号法，而观众则阅读舞者在舞台上的动作；……双亲阅读婴儿的表情，以察觉喜悦或惊骇或好奇的讯息；中国的算命者阅读古代龟壳上的标记；情人在晚上盲目地在被窝底下阅读爱人的身体；精神科医生帮助病人阅读他们自己饱受困扰的梦；夏威夷渔夫将手插入海中以阅读海流；农民阅读天空以观天气……我们每个人都阅读自身及周遭的世界，俾以稍得了解自身与所处。我们阅读以求了解或是开窍。我们不得不阅读。阅读，几乎就如呼吸一般，是我们的基本功能。"①

这样的说法很有新意，但既不是最早的也不是原创的，我也只是顺手引用。其实中国学人的类似表述也很多，譬如王羲之《兰亭集序》中讲："仰观宇宙之大，俯察品类之盛，所以游目骋怀，足以极视听之娱，信可乐也。"通过视听感官，仰观俯察天地间的广大，这些远非狭义的阅读所能涵盖。宗白华将其概括为"俯仰法"。宋代朱熹也讲："学问，就自家身己上切要处理会方

---

① [加拿大]阿尔维托·曼古埃尔《阅读史》，吴昌杰译，商务印书馆 2002 年，第 6~7 页。

是，那读书底已是第二义。自家身上道理都具，不曾外面添得来。然圣人教人，须要读这书时，盖为自家虽有这道理，须是经历过，方得。圣人说底，是他曾经历过来。"①

在人类发明书籍或书籍的前身与伴生的载体甲骨文献、钟鼎文献、简帛文献、石刻文献、纸本文献、图像文献、音频文献、视频文献出现之前，人类的信息已传递了几千万年，人类的知识已积累到了很高的程度，人类的智慧已经使人与其他爬行类动物有了本质的区别。说明人类除了依赖狭义的阅读之外，还有一个广义的阅读系统在独立运作。在书籍出现之前它起作用，在书籍出现之后，它仍然发挥着巨大的作用。假如有一天，纸质的书籍不幸被焚毁，以数字形式存储的数据信息和知识库被病毒破坏，固然是一个极大的损失，但这并不意味着人类又会退回到洪荒蒙昧的时代，再从茹毛饮血阶段重新开始学习。因为只要人的大脑没有被破坏，广义的阅读还可以独立运行。人类凭借这一系统可以重新印制书刊，恢复数据系统使其正常工作。

现在大家所说的也是今天要重点介绍的经典阅读，主要指的是狭义阅读而不是广义阅读。但经典阅读也不是针对著述文献中的所有文本，而是其中的一类文本，即经典文本的阅读。简单地说，是指狭义阅读中极其狭小但又极其重要的一部分文本的阅读。换句话说，是指对人类书籍和知识"金字塔"塔尖部分的了解和接受，是对露出知识海平面的"冰峰"的观察与触摸。当然，好的经典阅读也应该指向躬行实践和切身经历。

---

① 《朱子语类·读书法》。

二、学以为己：经典阅读的功用

经典阅读有何益处？或者说阅读经典的功能与作用是什么？

我们先看看《论语》里的两段论述："子曰：小子何莫学夫《诗》？《诗》可以兴，可以观，可以群，可以怨；迩之事父，远之事君；多识于鸟兽草木之名。"(《论语·阳货》)"子曰：诵《诗》三百，授之以政，不达；使于四方，不能专对；虽多，亦奚以为？"(《论语·子路》)

再看西哲培根的一段名言："史鉴使人明智；诗歌使人巧慧；数学使人精细；博物使人深沉；伦理之学使人庄重；逻辑与修辞使人善辩。学问变化气质。"①

以下是我对经典阅读功能与作用的概括：充电以照亮自己，造境以提升自己，掘宝以富裕自己，启示以度化他人，发明以福利社会，创新以延续经典。

中国古人讲阅读学习的最高境界是"学以为己"。孔子曾说过"古之学者为己，今之学者为人"(《论语·宪问》)，荀子对此有一个很好的发挥，荀子在《劝学》篇提出："君子之学也，入乎耳，著(箸)乎心，布乎四体，形乎动静。端而言，蠕(蝡)而动，一可以为法则。小人之学也，入乎耳，出乎口。口耳之间，则四寸耳，曷足以美七尺之躯哉？古之学者为己，今之学者为人。君子之学也，以美其身；小人之学也，以为禽犊。"(《荀子》卷一《劝

---

① [英]弗·培根《培根论说文集》，水天同译，商务印书馆1983年，第180页。

学》)简言之,君子之学就是学以为己,就是为了提升自己,完善自己;而小人之学则是为了贩卖,为了交易,为了取悦迎合别人。这些思想是非常深刻的。

我概括的前三点是说哪怕一个人主观上是学以为己,后三点是说客观上还是学以为人的,不过并不是"小人之学"的学以为人,而是儒家所说的由内圣而外王,与由正心诚意、格物致知而修齐治平的意思也是类似的。

鸦片战争之后,近代中国因落后而挨打,因落后而有亡国亡种之大患,全面的亡国会使国民成为国土沦陷的难民。于是救亡成为一个世纪的主题,但为了救亡而破"四旧",遂使新一代又成为不知古典学和传统文化为何物的"文化难民"。有人引申明末清初学者顾炎武所谓"亡国""亡天下"之论,谓主权丧失谓之"亡国",而文化丧失谓之"亡天下",如果这样再引申一下,那么经典被焚烧,或经典失传也就与"亡天下"相距不远了。

三、书海荡舟:经典阅读的方法

阅读的方法很多,不一而足。这里重点介绍我国古人提及的两种方法,西人提及的一种方法,另外提及我自己教学中对阅读类型的反思。

第一种,苏东坡的"八面受敌"阅读方法。"少年为学者,每一书,皆作数过尽之。书富如入海,百货皆有之。人之精力,不能兼收尽取,但得其所欲求者耳。故愿学者,每次作一意求之。如欲求古人兴亡治乱、圣贤作用,但作此意求之,勿生余念。又别作一次，求事迹故实典章文物之类，亦如之。他皆彷此。此虽迂钝，而他日学成，八面受敌，与涉猎者不可同日而语也。"①

第二种，朱熹的"二十四字诀"经典阅读方法（读书六法）。循序渐进：指从基础知识读起，有系统、有步骤，从浅入深进行阅读。熟读精思：指要在熟读的基础上理解和思考，深刻领会其要旨。虚心涵泳：指要仔细认真阅读，反复自我切磋、研磨、体会，切忌马虎从事，或自以为是。切己体察：指要结合思想、经验、阅历、需要，去体验文献中的意味。著紧用力：指要聚精会神、下苦功、花大力，如逆水行舟，不进则退。须教有疑：指要善于提出问题，学会"质疑"，阅读要从"有疑"到"无疑"之后，才算真懂。这一法又作"居敬持志"。有人进一步概括说，朱子所说的六法，实质就是慢、熟、思、用、专、疑六个字。

叶嘉莹先生还具体总结过古典诗歌阅读的四步骤：兴、道、讽、诵。她说："兴是感发，道是引导，讽先是让你开卷读，然后背下来，到最后就可以吟诵了。"②

美国学者莫提默·J. 艾德勒和查尔斯·范多伦著《如何阅读一本书》，围绕阅读的层次展开，分别讲述了基础阅读、检视阅读、分析阅读和主题阅读四个层次，还详细介绍了阅读不同类型读物的方法，尤其以对主题阅读的分析最为精到，③ 可供进行经典阅读者参考。

---

① 苏轼《与王庠五首》其五，《苏轼文集》卷六〇，北京：中华书局1986年。
② 《叶嘉莹：孩子学古诗词不能只靠背》，《东方早报》2014年10月8日。
③ [美]莫提默·J. 艾德勒、查尔斯·范多伦《如何阅读一本书》，北京：商务印书馆2014年。

我自己在个人学习阅读，以及教学和科研过程中有时也在琢磨读书方法，特别是在研究生教学中。我曾主编《中国古代文学研究方法导论》，其中专门列出一讲，介绍读书与古代文学研究[①]，可参读。此处归纳自己教学中所提及的阅读分类和阅读方法：

1. 碎片型阅读：浅表阅读，或利用零散时间阅读，培养知道分子。当下世界，通过智能手机阅读，通过电脑等终端阅读，可以便捷地获取资讯，与世界互动，这是一次深刻的阅读革命和解放，是一件功德无量的大好事。但这种普罗大众的阅读快餐或快餐阅读，会使阅读浅尝辄止。真正的阅读者可以了解并利用数字阅读，但绝不能停留或满足于这种碎片型阅读、软性阅读上。

2. 应试型阅读：功利阅读，培养考试分子。应试阅读不是绝对的坏事，它是一种专项阅读，抓住一点，不及其余。把某项目标放大，而把其他的意义屏蔽。古代参加科举考试的举子，现代高考的高分获得者，学校里为老师与同学津津乐道的所谓学霸，都擅长此道。其实称他们为学霸未必准确，称为读霸、考霸更恰如其分。

3. 兴趣型阅读：艺术阅读，培养艺术家。陶渊明所谓的"好读书，不求甚解，每有会意，便欣然忘食"，便是指这类阅读。

4. 专题型阅读：科学阅读，培养科学家。其实前面引到的苏东坡所说"八面受敌法"，实质上就是一种专题阅读法，仔细揣摩体会，会有心得的，值得从事专业研究者借鉴。

[①] 李浩主编《中国古代文学研究方法导论》（第二版），北京：高等教育出版社2013年。

5. 冒险型阅读：探索阅读，培养思想家、探险家、革命家。过去说的"六经注我"式的阅读与此法类似。

6. 旁通型阅读：博雅阅读，培养精神贵族。前引朱子读书法中所总结的"读书六法"，近似于旁通型阅读。对现代社会的大多数人来说，应注重培养旁通型阅读，学会在阅读中知行打通、古今打通、中西打通，成为知识上精神上先富有起来、先高贵起来的一部分人。

四、道通天地：经典阅读的价值

关于经典阅读的价值意义，已有不少很好的论述，以下据我个人的理解，做一些阐发，诚如刘勰所谓"有同乎旧谈者，非雷同也，势自不可异也；有异乎前论者，非苟异也，理自不可同也"（《文心雕龙·序志》）。

第一，阅读以脱贫困，达致精神上的富有。20 世纪 80 年代，邓小平让一部分人先富起来，在物质上脱贫。20 世纪 90 年代，余英时先生说让一部分人精神上先富有起来。精神上的富有和高贵需要通过阅读来积累、储蓄精神财富，通过切磋、讨论、研究、写作来交流交换精神财富。我们已经培育出了中国特色的商品(生产)市场，还应该孵化培育出具有中国特色的知识及思想的市场。

第二，阅读以启蒙昧，走向理性与智慧。经典阅读可以使人类在最古老的道德遗训与最前沿的科学假说所形成的具有张力的广阔海洋中自由涵泳，使个体生命和心智能够迅速成长起来。从某种意义上说，现代胎儿从受孕到分娩的十个月，重复了自然演化史五亿年的成就；孩子从出生到大学毕业所学到的知识，也是人类文明史一万年的累积。一个人穷其一生所阅读所经历的种种，从学理上说，是可以达到他的时代的前沿的。不仅德行上人皆可以为尧舜，就是在知识上人也可以为尧舜。

第三，阅读以祛弱小，使个人和民族强大起来。经典阅读可以通过"追忆"的方式不断激活古圣前贤，不断向古人致敬，站在古人的肩膀上朝前行走。在你的身后和内心中，有超过一个军团以上的古圣前贤帮助你呐喊，为你助威，你能不强大吗？

第四，阅读以补空白，为知识的宝库添加新的增量。经典阅读可以让我们发现已有知识的不足和空白，获得创新和创造的灵感。所谓创新，其实并不神秘，与孩子在海滩上拾贝、淘宝者在旧货市场上捡漏类似，往往是踏破铁鞋无觅处，得来全不费功夫。

第五，阅读以救褊狭，使个人与社会具有宽容与恕道。不同种族、不同宗教、不同肤色、不同性别的人可以和睦相处，共同建设人类赖以生存的这个小小的"地球村"；共同开发外太空以及其他星际，并能与其他物种和生命体互不侵犯，和谐相处。

第六，阅读以散书香，移风易俗，改良社会。经典阅读是导入"书香社会"的路径，而"书香社会"是国民素养提升、国家软实力提升的表征，也是实现民族伟大复兴的必由之途。

余论：关于经典阅读的另外几点思考

从阅读态度上说，经典阅读首先应对经典能"居敬持志"（朱熹语），具有"温情与敬意"（钱穆语）、"了解之同情"（陈寅恪语）。

"五四"新文化运动作为近现代史的分水岭的意义与价值，是任何人都无法否定的。但"五四"时期把一切问题都归咎于传统、归咎于经典的做法显然应该反思，至于打倒孔家店，"只手打倒孔老二"的口号，作为一场启蒙运动与政治文化运动的招幌，作为吸引眼球的提法，可以一笑了之。"文化大革命"中的破"四旧"、立"四新"，"批林批孔"批宋江。我迄今不知一个现代政党中被认为有路线错误的人，与古典思想家及说部小说中的人物，有何本质的、必然的联系？

结果是，"四新"未必立起来，但"四旧"却被全面彻底地砸得支离破碎，被打得落花流水。中华文化中根性的东西、基质的东西被伤害得很严重。而20世纪初要打倒孔老二，这个世纪初又要借孔子弘扬中华文化，此一是非，彼一是非？历史果真就是任人打扮的小女孩、由人随意捏的橡皮泥吗？

从阅读内容上说，经典阅读不是新的读经运动，更不是国学复辟。经典应既包括儒家的四书五经或十三经，也应包括道家、释家、墨家、兵家、法家、阴阳家等百家的典籍。经典应是百家的经典，百花的精粹。

从阅读时空上来说，经典阅读应包括古今中外。关于古，前面已涉及不少，不再重复。那么何谓今呢？今有哪些经典？为什么今的经典少？值得思考。有人已开始编辑现当代文学的经典，不少出版社也打出20世纪学术经典的招幌，中国现代文学馆的吴义勤先生致力于中国现当代文学的经典化研究，已有不少成果刊行。

另外，外国的经典包括哪些？为什么？一百年来，我们学习外国的经典是否太多了，到了应该排斥外国经典的时候了？换句话说，是否阅读中国经典与学习外国经典就是你死我活、水火不能相容呢？知名科学家饶毅最近发博文提出一个让我们警醒的问题："赛先生在中国是否还是客人？"

从阅读最佳时期说，有人说少年读书如石上刻字，中年读书如粉笔写字，老年读书如水上画字。故应该珍惜青少年的宝贵时间。

从阅读组织上说，经典阅读应该是一种自发的民间的活动，或者说应该更多激发起民间的力量来推动，行政机构不要包揽一切。由民间萌发的力量可以长久地蓬勃发展；而由行政机构主导的活动会因新的运动的出现，难免此起彼落、此消彼长，难于在大众心中扎下根、结出果实。

记得有一位学者说过：一个人的精神发育史，应该是一个人的阅读史，而一个民族的精神境界，在很大程度上取决于全民族的阅读水准；一个社会到底是向上提升还是向下沉沦，就看阅读能植根多深，一个国家谁在看书，看哪些书，就决定了这个国家的未来。读书不仅仅影响到个人，还影响到整个民族、整个社会。要知道：一个不爱读书的民族，是可怕的民族；一个不爱读书的民族，是没有希望的民族。

最后引用《阅读的力量——2013年新教育国际论坛武侯宣言》中的内容作为本次演讲的结语：

2013年11月9日、10日，欧洲华德福教育研究团队、美国核心知识团队、乌克兰苏霍姆林斯基教育团队、中国新教育研究团队以及来自全国各地的教育同行齐聚武侯，对"阅读的力量"达成了以下共识：

一个人的精神发育史就是他的阅读史，一个民族的精神境界取决于这个民族的阅读水平。

对人类，阅读是一种生命本体的互相映照，是人类文化精神的集体守望；对教育，阅读是一种最为基础的教学手段，是授之以渔的最终目的；对社会，阅读是一种消弭不公的改良工具，是对人类崇高"价值"和应有"秩序"的坚守；对个体，阅读是一种弥补差距的向上之力，是终身受益的个体福利，是开阔眼界、豁达胸怀、陶冶情操、启迪心灵、修身养性的最好方式；对生命，阅读是一条通向幸福的重要通道，是构建幸福的精神世界的根本途径。

我们始终相信，每一个生命都是一粒神奇的种子，蕴藏着不为人知的神秘，而阅读，则能够给种子以美好滋养，并唤醒其所蕴藏的伟大和神奇。

茫茫宇宙，匆匆人生，"我是谁？""我从哪里来？""我到哪里去？"——对自己生命的追问，需要我们通过阅读徜徉于人类精神文明的长廊，在触摸历史的同时憧憬未来，在叩问心灵的同时感悟世界。

为此——我们呼吁把阅读作为国家战略；我们强调阅读中蕴含的民族文化的根本精神；我们重视阅读仪式对生命的唤醒；我们推动阅读成为教育教学的根本举措……我们努力

让主动阅读的习惯伴随学生的一生……我们鼓励父母与教师成为孩子的阅读榜样与伙伴;我们把阅读推广做成教育公益慈善的基本模式。①

---

① https://blog.sina.com.cn/s/blog_4aeb7d930102eiw3.html.

传统与开新

回顾中文学科走过的百年历程，有过激情燃烧，有过失落苦闷，有过清醒理性，也有过迷茫无助。如果要抓大关节，1949年是一个节点，1977年恢复高考是一个节点，21世纪的新纪元是一个节点。现在新世纪已过了一纪12年，虽然也在反思，但目前的认识高度仅仅恢复到了20世纪50年代。我认为中文学科的反思与发展应回归到学科设置的原点，重构中文学科的学统。简括地说就是：回归传统，返本开新。要回归，至少应从以下几个方面切入。

一、从重细分回归到重整合。19世纪以来，自然科学突飞猛进，其重分析细化，有划时代的意义。其方法论也极大地影响并改变了社会科学和人文学科的学科分类，使人文学科实现了从古典到现代、从经验到科学的转变，但也带来了新的困惑和新的遮蔽，不仅与对事物的哲学认知相左，而且也不利于人才培养。故在人才培养过程中，忽略三级方向，淡化二级甚至一级学科，从文史哲综合的高度，从诗书画乐融合的立场，向六艺的传统致敬,向人文学回归,对于矫正目前人文学科本科人才培养的弊端,或许有新的意义。

二、从重科研回归到重教学。大学有教学、科研、服务与文化传承等多项功能,但要注意这几个功能不是同一逻辑层面上的并列关系。我个人认为前三个功能之间是叠加关系,第四功能与前三者之间是渗透关系或融摄关系。但无论如何,第一位的或首要的功能是教学。中国人民大学文学院提出"以学生为本,以学人为本,以学术为本"的办学宗旨,三"学"之中,把学生放在第一位,有激浊扬清的苦心。耶鲁大学提出"课比天大"的理念,也是将教学和人才培养摆在最重要的地位,是对我们目前执着于"教学型""研究型"区划的超越。南京大学提出的学校对教学和科研的四个"一视同仁",也是对教学的重新强调。在我看来,在学校工作中,教学是最大的政治,着力抓好教学质量,提升人才培养的质量和水平就是政治正确。

三、从重概论回归到重原典。在教学和教材建设中,当下特重概论、导论、通论之类课程,这些都是入门类的课,非常重要,但我们不能让学生永远停留在入门阶段,而应不断地把他们导向学术的前沿,领略学术珠峰上的无限风光。对学术原典和经典的细读精读、涵泳把玩,不仅仅是表现对伟大传统的致敬,而且也是对原典中学术命题、学术出发点、学术原生态的回溯。

四、从重统一回归到重特色。教学和人才培养中的统一招生、统一大纲、统一教材、统一考试、统一评分,本意或许是好的。但人才这个产品,不是工业生产中的标准件,无菌无污染环境的流水线,可以生产出优质的机械产品,但恐怕培养不出人文学科的拔尖卓越人才。

五、从重有为回归到重无为。目前自上而下，都想在教学改革方面有所作为，这是可以理解的，也是必要的。我曾概括大家对教学和科研的认识，提出学科建设"三为"的三重境界：有为始能有位，有所为有所不为，无为而无不为。我认为绝大多数学者和学科参悟到了第一境，部分学者和学科步入第二境，能领略第三境的却寥寥无几。① 倡导建设世界一流学科的，首先应倡导追求无名、追求无为。无名、无为与世界一流，表面上是两个极端，实际上是相反相成的。

六、从重管制回归到重自治。教育部出台的三十条，讲得很好，是这几年推出来的最好的一个文件，但阅读之后，有个感觉，就是讲得太细，管得太死。把教授应讲多少节课，小学应用什么校车、应喝哪个牌子的牛奶都管起来的教育部，委实有些太辛苦了。教育部应明确责任主体，简政放权，抓大放小，天下教育便可垂拱而治了。

七、从重数量回归到重质量。20世纪90年代以来，为了满足大众对高等教育的迫切需求，缓解各种社会矛盾，适当扩大招生规模，从当时的情境来看，也是可以理解的。但现在已经到了调整结构的时候了。用市场份额、市场占有率等等经济学的理论直接套高等教育，明显是有缺陷的。对教师教学与科研的考核指标，也应极大减少量的要求，而对质量和水平的要求则应更多地强调。

---

① 参见拙作《学科建设的"三为"境界》，见本书第107页。

语文教学：大学与中学的异同

大中学语文教学都是作为人文学教育中的一个环节，从人文学的本质来看，是相同的。一些表面的差异人所皆知，不值一提，但稍微具体细微的差别，还是应该分辨的，以便从业者能保有一种教学自觉，更好地适应并塑造自己的职业角色。

初级与高级。毫无疑问，小学与中学（初中与高中）是语文教育的初阶，而大学则是语文教育的进阶和升级，无论是教学内容、教学要求、教学难易度都有很大的提升和加强。中小学是语文教育的导入，要深入浅出，要引人入胜，要趣味盎然，而大学是语文教育的展开和深入，要本色当行，要博大精深，要让学生有敬畏感：敬畏经典，敬畏大师，敬畏传统。目前中小学语文教学从大学下放的内容太多，过于成人化、知识化，而有些大学语文教学则号召学习脱口秀的明星教师，课堂书场化，内容趣味化，模糊了大中学语文教学的区别，实在是走入了误区。

规范与开放。中小学语文更多的是一种规范的教学，而我理想的大学语文则应更多地打破规范。中小学的语文教学入门须正，只要达到基本的底线的要求即可，而大学的语文教学则应上不封顶，天高任鸟飞，海阔凭鱼跃，把学生带向一个全新的境界。

素养与专业。中学语文主要培养学生全面的文化素养，包括基本的母语素养，而大学教育除了被嘲讽为高四语文的"大学语文"或"大学国文"外，其他课程都是一种专业教育，每门课程都有专门的教学大纲、培养方案、专业特色，与狭义的语文渐行渐远，分野越来越明显，如实验语言学、现代语音学、校勘学、文献学、音韵学、版本学、目录学等，更接近社会科学或技术科学，与传统的人文学科区别很大。作为博雅素养的大学语文与中学语文联系很多，但作为专业的中文学科则越来越技术化、专门化，成为整个现代学术谱系中的一个分支。

示范与探索。中学语文教学整体上更多的是一种示范教学，而大学中文教学则应更多地强调研讨、探索、质疑、批判。

应试与职业。大家现在对中学的应试教育群起而攻之，如果说中学教学是应试教育的元凶，那么各门课程则都是帮凶。我个人不同意这种看法。首先，给学生教一点应试技巧并没有错。其次，如不取消中考、高考、考研、考公务员、考律师等各类的逢进必考、以考录取、以分数定终身的做法，那么应试就不会也不可能被取消。而大学的专业教育是职业生涯的初步，作为职业工作者，在一个更大的有更多变量的评价系统中，准入的条件、评价的标准更复杂，但应试也是其中一个环节。大学或大学毕业后不是没有应试了，而是更大、更多、更难的一种应试，中学那种检测识记的闭卷式笔试，反倒下降为一种最简单、最原始、最小儿科的测评方式。

中国文化的至高境界讲中庸,但在实际中我们最容易走极端,包括对大中学语文教学异同的认识。在坚守或认同自己职业角色的同时,我希望中学老师多鼓励学生"仰望星空",而大学老师则应多鼓励学生"脚踏实地"。

人工智能时代,我们如何教中文?

引 言

先说几则关于人工智能时代到来的材料:

第一件事是阿尔法狗(AlphaGo)战胜人类围棋顶级选手的消息。AlphaGo 是一款围棋技艺方面的人工智能程序,由谷歌旗下 DeepMind 公司戴密斯·哈萨比斯领衔的团队开发。其主要工作原理是"深度学习"。2016 年 3 月,阿尔法狗对阵围棋世界冠军、韩国职业九段棋手李世石,成绩是以 4 比 1 获胜;2016 年末 2017 年初,又与中日韩数十位围棋高手进行快棋对决,连续 60 局无一败绩;2017 年 5 月,在中国乌镇围棋峰会上,阿尔法狗的升级版 Master 又与围棋排名世界第一的柯洁对战,以 3 比 0 的总比分完胜。

再说第二件事。也是近年来的事情,微软公司开发的智能机器人小冰创作的诗集《阳光失了玻璃窗》出版,引起了广泛讨论。

据说机器人小冰的卓越之处在于它具有本体论知识，首先构建不同诗歌意象之间的本体论关系，其次对简单的关联分析进行组合。问题是，机器人依照程序编制出的东西可以叫"诗歌"吗，这一过程可以称得上"创作"吗？

与写作相关的另一件事情是同声翻译，科大讯飞公司发布了全球首款实时中英互译机器"晓译翻译机"。这个机器可以做到：中文进，英文出，瞬间同传！据说晓译翻译机已经达到了大学英语六级水平，下一步公司还要开发针对法语、德语、西班牙语、俄语的同声传译设备，今后不论是学习、工作、出国旅行，晓译翻译机都可以成为每个人最便携最贴身的翻译官！所以有人惊呼，同声翻译这个行业要消亡了。

第三件事是关于几本新书。以色列学者尤瓦尔·赫拉利在2011年出版了《人类简史》，曾连续占据以色列图书销售榜榜首100周。《人类简史》随后被译为33种文字，席卷世界，引起学界、媒体、大众的极大兴趣，被形容为脑洞大开，刷新三观。2015年他的《未来简史》希伯来文版诞生，并在2016年译成英文，2017年译成中文。作者在新书中认为，在解决人类新问题的过程中，科学技术的发展将颠覆我们很多当下认为无须佐证的"常识"，比如人文主义所推崇的自由意志将面临严峻挑战，机器将会代替人类做出更明智的选择。更重要的，当以大数据、人工智能为代表的科学技术发展日益成熟，人类将面临从进化到智人以来的一次改变，绝大部分人将沦为"无价值的群体"，只有少部分人能进化成特质发生改变的"神人"。未来，人类将面临三大问题：生物本身就是算法，生命是不断处理数据的过程；意识与智能的分离；拥有大数据积累的外部环境将比我们自己更了解自己。如何看待这三大问题，以及如何采取应对措施，将直接影响人类未来的发展。

在整个世界日新月异、变动不居的同时，也有人指出学校的教室、宗教的教堂几百年来变化很小，区别不大。

面对人工智能时代的迅猛到来，以及即将由弱人工智能进入强人工智能，进而步入超人工智能，高等教育如何因应变化，包括中国语言文学学科在内的传统人文学科如何从事教学？哪些要变，哪些要守？哪些要微调，哪些要强化？这是我们这些从业者应该预先思考与探讨的。

一、与时俱进，分享人工智能时代的新技术

面对三千年未有之大变局，按照尤瓦尔·赫拉利所说是四十万年以来从人类成为智人以来的又一次认知大变化，我们是恐惧并抵抗它，还是与时俱进主动拥抱新时代呢？

我个人认为，我们应该分享并利用人工智能时代的每个技术进步。目前，数据库、搜索引擎、在线教学、网络课程、视频教学、音频教学、自我编程等技术都比较成熟，可以直接拿来，引入教学科研中。

我们每位学人都在使用各种数据库，也在使用百度、必应、谷歌、维基百科等搜索引擎和百科文库，且好多人的网络阅读、收集阅读、终端阅读数量已经超过了纸质阅读；但另一方面，我们也在大力抨击"碎片化阅读"，反对学生过多引用电子文献。

所以，对人工智能时代的到来既要热情拥抱，又要特别理性、特别冷静。拥抱是一种欢迎的礼仪和姿态，理性和谨慎则是学者的基本操守。不是要各位沉溺其间，不是被技术的海洋所淹没。

对人文学科来说，我们还仅仅视这些新技术是"技"而非"道"，是教学科研的辅助而非取代我们的思考、取代我们的教学和研究。"工欲善其事，必先利其器。"最大限度地利用这些新技术，可以更好地助力我们的教学科研。

二、以学术为志业，用科研的新突破刷新并升级教学

"志业"一词是借用马克斯·韦伯《学术作为一种志业》中的概念。我们面临的时代一是数据主义甚嚣尘上，另一是专业主义深入人心。把中文专业的学科建设仅仅理解为教学是远远不够的，也无法抵御大学中专业主义的侵凌。目前还找不出解决这一问题的最优方案。唯一可行的，也是对年轻的从业者负责任的建议就是，要两条腿走路，既要有人文教育的理想，又要有专业研究的思维。

专业研究的思维不仅仅是写论文、写专著的思维，而是科学创新的思维。科研创新的思维就是不断发现问题、提出问题、解决问题的思维。我们鄙视论文至上、论文量化考核，但也需要提醒教学战线上的各位同仁，在当下的高校，不能搞教学只能搞科研的教师还可以一俊遮百丑，但不能搞科研只能搞教学者，则注定要成为专业主义体制的牺牲品。虽然都属于"跛脚鸭"，但前者

损失小，后者牺牲大。

另外一点，就是要把我们学术研究的新突破、新成果迅速转化为教学资源。目前的课堂教学对学术前沿的变化很不敏感，滞后于学术前沿三至五年。各类教材编写对学术新观点、新理论、新方法也很谨慎与保守，仅仅把学术界已形成共识的看法吸收进教材，而鲜活的、激烈的学术争论并不能写入教材。这样的双重滞后加起来，教材和教学至少落后于学术前沿十年以上。十年对于自然科学和技术科学意味着什么，我想不需要我再饶舌。我自己参加了一部"马工程"全国统编教材的编写，主编过一部"马工程"配套教材的编写，对这一方面的问题有切身感受。

三、倡导现地教学，走进文学发生的现场

金人元好问《论诗三十首》其十一："眼处心生句自神，暗中摸索总非真。图画临出秦川景，亲到长安有几人？"元好问的诗批评当时诗画创作的陋习，不深入实际，实地写生，获得灵感，而是冥思苦想，闭门造车。这里借用来说教学。讲历史上的经典名篇，时间上虽然无法回到古代，但空间上还可以带学生勘踏遗址，走进文学发生的现场，获得更多的信息，让学生在特定情景中感受经典传达出来的那种神奇力量。

孟浩然《与诸子登岘山》："人事有代谢，往来成古今。江山留胜迹，我辈复登临。水落鱼梁浅，天寒梦泽深。羊公碑尚在，读罢泪沾襟。"宇文所安将羊祜、杜预、孟浩然、杜甫、皮日休等登临岘山作为一个案例，归纳总结出中国古代文学中的一个范

式——"追忆"。我自己在20世纪80年代曾登临过一次岘山,才意识到柳宗元所讲的"美不自美,因人而彰"。

《西厢记·长亭送别》:"〔正宫〕〔端正好〕碧云天,黄花地,西风紧。北雁南飞。晓来谁染霜林醉？总是离人泪。〔滚绣球〕恨相见得迟,怨归去得疾。柳丝长玉骢难系,恨不倩疏林挂住斜晖。马儿迍迍的行,车儿快快的随,却告了相思回避,破题儿又早别离。听得道一声去也,松了金钏；遥望见十里长亭,减了玉肌；此恨谁知？"这段折子戏如果在教室里讲授,肯定效果平平,如果能在郊外车站分角色朗诵,特别是如能按照剧本提示,在规定的时间、地点复述这段情事,应该能取得意外的效果。

四、教学新反转,多让学生唱主角

反转课堂(Flipped Classroom),也被称为"反转课堂式教学模式",简称反转课堂或颠倒课堂。最早起源于美国科罗拉多州一个山区学校——林地公园高中。林地公园高中的教师常常被一个问题所困扰:有些学生由于各种原因,时常错过正常的学校活动,且学生将过多的时间花费在往返学校的巴士上,这样导致很多学生由于缺课而跟不上学习进度。直到有一天,情况发生了变化。2007年春天,学校的化学教师乔纳森·伯尔曼和亚伦·萨姆斯开始使用屏幕捕捉软件录制PowerPoint演示文稿的播放和讲解。他们把结合实时讲解和PPT演示的视频上传到网络,以此帮助课堂缺席的学生补课。

我的新反转教学实验是:由原来的以教师为中心转变为以学

生为中心,在规定的教学单元中,干脆把教学的主动权交给学生。首先,让学生自己准备PPT和发言大纲。其次,让学生主持一个单元教学,让他们轮流讲授,轮流发表,让他们自己计时,相互评教评分。我的具体做法与师范类的试讲和教学实习不同,不是让他们熟悉教学的程序,而是要发掘出他们的灵感和火花,要他们认识到他们也可以成为教学中的主动者,而不是永远是被动者。

五、亲近自然,发现自然美

《论语·先进》第十一:(点)曰:"莫春者,春服既成,冠者五六人,童子六七人;浴乎沂,风乎舞雩,咏而归。"夫子喟然叹曰:"吾与点也。"据此我们知道,孔门教学,很看重与大自然的接触,亲近自然,回到人类的原初状态,在真实的自然状态中体验艺术美。这不仅是抵制专业主义,同时也是抵制数据主义,防止人类异化、机器化的一个重要途径。

陶弘景《答谢中书书》:"山川之美,古来共谈。"汤显祖在《牡丹亭》中通过杜丽娘之口说:"不到园林,怎知春色如许?"杜丽娘的唱词:"原来姹紫嫣红开遍,似这般都付与断井颓垣。良辰美景奈何天,赏心乐事谁家院?朝飞暮卷,云霞翠轩。雨丝风片,烟波画船。锦屏人忒看的这韶光贱!"《牡丹亭》的故事发生在园林里,人物性格也是通过园林展开的。

花园之重要性不言而喻,花园既是现实场景,重要之事都发生在花园里;花园更是心灵之园、精神之园、情感之园。

引导学生从读文献文本转向读图绘文本,再从读图绘文本转向读自然文本。

六、知能并重,创造艺术美

中国传统艺术的形式很多,琴棋书画舞,诗词曲赋文,都有它们的独到之处。老师通过教学,要让学生喜爱这些国粹。真正的爱不能停留在抽象的理念上,而是要传习实践,或鉴赏,或临摹,或创作,发现文章之美,感受文章之美,创造文章之美。

小　　结

人工智能时代的到来,对社会生活的各个方面都会产生冲击,高校教学特别是中文学科的教学科研也不能幸免。本文第一点说的是因应,第二、第三、第四点说的是主动调整变化,第五、第六点说的是坚守人文性和创造性。

发现美和创造美是人类的古老禀赋,而发现与创造的过程又因人而异,无规则,无定法,甚至不可重复。程序、智能还无法处理单独的个案,特别是浸染了浓厚的个体生命体验的东西,智能机器目前做不到,智能机器设计者也没有这个"情商"。善于深度学习的机器小子已经有了新的进步,它的古老的人类之父也需要提高门槛与它进行较量,兵来将挡,水来土掩,人类还有足够的时间来思考这些问题,找寻恰切的解决方案。

甭急,先坐下喝杯碧螺春,听一曲《阳关三叠》,看一眼熙来攘往、川流不息的街景，我在故我思。人类的这些独特体验和感受是智能机器的盲区，目前它还无法与人类比较，更无法分享，无法竞争，所以我们也不必过分渲染和夸张人工智能的恐怖主义思想。

也说"打通"

《文学遗产》编委会前次的扩大会和此次会议上有关古代文学研究"打通"的话题引起热议，有不少精彩的见解。无独有偶，当下大学教育也倡导博雅教育或通识教育，希望能克服仅重视专才的弊病，培养出更多的通才。

但究竟什么是通，如何打通，似乎看法不完全一致，以下是我个人粗浅认识的一个简单梳理。

首先是指人生境界上的通透参悟，这是价值层面上的"通"。司马迁《报任少卿书》："亦欲以究天人之际，通古今之变，成一家之言。"这三句话实际上道出了历史哲学的三个层面：成一家言是说历史写作，通古今变是说历史认知，究天人是说探索历史智慧。宋儒张载有著名的"横渠四句"："为天地立心，为生民立命，为往圣继绝学，为万世开太平。"关中地大物博，所产人物也瑰玮不群，张载的宏大叙述既是基于他胸中的浩然正气，也与龙门太史公心曲相通。有意思的是民国政府在内地执政的末期，另一关中士人于右任与蒋介石竞选总统，公关宣传时竟手书"横渠四句"

广赠助选者。时人都知他是辛亥元老、知名草书家,即使不认同他的政见,不欣赏他的才干,但至少知道他书法的价值,愿意收藏他的墨宝。面对同样的天地万物,理学家程颐则说:"万物静观皆自得,四时佳兴与人同。道通天地有形外,思入风云变态中。"(《秋日偶成》)所谓的"道通天地"应包含人与自然的感通。冯友兰谓人生有四境界,分别是:自然境界、功利境界、道德境界、天地境界。能由自然境界步入天地境界的层次,不仅仅需要学问上的通识,更需要对宇宙人生的通透参悟。

其次才是知识百科上的会通理解,这是知识层面上的"通"。现代学术的一大进步便是学科分类越来越精细,人类的认识越来越深入。但在纵向深入的时候,我们又时刻感受到我们研究的任何一个孤立细小的课题,往往牵一发而动全身,横向的贯通往往制约着纵向的直通。于是又迫使我们不时回到知识分类的出发点,置专门科学于不顾,故意淡化或模糊学科之间的区隔与界线。

余英时转述钱穆的学术见解,谓中国典籍的四部表面上能区隔开来,但实际上却有千门万户、千丝万缕的贯通和联系。无独有偶,施蛰存将一生倾力的学问称为"四窗":东窗为诗文创作,南窗为古典文学研究,西窗为外国文学翻译与研究,北窗为碑帖收集和研究,他分别以此为自己相关著述命名。饶宗颐先生治学,强调宇宙性,提出"辨方正位"的四方之学,在研究中不仅跨越东、西、南、北四方,而且跨越上、中、下三维。将天、地、人、理、事、名，以及形、影、神合在一起进行研究。① 钱先生强调四部贯通，饶先生强调四方跨越与施先生实践四窗洞开，都是就学问的广博着眼，首先在研究上做出样板，同时指示后学以轨辙。

若从相异处进一步探求，四部贯通是古典学范围的事，四方跨越侧重宇宙观，而四窗洞开则涉及整个现代人文科学的打通，特别是艺术创作与理论研究的贯通，践行起来难度可能更大。因为诗文创作涉及艺术天赋，不是靠勤奋就能达到的。外文翻译涉及西学和外语修养。碑帖收集则既涉及学术眼光又涉及财力和投资能力：有眼光无财力只能望梅止渴，有财力无眼光则真赝杂陈。过去有人感叹贫士可以从事具体的实业，但无法做最好的学问，原因即在于此。

再次是指治学门径上的贯通指示，这是专业方法层面上的"通"。唐代刘知几《史通》要求史家须具有胆、识、才、学四方面的能力方能著史，而章学诚《文史通义》进一步提出更具体细致也更严格的要求。我近年来给研究生开课，与同事协力合作编成教材《中国古代文学研究方法导论》②，开始想为同学们找到几种放之四海而皆准的方法或网络语所谓的"必杀技"，但随着思考的深入，越来越觉得力不从心，徒劳无益，最后放弃这种企图，根据已有研究成果粗略地归纳为基于文艺学、哲学美学、心理学、历史学、现代科技、社会学和人类学、比较文化学、现代语言学、音乐学、美术学、传播学等领域的各种方法。相信随着古代文学

---

① 施议对《文学与神明：饶宗颐访谈录》，北京：生活·读书·新知三联书店2011年，第91页。
② 李浩主编《中国古代文学研究方法导论》，北京：高等教育出版社2013年。

研究的深入，还会有更多的方法出现，我们的概括也只能是挂一漏万。但有一点可以肯定，回顾从20世纪80年代以来大家对新方法的热衷和追随，到当下学者们对各种方法的淡定和理性吸纳，说明学界的成熟和超越，而这种超越主要体现在对多元交叉和广谱研究的会通，对各种新方法的包容。

据此，我以为价值体认上的通透、知识认知上的通融、方法技术上的通变，应该是我们讨论的古代文学研究中"打通"的题中应有之义。

陈尚君先生的《兼融文史，打通四部》①，是根据上次编委会发言整理，对此有很好的阐发。张剑兄此次会议回顾十年来宋代文学研究，将大家的已有共识概括为"四通"：熟通文本，融通四部，贯通古今，沟通中外。就古典文学研究而言，张剑兄已讲得很全面了，若能对此"四通"有所体会和实践，学问上肯定能拓出新境，更上层楼。受大家热烈讨论的启发，我对各位的"四部"说、"四通"说做进一步的回应和引申，归纳概括为深入实际、打破科际、联通网际、走向国际的"四际"说。下面稍做解说。

第一是深入实际。"实际"一词本是佛家语。《大智度论》卷三二说："实际者，如先说法性名为实，入处名为际。"一般指客观现实。就学术研究而言，人类学、社会学、考古学、语言学的田野调查、实地勘踏是深入实际，美术学的"搜尽奇峰打草稿"是深入实际。张剑兄讲"熟通文本"，就学术研究要接触第一手资料来说，也是在强调深入文本的实际。但这仅仅是事物的一个面相，

---

① 陈尚君《兼融文史，打通四部》，《文学遗产》2012年第1期。

另一个面相的实际是现场与在场的实际。古人讲"读万卷书"之余还要"行万里路"，就是强调要深入实际。元好问《论诗绝句三十首》其一云："眼处心生句自神，暗中摸索总非真。画图临出秦川景，亲到长安有几人?"是从艺术创作讲深入实际，"眼处心生"与"秦川景"即佛家所谓"现量情景"，含有现在义、现成义、显现真实义等多层意思。①

日本中央大学教授妹尾达彦是知名历史地理学家，他自述迄今已亲到长安30多次。他不光考察长安、洛阳，还多次去巴格达、伊斯坦布尔(君士坦丁堡)等东方古城，故他关于古都研究的视角独特，常能发人所未发。国内外一些杰出史学家，不仅能亲自勘踏历史事件的遗址，而且能深入考古工地和发掘现场，在第一时间获得第一手资料，有时他们学术成果的披露甚至早于考古发掘报告的公布。这种因深入实际所得的学术新资讯，所培养的学术敏感，是值得古代文学研究界同仁学习的。

第二是打破科际。现代学术最大的进步就是学科界限的明晰化，相邻相隔的科系之间，鸡犬之声相闻，但可能老死不相往来。不光是文、理、工壁垒森严，界限分明，就连文科之中的文学、艺术、哲学、宗教、历史，也各有血脉相承，族内通婚，绝不与邻居混杂，以示纯正高贵。至于创作与研究、教学与科研、科普与原创也都是各有所司，绝不混淆。人类像工蜂一样，一辈子在这样一个狭小的区域内反反复复，进进出出，严肃认真地忙碌，上帝看到了肯定会发笑。

---

① 参见拙著《唐诗的文本阐释》第一章第二节，西安：陕西人民出版社2022年。

古代文学界许多名家大师实际上多是跨科的，如王国维除了写《人间词话》外，更重要的还是保留在《观堂集林》中如《殷周制度论》等史学上的重大成果。陈寅恪当年是北大、清华中文、历史两系合聘的教授。朱自清写过《诗言志辩》和许多古代文学论文，但又是现代文学新散文的代表。他的学生王瑶以《中古文学论集》知名，但又是现代文学研究的泰斗。闻一多是新诗创作的代表，同时不废旧诗，在1925年热衷新诗之际，仍能"唐贤读破三千纸，勒马回缰作旧诗"①，在学术研究上也以对《诗经》《楚辞》和唐诗的创新研究著称。陕西人吴宓在清华和西南联大教西洋文学和比较文学，但他毕生坚持旧体诗词写作。钱锺书教西洋文学的课，做古代文史哲打通的学问，从《谈艺录》《管锥编》到《钱锺书手稿集》所包容的学问信息，是很难用一个学科或一个学科的分支分段来概括的。台湾大学的老辈学人台静农教文学史课程，但诗书画都臻于妙境。长期执教于香港大学的饶宗颐更是于学无所不窥，无所不精，在多个领域多个学科都取得很高成就。

在关中和其他精耕农业区，聪明的农人为了充分利用土地，很早就发明间作套种，将高秆低秆、季节不同的几种植物同时种植，非但没有干扰影响，反倒能互相作用、互相促进，使产量倍增，这种栽培经验，或许能给我们一些启发。

第三是联通网际。无可否认，网络已极大地改变了我们的生活，同时也改变着我们的学术生存。

首先，古籍文献数字化的程度在提高，与学术的关系越来越

---

① 闻一多《废旧诗六年矣，复理铅椠，纪以绝句》。

密切。古籍文献数字化目前有三种形式：一是原样数字化，即按照古籍的原貌原样扫描或影印，最大限度地保存古籍历史信息；二是文本式数字化，即将古籍全文录入整理成可检索的数据库；三是知识型数字化，即按照知识管理的模式对古籍数据库进行标引等深度加工。①

其次，网络已成为学术发表、学术交流、学术沟通最便捷及时的工具，它不仅在改变着社会，也在改变着教育和学术研究。更重要的是，基于数据库和网络学术资源之上的"e-考据"也使传统的文史研究进入了一个全新的时期。② 开放获取、共享数据、多方会议、绿色出版，这些国际学术界期盼已久的事件正悄悄来临。有论者已指出从农业革命、工业革命到当下的信息（移动）革命是另一个"三千年未有之大变局"，在此大背景下出现的台式计算机、手提计算机和移动智能终端分别开启了"固态""液态"和"气态"三种生存方式，目前现代人已进入了数字的"气态"生存阶段。③ 换句话说，数字信息已像空气一样弥散在我们的生活中，古代文学研究者可以远离尘世，但无法隔绝这样的"空气"。在无纸化办公、无纸化报纸之后，学术期刊的无纸化与网络化也会很快到来。这对于包括《文学遗产》的编者、作者、读者来说，既是新的学术发展契机，又是新的学术挑战。但正如迈克尔·塞勒所

---

① 张贺《与时间赛跑，古籍数字化如何加速》，《人民日报》2016年6月24日。
② 参见黄一农《e-考据时代的新曹学研究》，《中国社会科学》2011年第2期；孙妙凝《e-考据为文史研究打开一扇窗》，《中国社会科学报》2013年3月27日；郭倩《黄一农：用E考据"玩"红学》，《中华读书报》2013年3月27日。
③ 见[美]迈克尔·塞勒著《移动浪潮：移动智能如何改变世界》，邹韬译，中信出版社2013年版。

预言，报纸因其信息的浅表性、同质性与重复性，在未来面临锐减甚至消失的可能性，而学术期刊因其特色性、专题性、深度性与唯一性，在未来将会迎来另一个黄金时代。网络上的期刊，不仅可以实现编者、读者与作者的实时互动，而且可以出现由作者真人真声朗读其论文的视频文件。《文学遗产》已建有网站和网络版，相信在未来也能引领(至少紧追)信息革命时代的人文学术期刊发展。

第四是走向国际。这一点与张剑兄所谓"沟通中外"很接近，近年来有不少论述，如刘跃进《近年来美国的中国古代文学研究掠影》(《福州大学学报》2001年第1期)、程章灿《作为学术文献资源的欧美汉学研究》(《文学遗产》2012年第2期)，特别是廖可斌《古代文学研究的国际化》(《文学遗产》2011年第6期)。但沟通中外侧重文献上的中西融通和研究上的中外比较，走向国际则更侧重学术成果和学者队伍的走出去。诚如葛晓音先生在此次编委扩大会议上所说，当下有一个我们如何平心看待国际化和如何平等对待境外学人的问题。同时，走出去也需要一个普适性的交流规则，如果说WTO是商品贸易规则的平台，那么学术交流、文化交流、教育交流是否也需要一个类似的规则和平台？这样的平台是否具有普适性和可通约性？我以为这才是走向国际的深层含义。

如从这样的意义看"打通"，我以为需要努力的空间仍很大。这样的"打通"知易行难，说说还容易，但做起来很难。我个人资质愚钝，学问浅狭，年来又多有荒疏，本不配谈这样的话题，更不敢自矜自炫。立此标杆，虽不能至，心向往之。作为教书匠，希望能给更年轻的才俊指示一条向上之路。

学科建设的"三为"境界

学科建设是内地这些年来特别强调的一个关键词，既指学科平台、学科高地、工作条件、实验设备等条件建设，又指团队、骨干、领军人物等队伍建设，还指项目、作品、成果、获奖、应用、引用、翻译、美誉度等成就的积累。学科建设与科学研究如何可持续发展，如何处理好当下与长远的关系，如何真正实现协同创新，与国际接轨，走向一流？很多还处在探索阶段，摸石头过河，故聚讼纷纭，莫衷一是。我认为学科建设可分为三个阶段，有三个境界。分别是：有为始能有位，有所为有所不为，无为而无不为。下面我对三境界说稍做解释。

有为始能有位。这句老话前几年在高校圈里经常讲，据说是周济主政教育部时提出的，很多人还在引用，似不专指学科建设。我认为对学科建设更适用。只有踏实苦干，在学科建设的各个方面取得突出的业绩，才能获得相关的肯定和确认。换言之，学术地位的获得，是通过自强不息，有所作为，长期打拼，才能实至名归。

有所为有所不为。无论是学科建设还是科学研究，无论是一个学术机构还是学者个体，甚至无论是所谓的重大项目还是个人自主选择课题，都不能把战线拉得太长，全线出击，贪多嚼不烂。想要样样精通，结果可能是样样稀松。故经费的拨付，条件的提供，人力的配给，要有主次轻重缓急。有所为是做加法，有所不为是做减法。有过学科建设经验的人会有切身感受，实际上有所为还较容易，有所不为则较难。衡之于国内外知名大学和学术机构，都不是对所有学科均衡发展，而是对优势学科重点发展。但手心手背都是肉，割爱很难，若无取舍，就不容易集中力量打歼灭战，也不容易出特色出高地。最近流行日本学人所写的一本畅销书《断舍离》，对做减法有很深入细致的解说，值得阅读。

无为而无不为。前两阶段或前两个境界谈的人较多，还比较好理解，也能被许多人认同。但第三阶段或第三境界说的人较少，大家也未必能接受，要真正做到就更难了。前两个阶段使学科建设进入良性循环的状态，但都是人为的结果、刻意努力的结果、严格调控的结果。到了第三阶段则要减少人为因素，顺其自然，自我展现。前两个阶段是绝大多数内地科研单位和高校都能做到的，而第三个阶段则是只有欧美发达国家和世界一流名校才能达致的境界。

从"有为"到"无为"，从"有不为"再到"无不为"，在圈外人看来近乎咬文嚼字式的文字游戏，但我认为这不仅仅是文字上的变化，更重要的是对学科建设认识上的逐步深化，或者说是科学哲学上从必然王国向自由王国的迈进，强调科学研究中自发自主和自由精神的形上意义。

"三为"的说法，特别是"无为而无不为"的说法，在这里只不过是借指现代大学的学科建设与科研，但它的出处则来源于中国古老的道家学说《道德经》，其第三十七章有"道常无为而无不为"，第三十八章有"上德无为而无以为；下德无为而有以为。上仁为之而无以为；上义为之而有以为"。老子主要是给我们昭示出理想的政治治理在于无为而自化，让人民自我化育，自我发展，自我完成。① 以发现规律、认识世界为己任的科学研究和学科建设，应该从古代哲学中汲取智慧，尽量不折腾，少妄为，让学人们栖息在自然平衡的学术生态乐园中，挣脱缰索，仰望星空，自然流露，尽情释放，真如是则世界一流指日可待，而伟大的传世成果也会络绎涌现。

---

① 引文及释义据陈鼓应《老子注译及评介》，北京：中华书局1984年。

人文学科为什么要做科研？

科研是现代科学共同体中的术语，是从事自然科学特别是技术科学者的概念。对于人文学科来说，老辈学者只知著书立说，并没有科研的概念。古人的著书立说与现代科研的范畴有交叉重合，但并不完全等同。应该说，科研中包含着著书立说，但著书立说并不完全等于科研。毫无疑问，科研对大众、对社会、对世界的益处很多，不需要我饶舌。但科研对于从事科研的个体，特别是从事人文社科的学者有何益处呢？大家未必有共同的看法，我稍引述一下浅见。

首先，科研是教学的源头活水。宋儒朱熹诗曰："半亩方塘一鉴开，天光云影共徘徊。问渠那得清如许，为有源头活水来。"如今高校使用的是统编教材，彼此大同小异，教师过于依赖教材，相互间拉不开距离。认真的学生会课前预习教材，如果老师上课时不增加新材料，照本宣科，就没办法吸引学生。科研所得的新材料、新方法、新结论会使学生耳目一新，特别是如果这些新的内容不是转载引用，而是任课老师的自证自悟，自我发现，就更能吸引学生,如偶尔能纠正教材上的一些陈陈相因的错误,则更令学生肃然起敬。既是教学成果,也是科研成果。

其次,科研可以使同道更有效地沟通交流。"嘤其鸣矣,求其友声",学术界同行之间的交流应该是"双向馈赠"。我们会经常从别的学者的论文、著作、报告中获得教益和启发,我们是接受者。但来而不往,非礼也。"投我以木桃,报之以琼瑶。匪报也,永以为好也",报答同道最好的方式就是科研,报答同道最好的礼品就是科研成果,对同道最大的尊重就是在充分肯定他的开拓后,发现并诚恳地指出他的不足。

陕西关中和陕北民俗,定亲前婆家人考察女方最重要的一个程序就是了解女子的厨艺和女红。北方属麦作文化,以面食为主,看厨艺实际就是要看女子和面、擀面、切面、捞面、做臊子的手艺。验收的成果就是端上来的那碗面。关中乡下还有所谓的"老碗会",实际上就是面艺大比拼。端着碗在外吃饭的是男人和碎娃,展示的则是当家女人的厨艺成果,不仅仅是在秀她的脸面,同时也是在展示全家的脸面和实力。

教师的成果就是一件精工缝制的衣服,其中里子是教学,面子是科研。学校的里子就是人才培养,脸面就是全校的科研成果。而学者出去与同行交流是用自己沉甸甸的成果去对话,而不是用自己的大嗓门去播音。

再次,科研使人健康长寿。书斋里的学者在城里生活久了,去田野、去乡下搞调研搞考察,不仅仅是工作,同时也可以呼吸干净清新的空气,吃到绿色天然的食品。我们知道,经常在户外工作、在野外工作的人,体型更匀称,体质更好。调研、思考、写作、交流，还可以克服中老年的孤独症和痴呆症，因为搞科研与写作时大脑要高速运转，实际上是在给大脑做保健操，天天搞科研，就相当于天天在健脑。所谓"流水不腐，户枢不蠹"就是这个道理。

看看 70 岁以上仍然在科研第一线的董乃斌、薛天纬、莫砺锋、卢盛江、葛兆光、葛晓音、陈尚君等先生的精神状态，就会发现科研成了他们焕发活力的秘诀。再看看八九十岁以上的袁行霈、王水照、周勋初、裘锡圭，科研和写作是这些老寿星不老的灵丹妙药。所以，仅从珍爱健康、保持长寿这一点也值得推广搞科研。

最后，科研使人智慧得道。身体的健康长寿固然值得羡慕，但心灵的自由、思想的开放、精神的解脱更值得追求。通过科研，我们不再迷信人云亦云的许多陋见；通过科研，我们可以矫正我们自己的偏见，我们能不断冒出许多活泼的想法，我们有了平常心，故可以欣赏远处的风景，也可以享受本地的风光。我们通过自证自悟获得的那些见解，实际上即是苦难人生中结出的智慧之果。

诗运三关：从古典到现代

刚刚过去的 20 世纪，暴风骤雨，百年激荡，是一个剧烈变化的时代。政治上，两大阵营冷战对抗；宗教上，各是其是，各美其美；经济上，欲以商业的共同市场来统一世界。

百年来的中国在急匆匆地追赶现代化的过程中，视传统为包袱、糟粕，弃之唯恐不及；在步履蹒跚地走向世界的过程中，又视世界为洪水，筑起许多心灵的防火墙，拟御敌于国门之外。所以，我们的 20 世纪既是不断交流沟通的时代，又是不断产生隔膜和封锁的时代。在传统和域外两个维度上都有鸿沟：有自然的，有人为的，有主动的，有被动的。文明有冲突，道术有断裂，心理有堤防，确实形成了许多文化断层。新诗的降生，旧体诗的复苏，外国诗的翻译，都是在这样的背景下展开的。

"21 世纪将是一个世界轴心文明相互理解的时代"（成中英语），今天的论坛也应视作诗歌重新理解古典、理解世界的开始，各位对题旨都做了精彩的阐发，但诚如蒲伯所言，"见解人人不同，恰如钟表，各人都相信自己的不差分毫"（《论批评》）。我诗学根基粗浅,十分钟也不适宜于系统阐述诗学体系、详细描绘诗史演进,故权借禅宗三关的话头,从诗之厄、诗之本、诗之道三端来解说20世纪诗歌的命运,希望对中国诗歌在新世纪从灵根自植到花果丰茂,能有些启示。

诗 之 厄

20世纪的诗歌有过许多辉煌。从黄遵宪、梁启超的"诗界革命"到"五四"前后的狂飙突进,从枪杆诗到民歌体,从1958年的诗歌"大跃进"、小靳庄赛诗会到天安门诗歌事件,诗歌总是和当时的政治同呼吸共命运。但在此后的时间特别是2000年之后,诗歌的地位在沉沦,诗歌的影响在式微,诗歌的作者在改行,诗歌的读者群体在锐减,诗集的发行数量在急降。我们经常说"国家不幸诗家幸",那么它的反命题"国家兴时诗不幸"是否成立?放眼诗歌的现状,不禁让人满目萧然,感极而悲。中国是三千年的诗歌古国,其他可以衰败,但诗歌不应衰败;其他可以匮乏,但诗歌不应匮乏;其他可以没有经验,但诗歌不应没有经验。其他改革需要摸石头过河,诗歌改革难道也需要摸石头过河吗?不幸的是,这些都发生了。下列诗歌灾厄的六个侧面:

现代新诗的小众化是第一厄。

传统旧诗的断层是第二厄。

西洋翻译诗的无根是第三厄。

诗歌唯政治之马首是瞻是第四厄。

商业控制诗歌出版是第五厄。

智能机器写作是第六厄。

六厄之下的中国诗歌现状堪忧，不是局部的新诗出了问题、旧诗出了问题，或翻译诗出了问题，也不仅仅是作者出了问题、读者出了问题，而是诗歌各个部门都有问题，需要的是辨证施医，而不是头痛医头，脚痛医脚。

诗 之 本

关于诗的定义林林总总，应有千百种；关于诗的分体分类错综复杂，也有千百种；关于诗的技巧、技法的说法就更多了。对诗的许多经院式的研究，使诗学越来越精致，越来越完美，但与诗的创作也越来越隔绝。诗歌的研究迷失在烦琐的理论中，诗歌的创作却迷失在心灵的荒漠中。正本清源，诗歌应回归常识：

> 诗者，志之所之也，在心为志，发言为诗。(《诗大序》)
> 诗者，持也，持人情性。(《文心雕龙·明诗》)
> 诗言志，歌咏言，声依咏，律和声。(《尚书·舜典》)
> 诗缘情而绮靡，赋体物而浏亮。(《文赋》)

这些说法其实也并不一致，但都是围绕着情来立论的。何谓情？喜怒哀惧爱恶欲。没有情的诗是伪诗，是去过势的诗，是山寨版的诗。当代诗歌中有真情的少，能将真情艺术地唯美地表达出来的更少，艺术唯美的表现又能为大众喜闻乐见、吸引大众关注的则少之又少，寥若晨星。对于泱泱诗歌古国来说，这是悲哀，也是无奈。

严格意义上说，道德箴言不是诗，口号标语不是诗，哲学讲义不是诗，身体写作不是诗，文言堆砌不是诗。因为在这类东西中，感性的个体的情往往被脱敏，被漂白，被安检，被格式化，被规范统一，被上纲上线。

诗 之 道

诗之道应该是立交桥，纵横穿梭，四通八达。可以从原野乡村出发，可以从城市商业区出发，可以从连锁快餐店出发，也可以从大学课堂出发。可以业余，可以草根，可以民间，可以专业，可以先锋，可以试验，可以通俗，可以古典，但都要有真情和真情的原创表达。

诗之道应该是互联网，无国界，无种族，既是最私密的，又是最公开的，无远弗届，无往不胜。20世纪影响最深远、迄今无论如何评价都不为过的恐怕是互联网的发明。中国诗歌的发展不仅要利用互联网的技术平台、海量信息、各类数据库和搜索引擎，更重要的是，要学习互联网的创造思维和工作原理。电影《阿凡达》中潘多拉星球上纳美人的思维和感受，不仅部族成员之间可以沟通，还可以和祖先沟通，甚至可以同其他物种沟通。表面上看，这是对现代通信技术的一个简单戏仿，但深层中则是对古代东方文化中的天人感知、古今通邮、物我交融的一种庄严的致意。现代技术给我们提供了工作原理，好莱坞商业片也给我们提供了一个模具。我们的诗能从中获得什么启示呢？

诗情与诗意，不管是古代的、现代的、中国的、外国的、诗作者的、诗读者的，究竟能否接通？能否互联？能否彼此理解？能否驱散诗歌的黑暗？能否点亮诗歌的天空？

欲求中国诗歌之兴旺发达，应该脱其厄，返其本，循其道。脱其厄诗可小成，返其本诗可中成，广其道则诗可大成。

评论家的两味药：学理化与诗意化

董桥曾经说过，要不时给自己的笔进一下补。还特意将《英华沉浮录》第九卷改题为《给自己的笔进补》，又洋洋洒洒了一段话。

常言说冬病夏补，现在正是进补的好季节。男性应补，女性也应补。老年人应补，中青年也应补。作家应补，评论家也应补。走进药材铺子，补品琳琅满目，东西南北海陆空中外古今，应有尽有，花花绿绿，令人目不暇接。评论家的学理化与诗意化也是其中的两味。

先说第一味药：评论家的学理化。这个命题最早不是我提出的，说的人已不少，赞成的反对的都有，煞是热闹。当代较有代表性的应推王蒙的看法。他老人家曾专门写过《一个值得探讨的问题——谈我国作家的非学者化》[1]，但我不是对王蒙观点的简单重复，而是一种推进和引申。

---

[1] 王蒙《一个值得探讨的问题——谈我国作家的非学者化》，《读书》1982年第11期。

区别主要在于：首先，王蒙说的是学者化，我说的是学理化，虽仅一字之差，但意思相差甚远。其次，王蒙是从反命题提出，我是从正命题切入。第三，我是念古典的，还可以拉扯出更早的说法，比王蒙更早更有名头的宋人严羽，在他的《沧浪诗话》中已有如下的表述：

> 夫诗有别材，非关书也；诗有别趣，非关理也。然非多读书、多穷理，则不能极其至。所谓不涉理路、不落言筌者，上也。诗者，吟咏情性也。盛唐诸人惟在兴趣，羚羊挂角，无迹可求。故其妙处莹彻玲珑，不可凑泊，如空中之音，相中之色，水中之月，镜中之象，言有尽而意无穷。近代诸公乃作奇特解会，遂以文字为诗，以才学为诗，以议论为诗。夫岂不工，终非古人之诗也。盖于一唱三叹之音，有所歉焉。且其作多务使事，不问兴致；用字必有来历，押韵必有出处，读之反复终篇，不知着到何在。其末流甚者，叫噪怒张，殊乖忠厚之风，殆以骂詈为诗。诗而至此，可谓一厄也。①

严羽说唐诗主情，本朝诗（宋诗）主理，有些贵古贱今。后代人借着严羽的话批评宋诗，我自己主修唐诗，也跟着严羽起哄了几十年。但最近忽然醒悟到，我可能误解了严羽，也误解了宋诗。其实严羽的话很圆融，两头都说到了，并不是一味反对读书，反对

---

① 严羽《沧浪诗话校释》，郭绍虞校释，人民文学出版社1983年，第26页。

穷理。后人执于一端，不及其余，大肆发挥，充类至尽，反倒是走到了另外一个极端。

其实世上万事很奇妙，痛骂人生识字糊涂始的是大文豪苏东坡，捍卫孔教与纳妾合理的是留过洋的辜鸿铭。往往最有学问的人敢说书并非最重要，最有钱的人能说钱并非万能，这是任性，也是底气和自信。我们跟着瞎起哄啥呢？

本文打算从另外的角度提出问题，既不得罪严羽，也不针对王蒙。我认为，若要把学理化这一剂补品拿去化验，发现至少包含着如下成分：

首先是知本积累。我曾在一篇文章中提及几组对应关系：商品对应的是商业市场，活跃的是商(业)人；资本对应的是资本市场，活跃的是资本(人)家；思想对应的是思想市场，活跃的是思想(者)人；知识对应的是知本市场，活跃的是知本人(知识人)。其中的关键词是市场(平台)、交换(交流、交通、交易等路径)、积累。因时间关系，不展开。从商品到资本到思想再到技术到知识，不是封闭、孤立、隔绝的几个领域，而是互相叠加的，互相渗透的，互相作用的。所以全球化既是商品和资本的全球化，也是文化和知识的全球化。

马克思的一个贡献是从现代资本主义的细胞商品研究开始，讨论资本，发现资本主义大厦的秘密：价值与剩余价值。但马克思没有展开，其实思想、技术、知识、文化、信息的交换交流，与资本的运行也有类似之处。

循着这样的理路，我们可以继续讨论与知识相关的问题。譬如说，知识(知本)作为文明社会中的细胞、元件与芯片，知识或知本的流通与交换，知识或知本的能量化，知识或知本的数字化（数位化）云端化，知识或知本的植入与移出，知识或知本的病毒与污染，等等。

还比如说，人运用知识制造出智能机器，与智能机器对弈，但最终能战胜智能机器吗？以色列学者尤瓦尔·赫拉利在2015年出版《未来简史》的希伯来文版，2016年译成英文，2017年译成中文。作者认为，在解决人类新问题的过程中，科学技术的发展将颠覆我们很多当下认为无须佐证的"常识"，机器将会代替人类做出更明智的选择。当以大数据、人工智能为代表的科学技术发展得日益成熟，人类将面临从进化为智人以来的一次改变，绝大部分人将沦为"无价值的群体"，只有少部分人能进化成特质发生改变的"神人"。未来，人类将面临三大问题：生物本身就是算法，生命是不断处理数据的过程；意识与智能的分离；拥有大数据积累的外部环境将比我们自己更了解自己。如何看待这三大问题，以及如何采取应对措施，将直接影响着人类未来的发展。①

又比如说，马克思在资本主义的早期以革命者的姿态揭露、批判资本主义，那么在知识主义甚嚣尘上的当下，是否也应反思包括技术、科学在内的知识病毒、知识污染？

其次是实证实验。科学革命是工业革命的最重要助推器。实证实验是近代科学革命的基本方式。

再次是预测预见。汉语成语说未卜先知有点夸张，但如果通过卜筮测算，能知过往知未来，知天文晓地理，则是可以做到

---

① ［以色列］尤瓦尔·赫拉利：《未来简史》，林俊宏译，中信出版社2017年。

的。预测预见是未来学的主要内容,听起来神秘玄妙,但方法工具却是很科学的实验实证法。通过现在的数据和现象,可以推测未来,通过史书中过去的数据和现象,也能推出现在和当下。那么,我们现在和当下该如何说如何做如何写,也就不言而喻了。老话说温故知新、继往开来,这是很重的一句话,必须敬畏。

第四是美美与共。知名社会学家和人类学家费孝通晚年一直强调他的一个观点:各美其美,美人之美,美美与共,天下大同。人类因自私和褊狭所致,只看到自己孩子好自己文章好,不懂得欣赏别人家的孩子别人的文章;只关心自己的村庄和部族,而不在乎别的村庄和部族;只同情人类这一种动物,而不在乎别的物种;只埋头于建设地球文化,而不了解茫茫宇宙中还有其他文明。

最后是发现发明。发现是指找到被隐藏、被遮蔽的存在,发明是创造一个不存在的物件。譬如说电磁波是本来存在的,飞机、计算机、手机过去并没有,前者就是发现,后者则是发明。在文学的领域,创作更多的是艺术和美的发现,而评论则更多的是对艺术和美阐释的发明。

再说第二味药:评论家的诗意化。我自己是教书的,业余搞点研究,应属一个半吊子学者。一般认为,"诗意化"一语源自德国诗人荷尔德林,后因被20世纪德国的另外一位哲学家海德格尔引用而广为人知。诗意化的补品至少有如下元素:

首先是诗意的想象。爱因斯坦说过:想象力比知识更重要。现代新文学主将郭沫若在第一次全国科学大会上做过题为《科学的春天》的报告,给科学家和学者抛了一个球:不要让想象成为诗人的专利，科学家也应张开想象的翅膀。科学家和学者接住这个球了吗？不好说。在我看来，严重的是，不仅自然科学家、人文社会科学家缺乏想象，连诗人作家想象的翅膀也在退化，退化到快成了人体上的尾骨了。人体经过千万年的自然演生，尾骨能摸得着却看不见，我们称之为进化。但想象力翅膀的缺失，则只能称为蜕化或退化。

其次是诗意的天真。天真在中国文化中是个哲学概念，有天然、自然、率性、任性、素朴、本真等意涵。安徒生的不朽童话《皇帝的新衣》昭示我们，天真本来是人与生俱有的能力，与知识、学问、教养、年龄等等没有一毛钱的关系。小孩子天性未泯灭，天真未遮蔽，童言未受污染，故能看得见真相，也能说得出真话。成年人长身体了，也长学问长见识了，反而看不见也说不出口。说明天真与年龄是互逆的，也说明我们的天真在退化，难怪道家始祖老子倡导人类要"复归于婴儿"呢。

再次是诗意的幽默。幽默是一种高等级的聪明和智慧，诙谐、讽刺、挖苦、批评、批判都离不开幽默。但此点说起来容易，做起来很难。现实中有好多的禁区和红线，是不允许幽默的。不仅不允许学者幽默，也不允许诗人艺术家幽默。

那么，我们能不能退而求其次，拿自己幽默或者自嘲呢？理论上说可以，但实际操作中也要适度。因为你不仅仅是你自己，你同时属于某个阶层，你属于哪个阶层，也就代表哪个阶层，你可以作践自己，但不能伤及你的阶层或阶级，否则那个阶层或阶级的人也会和你没完。

最后是诗意的表达。明清的八股文遭到很多批判，现代的学报体、论文体、博士体、新闻联播体也为人诟病。说明自由的、不拘一格的、新鲜活泼的表达不容易，大胆的、放言无忌的表达很难，深情绵邈、寄托玄远的表达就更难了。比较容易做到的是按统一的模板来写来说，再就是克隆、山寨、模仿、因袭，从工业制造到论文写作再到艺术创作，屡见不鲜的就是这类垃圾。这类垃圾也能拉动 GDP，也能解决众生所关心的房子、票子、车子，但无关乎创新，更无关乎诗意化。

以上是我开的两剂补品，各位可以各取所需，遵医嘱照方抓药可以，随意增减配伍也可以；文武火并用可以，煎蒸烹炒也可以。有病治病，无病强身。啰唆一句，我开的补品仅仅是健字号的，并不是 Rx 或 OTC 类的(处方药或非处方药)，不一定有实际疗效，当然也没有多少毒副作用，至少可以当安慰剂用。

再回到董桥。他还说过，文字是肉做成的。老先生拿通感当意淫，痴迷文字到了肉身崇拜的地步，似乎每首用汉字写成的旧体诗都是香艳的小鲜肉。

这样说来，学理化适宜于缺乏知性的身体进补，而诗意化适宜于缺乏感性的身体进补。学理化主要针对言有序、言有物的问题，诗意化主要针对言有情、言有美的问题，与是否是作家或评论家倒无大的干系。

延安与中国传统文化

导　语

延安作为中国现代革命的圣地众所皆知，延安与中国传统文化有无联系？有何联系？应该如何评价这种联系呢？

"三黄一圣"：黄帝陵、黄河壶口瀑布、黄土风情文化，革命圣地。

天下第一陵：中华民族始祖黄帝陵所在地。

秦直道：俗称"皇上路""圣人条"，秦始皇于秦始皇三十五年（前212）至秦始皇三十七年（前210）命蒙恬监修的一条重要军事要道。已被列为陕西省重点文物保护单位。

沈括《梦溪笔谈》有"鄜、延境内有石油，旧说高奴县出脂水，即此也"的记录。延长油矿：前身"延长石油官厂"，创建于清光绪三十一年（1905），是中国陆上开发最早的油田，是中国石油工业之母。

延安也是国务院第一批（1982年）公布的中国历史文化名城之一。

一、延安的历史文化

（一）史前文化

考古发现，距今约3万年左右，延安已有晚期智人"黄龙人"生息。

延安是中华民族重要的发祥地，天下第一陵——中华民族始祖黄帝的陵寝——黄帝陵所在地。

芦山峁遗址位于陕西省延安市宝塔区李渠镇芦山峁村西北侧梁峁上，属新石器时代龙山文化遗址。遗址核心区的多座人工台基及其之上构建的规整院落，应为中国较早的宫殿或宗庙建筑早期形态之一，其具备中国最早宫城的雏形，将延安的筑城史至少向前推进约2300年。1992年由陕西省人民政府公布为第三批省级重点文物保护单位；2019年入选"2018年度全国十大考古新发现"；2019年被公布为第八批全国重点文物保护单位。

（二）延安的历史沿革

约在前13世纪，延安属独立的方国鬼方之域。《周易·既济》载："高宗伐鬼方，三年克之。"

春秋时，延安是白狄部族所居住的地方。晋公子重耳曾流亡白狄12年，即居住于延安一带。战国时，延安大部属魏国。秦汉时,延安属上郡(郡治肤施,今榆林市南)。三国,延安为羌胡所据。

延州和延安之名始见于《隋书》。《隋书·地理志》云:"延安郡,后魏置东夏州,西魏改为延州,置总管府。"

唐武德元年(618)改延安郡为延州总管府。宋代,属永兴军路,设延州、鄜州、丹州、坊州。宋元祐四年(1089),升延州为延安府。元置延安路,领鄜州、葭州、绥德州(后二州今属榆林市区)。明洪武二年(1369),延安路改设延安府。

清仍设延安府,顺治年间领三州(鄜州、绥德州、葭州)16县。雍正年间,三州归省直隶,府领8县。乾隆年间,又增领定边、靖边二县。

民国二年(1913),延安属榆林道。

民国十七年(1928),撤道,各县由省直辖。

民国十五年(1926)初,李象九、谢子长等创建中共宜川军队第一、第二特别支部;春夏,陕西省立第四中学(延安)建立中共延安特别支部,是为延安最早的中共地方组织。

20世纪30年代,刘志丹、谢子长等创建陕甘边和陕北两个革命根据地。民国二十四年(1935)11月,称陕甘省和陕北省。

民国二十四年(1935)9月,延安南北各县分属国民政府陕西省第三、第二行政督察区。10月,中央红军长征到达吴起镇。

民国二十六年(1937)9月,陕甘宁边区成立,10月,成立延安市政府,直隶于边区政府。

二、延安的地理文化

(一) 地形地貌

延安位于黄河中游,属黄土高原丘陵沟壑区。延安地貌以黄土高原、丘陵为主。北部以黄土梁峁、沟壑为主;南部以黄土塬沟壑为主;西部子午岭,南北走向,构成洛河与泾河的分水岭,是高出黄土高原的基岩山地之一。黄龙山和劳山统称为梁山山脉,形成延安地区地形的骨架。

(二) 水系河流

黄河:在延安市延川县眼岔寺乡马家砦村入区境,自北而南沿东界流经延长县安河、罗子山、南河沟,在宜川县猴儿川口出境。

北洛河:又称洛河,发源于陕西省定边县白于山南麓,流向由西北而东南,自吴起县头道川入境,经志丹、甘泉、富县、洛川、黄陵等县出境,进入陕西省渭南市,汇入渭河。

延河:发源于陕西省靖边县天赐湾乡周山,流向由西北而东南,经安塞、延安,在延长县南河沟乡凉水岸汇入黄河。

清涧河:发源于子长县李家岔乡周家崄村,向东流经子长县马家砭进入陕西省清涧县折家坪镇,由清涧贺家湾流入延川县境内,经马家河流向东南,在土岗乡大程注入黄河。

云岩河:又称汾川河,发源于劳山东麓九龙泉,向东流经宜川县,在西沟村东南注入黄河。全长112.5千米,流域面积1781平方千米。

仕望河:又称县川河,发源于黄龙山北麓,自河源至宜川为南北流向,到秋林折向东流入黄河。

三、延安的生态文化

上古时期延安所在的黄土高原的生态环境应该不错,但是这里的环境比较脆弱,而且后来越来越恶化。

延安生态治理16字措施:退耕还林、封山绿化、以粮代赈、个体承包。

生态观念的变化:变兄妹开荒为兄妹植树。

大地基调的变化:由黄变绿。

2016年延安市荣获国家森林城市称号。

四、延安的丝路文化

草原丝绸之路,指古代时自中国中原地区向北越过长城入塞外,然后穿越蒙古高原、中西亚北部、南俄草原,西去欧洲的陆路商道。其中最重要的城市是讹答剌、塔拉斯、托克马克。

草原丝路,唐时称回纥道或回鹘路,从中原正正北走越过阳山+阴山以南的包括朔方郡、五原郡、云中郡、定襄郡、雁门郡的河南地区的当时叫新秦中之外的塞外,进入蒙古高原、中西亚北部、南俄草原,西去欧洲的陆路商道。"安史之乱"后,陇右道诸州在758—776年之间陆续沦陷于吐蕃,传统丝路受吐蕃阻绝,唐人不得不选择草原丝路与西域城邦交流。

延安是隋唐时期的丝绸之路特别是后来的草原丝绸之路上的一个重要的枢纽。

五、延安的传统诗词文化

(一)古代的诗词文化

杜甫两次延安之行:

天宝十五载(至德元载,756)七月,杜甫从奉先(今陕西蒲城县)来到延安鄜州(今富县)羌村。为寻找肃宗,参加平叛,又从羌村出发北上,经石门,过徐寨,上万花山,沿川到达延安七里铺,途经芦子关,被叛军俘获,押解至长安。至德二载(757)闰八月,诗人从凤翔,再度回鄜州羌村探亲。

延安之行的创作:《三川观水涨》《晚行口号》《玉华宫》《避地》《得舍弟消息》《羌村三首》《北征》《彭衙行》《喜闻官军已临贼境》《收京三首》《塞芦子》。

今富县羌村有杜甫故居。延安城南七里铺有杜公祠。

此外,范仲淹《渔家傲·秋思》:

塞下秋来风景异,衡阳雁去无留意。四面边声连角起。千嶂里,长烟落日孤城闭。 浊酒一杯家万里,燕然未勒归无计。羌管悠悠霜满地。人不寐,将军白发征夫泪。

韩世忠《南乡子》:

人有几何般。富贵荣华总是闲。自古英雄都如梦,为官。宝玉妻男宿业缠。　年迈已衰残。鬓发苍浪骨髓干。不道山林有好处,贪欢。只恐痴迷误了贤。

(二)红色革命时期的诗词文化

1. 毛泽东主席与唐诗

毛泽东圈画、批注过的唐诗 644 首,涉及的唐代诗人 97 人。由中央档案馆整理出版的《毛泽东手书古诗词选》,共录诗 117 首,其中唐诗 55 首。

毛泽东备有唐诗的不同的版本。如《唐诗别裁集》有 6 种,《唐诗三百首》有 5 种,唐代诗人李贺的诗集,则有《李长吉诗歌》《李长吉集》《李昌谷诗集》《李昌谷诗注》等数种。在井冈山时期,就能把《唐诗三百首》背下来。

1945 年 7 月傅斯年、黄炎培等 5 人,与共产党商谈国共合作事宜。傅斯年在延安时,毛泽东给傅斯年题赠了唐人章碣《焚书坑》诗。

毛主席最喜欢"三李"李白、李贺、李商隐的诗。有人问毛泽东:你是喜欢李白,还是杜甫?毛泽东回答说:我喜欢李白。

2. 毛泽东转战陕北时期的诗词创作

《七律·长征》(1935 年 10 月)

《念奴娇·昆仑》(1935 年 10 月)

《清平乐·六盘山》(1935 年 10 月)

《沁园春·雪》(1936 年 2 月)

《六言诗·给彭德怀同志》(1935 年 10 月)

《临江仙·给丁玲同志》(1936年12月)

《五律·挽戴安澜将军》(1943年3月)

《五律·张冠道中》(1947年)

《五律·喜闻捷报》(1947年)

3. 朱德、叶剑英、陈毅与"延安五老"的旧体诗词创作

延安五老为董必武、林伯渠、徐特立、谢觉哉和吴玉章五位老同志。"五老"说法的出处，一般认为出自朱德的《游南泥湾》："纪念七七了，诸老各相邀。战局虽紧张，休养不可少。轻车出延安，共载有五老。"

六、延安的民俗文化

截至2016年，安塞腰鼓、洛川蹩鼓、陕北说书、安塞剪纸、陕北秧歌5个项目被列入《国家级非物质文化遗产代表性项目名录》，有21个民间艺术品种被列入省级民间文化保护项目。重点介绍：

陕北秧歌

陕北说书

安塞腰鼓

剪纸

小　　结

由黄龙人、芦山峁遗址、桥山黄帝陵，并联系周边的石峁遗

址、陶寺遗址，说明延安所在的黄土高原是中华民族早期的精神家园。

延安是塞外到长安、洛阳的重要通道，特别是"安史之乱"后，作为补充，草原丝路发挥了重要作用，延安的枢纽作用也体现出来了。今天，包(头)茂(名)高速公路横穿延安，或许是一种历史的巧合。

历史时期延安处于边地，文人墨客旅行于此，或边塞军人驻扎于此，留下了诗词作品。早期的红色革命家都受到"五四"新文化运动的熏陶，思想新派，但对于传统诗词却特别偏爱，因此传统的诗词文化没有断绝，反倒欣欣向荣。这为新时代传统诗词的复兴埋下了伏笔。

延安与陕北民俗与民间文化积累深厚，延安建立新政权后，一方面抢救和保护了一批民间文艺，如陕北说书、陕北剪纸，何其芳等整理的《陕北民歌选》，鲁艺的师生还"旧瓶装新酒"，用民间艺术的旧形式，承载时代文化的新内容，如《王贵与李香香》《兄妹开荒》《东方红》等。

专题讲纲

唐代的启示

金人元好问《论诗三十首》中说:"眼处心生句自神,暗中摸索总非真。画图临出秦川景,亲到长安有几人?"台湾著名学者、散文家张晓风女士倡导感触教学法。诸位已先行考察了临潼兵马俑等,从国文课本和古典名篇中读到的灞桥柳、长安月、乐游原、未央宫、汉家陵阙等,不再是虚幻的映像,而是可以触摸、可以履及、可以把玩的真景实物,相信大家所获得的有关长安、故国的印象不再是暗中摸索的假想非有,而是可以实证实悟的现实情景。在汉唐故地举办的这次学术研讨会,将有别于在上海、台北、东京等任何地区举行的活动,有一种特别让人触景生情、兴发感动的况味。

鉴于时间关系,我不能对演讲题目进行过分专业的诠释,仅做尽量简单的陈述。作为中国历史上时间较长的统一帝国,唐代是前现代社会综合国力最为强盛的时期。唐代出现过政治开明、经济繁荣的时期,曾有"贞观之治""开元之治""开元盛世"等说法。唐代同时是文教昌盛、文明远播、文化创新的鼎盛时期。唐帝国建基于北方，立都于军事前线的长安。长安所在之关中曾被喻为"天地之隩区"（班固语）、"金城千里，天府之国"（张良语）。按照钱穆先生的观点，立都于关中的周秦汉唐，恰好是中华民族对外拓殖、对外开放最为活跃的时期。这是很值得沉思的。老杜的诗说"回首可怜歌舞地，秦中自古帝王州"（《秋兴八首》其六），我们若要抉发老杜诗的隐义，其实在秦中立都的王朝除数量多之外，还有两个特点，那就是相当开放，相当包容。

美国著名汉学家费正清（John K. Fairbank）、赖肖尔（Edwin O. Reischauer）在《中国：传统与变革》（*China: Tradition and Transformation*）一书中说："唐朝作为当时最大的帝国受到许多邻近民族的极力仿效。人类中有如此大比例的人注意中国，不仅把它视为当时首屈一指的军事帝国，而且视为政治和文化的楷模，这在唐以前从未有过，以后也不曾再有。"这些评论或许能给我们的思考一点启示。

唐代的文化成就

根据英国马林诺夫斯基的《文化论》、美国 L. A. 怀特的《文化的科学》中文化系统论、文化层次论的观点，我认为唐代的文化成就主要体现在物质文化、制度文化和精神文化三个方面。

其一，物质文化方面的成就。唐代在农业、商业、交通运输、建筑各方面都取得了极高成就。因时间关系，很难简单列举，逐一介绍。就中国古代物质文明的标志性成果——四大发明而言，其中造纸术出现于汉代，火药于唐末已用于战争，活字印刷的前身是雕版印刷,亦出现于隋唐时期。抛开指南针,唐代仍为中华文化贡献了两大发明。

其二,制度文化方面的成就。唐代在制度文明方面的最大贡献是科举制的形成和选举制度的完善。选举指选士举官。选举制经过西周的乡举里选、秦汉的察举制、魏晋南北朝的九品中正制,到隋唐的科举制已相当成熟。隋唐以来的科举制在"五四"以来被国人批判了近百年,但它在一定程度上具有形式上、程序上的公平与正义(何怀宏语),一定程度上做到了成绩面前人人平等,含有现代科层制的许多元素,对西方文官制度的出现有很大影响,不应该全盘否定。

唐代中央官制中的三省六部制,可以说是最早的大部制,不仅比我们现在中央政府的机构简约,甚至比美国国务院所辖的部还要大。

其三,精神文化方面的成就。盛唐精神文化的成就也非常辉煌。在教育方面,国学(太学)、官学、私学互相补充;在文学方面,诗歌、散文、辞赋、小说争奇斗艳;在艺术方面,音乐、舞蹈、绘画、书法、雕塑各有千秋;在史学方面,通史、断代史、史论、制度史俱成典范;在宗教方面,道教与佛教繁荣,禅宗中国化,景教、祆教和摩尼教都很有市场,伊斯兰教也传入中国;在哲学方面,经学、新儒学得到发展;在科学方面,天文、历法、算学、地学、医学、建筑学成就卓越。有学者谓唐代文学文化的繁荣是以牺牲科技的进步为代价的,似不确,至少我不同意这种看法。

盛唐文化成就的主要特点是:制度文化逐渐完善、审美文化达到高潮、民族文化频繁交流、多元文化构成和谐。

唐代文化繁荣的当代启示

李泽厚在《美的历程》一书中说:"这是空前的古今中外文化的大交流、大融合,无所畏惧、无所顾忌地引进和吸取,无所束缚、无所留恋地创造和革新,打破框框,突破传统,这就是产生文艺上所谓'盛唐之音'的社会氛围和思想基础。"[1]盛唐文化来源于五方杂错、多元融合,在此后的一千多年时间里,它又以先进文化和强势文化的形式影响着历代的中原王朝、周边民族和域外世界。

一直到现在,由"唐"字构成的词汇数量很大,使用频率很高,如唐装、唐人、唐诗、唐乐、唐山、唐城、唐风、唐韵、唐人街等。在海外,唐变成了中华文明的第二代名词。温故知新,继往开来,唐代文化的鼎盛也给我们许多启示。

启示之一:树立文化的自主性。本根性、基质性、原典性的文化因素,应是源于本土的、自主开发的。已有学者指出,当代中国政治生活中的"小康社会"、构建和谐、以民为本、和平崛起等等,都是中国传统文化的资源,与20世纪源于西方的阶级对立、斗争哲学、兴无灭资等元素适成对比,此中的潜转暗换,透露出时代大变局的许多消息,确实耐人寻味。

---

[1] 李泽厚《美的历程》,北京:生活·读书·新知三联书店2014年。

启示之二：涵养文化的多元性。唐代社会处于贵族社会的中后期，故社会文化中的雅俗、士庶、东西、南北、胡汉、僧俗俱存。执政者能海纳百川，容纳异己，兼容并蓄，从某种程度上说，唐代社会更像一个大熔炉，五方杂厝，风俗不淳。唐代社会文化的成就能为我们应对当前阶层对立、宗教冲突、民族矛盾，提供很多策略。

启示之三：保持文化的多样性。中国作为联合国《保护非物质文化遗产公约》与《世界文化多样性宣言》两个文件的签约国，已经做了不少工作。但在经济全球化与科技一体化的今天，国人对文化例外原则、保持文化多样性原则仍然认识不足，没有看到文化多样性与生物多样性有同等重要的意义。没有意识到像方言、古典诗词、古代服饰、古代祭祀礼俗、社交礼俗等也是一种文化遗产，应当作文化化石与标本来认真保存。

启示之四：促成文化的会通性。唐代通过丝绸之路、香料之路、求法之路促成文化的多向交流，互动互鉴，共同发展。

启示之五：构筑先进文化与外向型文化。与唐以前的魏晋南北朝和唐以后的有宋一代相比，唐代文化无疑是一种先进文化、强势文化、外向型文化。在和平发展的今天，输出革命实质上是一种僵化落后的冷战思维，为人摈弃而落幕。输出文化，用优秀的文化占领国内和国际的市场，彰显自己的软实力，则是恒久普适的策略。这方面唐代能给我们许多启发，也能增强我们的许多自信。近几年文化走出去、经典外译以及汉语水平考试（HSK）的广泛推广，让我们看到中华文化复兴的一线曙光。

《易传·系辞上》引孔夫子的话说："君子之道，或出或处，或默或语。二人同心，其利断金。同心之言，其臭如兰。"我相信，在同文同种的两岸人民共同努力下，唐代文化的复兴、大唐盛世的再现将是为期不远的。

唐诗与中国文化精神

唐诗是唐代的一种文学形式。近代著名学者王国维曾以"一代有一代之文学"来说明中国文学史上每一个时期的文学各有所长。我们常用汉赋来代表汉代文学，用唐诗代表唐代文学，用宋词代表宋代文学，用元曲来代表元代文学，而明清小说则代表了明清两个时代丰富多彩的文学。这并不是说汉代只有赋，唐代只有诗，而只是因为当时这种文学形式太突出了。其他的品种或文类被这种代表性文类的光彩所照耀，也可以说在传播中这种代表性文类的投影很有可能遮蔽了其他文类的光彩。

从联合国教科文组织到国内，都在提一个说法，叫"抢救与保护非物质文化遗产"。但是我们现在只意识到了昆曲要抢救，京剧要抢救，秦腔要抢救，其实要抢救的还应该包括唐诗、汉赋以及美轮美奂的骈体文，还有楹联对句等等。再不抢救，二十年后能写的人和能读懂的人就会越来越少，"广陵散从此绝矣"。如果这些非物质文化遗产中的诗词曲赋从此断绝了，那么文化中最高境界的东西也就失传了。

好在现在已经意识到了这个问题，社会各界从各个方面表达了对本土文化重要性的体认。一个成熟发达的民族和国家，其国语、国文、国学、国乐、国史都会受到极大的重视。近二十年来，内地中学及大学学生的外国语水平有了长足的提高，而国语水平却在不断下降，其中原因值得深思。我们从事大学中文教育的人不敢企望中文教育能与计算机、化学、物理、数学等理工科专业比肩，但在我们这样一个主权国家中，汉语的地位起码应该与外国语同样重要，中文教育也应被置于与外语教育同样重要的位置。

何谓"文化精神"

文化精神一词是由英文学术界传来，即英文"Ethos"一词的意译，在西方近几十年的文化人类学著作中使用的频率很高，中文学术界或音译为"意索"，或意译为"文化精神""民族精神""精神气质"。

文化精神的含义是指作为本质要素和内在命脉的文化传统，是一种文化特有的价值观念系统，亦即一种文化哲学。这是文化中充满生命活力的具有原初性和本根性的基质。

用文化精神的话语及相关理论来解释和分析中国文化现象的学术著作逐渐多了起来。著名历史学家钱穆在他的一系列著作如《中国文化导论》中就多次使用文化精神一词。北京大学学者陈来（现就任清华国学研究院院长）也多次使用文化精神来解释中国传统和历史中的一些现象。在唐代文学领域，邓小军等学者用文化精神一词来解释唐代文化现象。拙著《唐代关中士族与文学》一书中开宗明义第一章即从唐代关中地域与文化精神入手，来讨论唐代关中的文化和文学现象。①

本文试图就唐诗与文化精神进行一些粗浅的探讨。

唐诗与文化精神，我们可以狭义地理解为唐诗中所蕴含的中国文化精神，也可以宽泛地理解为唐诗与中国文化精神的关联性。本文取后者的意思。

任何一种事物，我们都可以从历史的或曰时间的角度去理解，也可以从逻辑的角度去认识。历史与逻辑并重应该是历史研究的基本路径，本文即拟从这两个视角来介绍唐诗与中国文化精神，即唐诗与中国文化精神的历史走向和理论含义。

唐诗与中国文化精神的历史走向

从时间演变的角度看，唐诗与中国文化精神的关联性主要表现在以下几个方面。

(一) 从打破传统到建立传统

唐诗所产生的时代是一个全新的时代，整个社会的思想、文化包括唐诗的形式，都是全新的。这其中包含着对前代文化的否定、批判和解构。

这种发展的模式，我们在人类科技史中也可以看到。库恩在

---

① 李浩《唐代关中士族与文学》(第四版)，西安：陕西人民出版社2023年。

其《科学革命的结构》中提到科学革命的范式，也是从对知识的质疑到对知识的批判、否定，进而提出新的科学假说，逐渐为大家所接受，成为新的知识。这种知识又受到更新的质疑和批判，形成新的假说，开始新一轮循环。

库恩的这种科学革命的范式其实也适用于中国历史文化。唐诗就开始于对传统诗歌的批判。以陈子昂和李白为例，陈子昂就在《与东方左史虬修竹篇序》这封书信中对六朝诗歌和初唐诗歌进行了大力批判，而李白也在《古风》等诗歌中对前代文学进行了批判。

唐诗包括古体诗和今体诗（近体诗）两种。古体诗在唐以前就已发展得比较成熟了。唐人也写古体，如陈子昂的《感遇》、李白的《古风》《蜀道难》《将进酒》《梁甫吟》等都属于古体诗。今体诗则是在唐代才逐渐成熟并定型的诗歌形式，即律诗和绝句。律诗又分五言律诗和七言律诗，绝句又有五言绝句、七言绝句和六言绝句。这些都是在唐代定型的。

"不破不立"，唐诗打破了旧的传统，创立了新的传统。这种新的传统、新的范式、新的权威，一方面可供后人学习继承，另一方面也为后人提供了批判的对象。唐诗的写法曾受到宋人的批判，元明清时代也有人批判。"五四"新文化运动的领军人物，从胡适之、李大钊到鲁迅、傅斯年，对传统文化进行了彻底批判，其中也包括五言律诗、七言律诗。有人说胡适提出要反对旧文学，且言行一致，作文写诗从不用文言，尽量用白话文，其与传统文学彻底决裂的良苦用心于此甚为显著。

(二) 从雅到俗的走向

唐诗的趣味主要是雅的趣味,这种典雅、高雅的趣味来源于南方文学,而北方地区的作者对这种南方风气非常迷恋,成为热情的模仿者。于是南方文学趣味风行天下,唐代宫廷君臣都弥漫在这种典雅中。

隋唐以前,中国曾经历了三百多年的动乱时期。继西晋之后的东晋已将都城迁到了南方的建康,南方地区在东晋以后又经历了宋、齐、梁、陈四朝。北方地区被少数民族政权占据,历五胡十六国,至北魏为拓跋氏所统一,开始推行汉化政策。然而为时未久,又分裂为东魏(都城在洛阳)、西魏(都城在长安),至后来发展为北齐、北周。隋文帝杨坚最初为北周的大将和外戚,后代之而起。杨隋政权虽然在政治上否定了北周,但在文化传承、家族血缘上却与前代一脉相承。

当时,南方文化是正统文化。东晋以后,中原文化整体迁徙到了南方。王、谢等大家族原来都是西晋的王公贵族,"永嘉之乱",王朝灭亡,举家迁徙到南方,把整个大家族迁至建康,也把中原地区的高等级文化整体带到了南方,迅速提升了南方地区的文化水平。

中国文化发展之初是北方文化高于南方文化的,但历史上的三次大迁徙改变了这一局面。这三次大迁徙都与大动乱密切相关。由西晋到东晋的"永嘉之乱"是第一次。南方地区当时相当落后,北方人到南方后很不适应,以至于会在席间宴饮时因想到此生难以回到故土而竟潸然泪下,成语"新亭堕泪"就是这样来的。

但是这种迁徙却使南方文化在短时间内迅速发展起来。第二次迁徙是在由盛唐向中唐转变的关键——"安史之乱"中。安史叛军进攻后，洛阳、长安相继失守，朝廷逃往四川。长安地区的众多士族大家都随之整体迁至南方，从而又一次使南方文化得到迅速提升。第三次迁徙是在两宋之交的"靖康之乱"中。这次迁徙，都城迁到了杭州。

经过这三次大迁徙，北方文化落后于南方文化就成定局了。因此，陕西或曰西北乃至整个北方整体落后于南方在北宋之后即已形成。一个简单的事例也许可以在一定程度上说明这一点。宋以后的科举状元主要出于南方地区，元明清几百年间也都如此。有时南方一省所出的进士、举人人数即超过了整个北方多个省的总和，如江苏、浙江、安徽等，都是如此。

隋至唐初，南方文化是正统，文人的趣味也好尚高雅。因此当时北方文人喜学南人。颇为传统史家所诟病的隋炀帝杨广，在西方学者的《剑桥中国隋唐史》中得到了较高的评价。隋统一战争中，除了在取建康时有过一些军事冲突以外，占领广大南方地区时，几乎没有大的军事战争。杨广到南方后，说吴语，唱吴音，用南人为智囊，并与南方贵族萧氏联姻，从而受到南方贵族的欢迎，也使南方免于战火。唐太宗本是个胡汉混血的西北汉子，却很喜欢南方软媚的宫廷诗，书法则好南人王羲之华美流丽的行草而不喜北方强劲朴拙的魏碑，并曾不择手段地谋取《兰亭序》。

唐代文学在初期也是南方的雅文化趣味，而在发展过程中则逐渐由雅变俗，从宫廷走向江山塞漠与街坊市井，至中唐出现了白居易的俚俗之作，其诗"老妪能解"。可以说，唐诗发展经历了一个由雅而俗的变化。

从文体看,这种由雅到俗的转变也是很明显的。诗这种文体还是相当典雅的,后来出现的词,尤其是早期词作,是颇近俚俗的。唐代传奇也是比较典雅的文体,是文人的作品,也表现出文人趣味。而发展到宋代的话本小说,其俗意就很重了,传达出浓厚的市井趣味。后者即使今日之一般读者,也很容易看懂,而读懂前者就需要相当的素养和训练,尤其《游仙窟》之类的传奇,中文专业的学生也需参读注本方能理解。骈体文也是一种雅文体,而后来日益盛行的散体文就相对通俗了。

(三)从贵族传统到平民气质的走向

唐的前身是魏晋南北朝。著名唐史专家陈寅恪先生曾指出,唐代文化有两个来源:一是西魏北周的文化传统,一是南朝齐梁文化传统。

齐梁文化即是一种贵族文化。许多历史学家都曾提及门阀士族、门阀制度的问题。严格意义上的门阀制度应该说只存在于东晋时期①,而广义的贵族文化却存在于自东汉经魏晋南北朝而至唐代这一很长的历史时期内。在这个问题上,内地的史学教科书与海外汉学界存在着很大差别。内地学者多认为魏晋南北朝是一个贵族时代,而唐代却打破了这种局面,是一个平民寒庶在社会各领域地位充分提升的时代。海外学界提出,贵族制度的结束当在北宋与南宋之交,因有"唐宋变革论"之说,认为唐宋之际发生

---

① 参见田余庆《东晋门阀士族》(北京:北京大学出版社1989年)一书的相关论述。

了一个翻天覆地的变化，那就是魏晋以来的门阀制度到北宋末期彻底崩溃，此后便进入了官僚社会。贵族为世袭，官僚授职则要看子弟个人素质。同时，魏晋至隋唐有一些大家士族，其传承绵延数代，脉络清晰。唐末五代至两宋之交的几次大动乱，使这些士族大家彻底解体，几代同堂的大家族变成了与近代接近的所谓"核心家庭"。

在这一时期的南方文化显然是趣味尚雅的贵族文化，北方文化是胡汉贵族文化的交融。北魏孝文帝改革中，反对鲜卑贵族间小圈子内的通婚，鼓励入主中原的北魏鲜卑军事贵族同洛阳附近的中原汉族贵族通婚，即同崔、卢、李、郑、王五大姓的贵族通婚，打破了胡姓小圈子内的贵族通婚，形成了大的贵族圈子。

隋唐统治者实为关陇贵族，是关中贵族与鲜卑等其他少数民族贵族的结合，实质也秉承着一种贵族传统。这种贵族传统入唐后受到了来自各方面的冲击，变得不那么纯粹了，成了一种较为松散且不断受到破坏的传统，并逐渐走向了解体。至唐末黄巢农民起义，更遭到了一次极大的破坏。起义队伍中有些人对贵族极为仇视，不但抓捕杀害士族显贵，而且要将这些自命"清流"的贵人投入黄河使其变为"浊流"而后快。

这种等级之间的文化仇视不但见于中国历史，在苏联历史上也有。红军起义的队伍攻入克里姆林宫后，有人以睡沙皇床榻取乐，甚至在皇后闺房乱砸一通，随地大小便，肆意发泄对贵族的仇视。仇视贵族的现象在 20 世纪以来的社会革命进程中不断出现于中外历史上，"卑贱者最聪明，高贵者最愚蠢"的口号也是在这样的背景下广泛传播开来的。

平民、下层、底层、普罗大众的文化趣味有其存在的合理性，但提升文化品位却不能止步于此。提升文化品位就是要讲究一些礼节和规矩，而这些又都是属于贵族的。例如吃饭，不仅是为满足口舌之欲，古代贵族用餐讲究钟鸣鼎食，在吃饱之外更看重的是文化和礼仪。希望当今物质上富起来的部分中国人精神上也能高贵起来，甩掉"土豪"这个伧俗的称号，这是社会不断上升的标志。

很多国人认为文学可以无师自通。高玉宝一边学识字一边学写小说，如今众多歌星、老板以至打工仔、中学生等也都开始要实现他们的文学梦，歌曲可以卡拉OK，文学似乎也可以卡拉OK。这是一个极大的误解。草根与底层固然可以将文学作为一种精神娱乐，但是作为专业文学的准入证应当是非常严格的。当文学作品的语言俗到不能再俗之时，汉语的诗性潜能和高雅意趣也就随之流失了。

古汉语是一种非常典雅的语言。同样的意思，用文言和大白话表达就很不一样。但是汉语的精华和高雅有被忽视的趋势，这种高雅只有在古老的语言中才能储存，如西方古老的拉丁语、精致的法语、严谨的德语等。一些比较通俗的语言就没有这样的东西。

正因为如此，中国文学作品特别是如唐诗这样的作品就很难翻译。司空曙写给卢纶的诗中有"雨中黄叶树，灯下白头人"的句子，他并没有说久别重逢的激动心情，只是出现了一些自然意象。李白赠友人诗中亦有"浮云游子意，落日故人情"的句子，如果要用典范的英文翻译，"落日"与"故人情"的关系就成了个大难题：落日是故人情，似故人情，还是代表故人情？汉语的含蓄暧昧使诗意耐人咀嚼，也置翻译于死地。伟大的作品是"抗译"的，这正是唐诗文化的独特魅力。

(四) 从反对形式主义到复归形式主义的走向

著名学者罗宗强先生在其著作《隋唐五代文学思想史》中即持此观点。隋代开国之初是反对形式主义的。隋文帝崇尚质朴，杨广就投其所好，衣着朴素，饮食从简。泗州刺史司马幼之甚至因奏表华艳而被文帝治罪，可见其对华艳文风的厌恶。

唐代文学是以反对形式主义开端的，到了唐末五代，形式主义又弥漫于朝野上下，前后宿命似的形成了一个圆。

唐诗与中国文化精神的理论含义

从共时的、逻辑的层面看，唐诗中蕴含着中国文化精神的丰富内容。

(一) 唐诗与中国文化原始创新的精神

第一，诗体的独创。唐诗包括古体诗和今体诗，其中今体诗又称格律诗、近体诗，为唐人新创，影响了此后长达千年的中国诗歌。今人写诗仍是按唐诗格律来写的。这种诗体在篇章、句式、对偶、音律等多个方面都有严格限定，同时亦具有音乐声律、语言修辞等多种形式美感。今体诗包括律诗和绝句两大类。就字数而言，可分为五言律诗、七言律诗，五言绝句、七言绝句,此外还有作品极少的所谓"六言律"。诗圣杜甫即是格律诗高手,代表作有《秋兴八首》等。中共老一辈革命家如毛泽东、陈毅、董必武等的五律、七律也写得很好。虽然也有人指出毛泽东《长征》中有同字如"军""水""千""山"等反复出现的现象,但总体看,他的诗词开启了新的风气。同时,今人不论创作诗歌还是评论诗歌都是以唐诗为范本的,可见其影响深远。

第二,诗法的独创。唐诗的独创在技法上表现为对仗中的流水对、扇面对以及拗救、通感等多种手法的灵活运用。

对仗古来有之,但流水对、扇面对却是唐诗新创。流水对是指上下句有前后相承关系,同时又彼此对仗,如杜甫的"即从巴峡穿巫峡,便下襄阳向洛阳"。扇面对,又称隔句对,是指具有对偶关系的上下四个句子,第一句与第三句、第二句与第四句分别相对,形同扇面。拗救,是指上句不符合格律,下句补救。杜甫最善此道,后代的苏轼、黄庭坚及江西诗派都专学这一路。通感是一种比较特殊的修辞方式,为了造成特异的美感,将视、听、味、触等多种感觉互相打通,互相挪用。如白居易的《琵琶行》中描摹琵琶音乐的大量诗句:"嘈嘈切切错杂弹,大珠小珠落玉盘","银瓶乍破水浆迸,铁骑突出刀枪鸣",调动了种种想象,将听觉比喻成各种感官的感受。①

第三,诗境的独创。境界是中国古代诗论的重要范畴,也是对诗歌作品的一个重要的审美规定。行家评诗多用专业术语,称"有境界""有意味"。唐人不仅奠定了境界理论的基本原理,更重

---

① 详见拙著《唐诗的文本阐释》(西安:陕西人民出版社 2022 年)第三章的相关论述。

要的是他们还创作了许多境界浑融、气象高妙、神韵悠然的杰作，成为后世作家不可企及的范本，可以说境界最能体现唐诗的艺术特征。简而言之，唐诗追求的境界是源于形象而又超越形象的"象外之象""景外之景"。代表性的人物如王维，有《辋川集》二十首，其中《鹿柴》一诗很有代表性："空山不见人，但闻人语响。返景入深林，复照青苔上。"

众人皆知王维诗中有画，不知其诗中有佛、诗中有禅。他的诗境空灵，颇有禅宗的高远境界。近代学者王国维在《人间词话》中强调诗词要有境界，并将境界分为"有我之境"和"无我之境"。"无我之境"即是空灵之境。

王维诗在后代很受尊崇，清初王渔洋及其"神韵派"就标举王维诗中的神韵。宋人严羽在其《沧浪诗话》中曾说，好诗应如"羚羊挂角，无迹可求"，如"水中之月，镜中之花"，也应是"不着一字，尽得风流"。这是中国传统文化精神在诗中的体现。

第四，诗用的独创。诗在唐朝可谓无所不能。唐代士人如欲进入政府部门，必须经过科举考试，第一场是帖经，考儒家经典的记忆背诵；第二场为杂文，考诗歌、辞赋写作；第三场是策论，考应用文写作，对社会现实问题提出解决方案和建议。因此，诗艺高低与政治升迁、仕途发展有着密切的关系。也有人说唐代因文学的繁盛而抑制了科学的发展。是耶非耶，姑且不论，但唐代文学的发达确实造成了一种泛文学、泛文化的现象。

（二）唐诗与中国文化开明开放的精神

中国文化是一种尚文而非尚武的文化。对一个地区的统治讲究人文化成，以文教德化使边远地区感动归顺，而不是武力征伐。《周易》中有"观乎人文以化成天下"之语。《论语》中提出："远人不服则修文德以来之，既来之，则安之。"这正是孔子的治国理念。

唐诗中不仅可以看到汉族文化，也可以看到丰富多彩的少数民族文化，更能见出汉族文化与少数民族文化的频繁交流。

白居易的诗歌通俗易解，唐宣宗在白居易去世后写诗追记其诗歌流行状况时提到"童子解吟长恨曲，胡儿能唱琵琶篇"，说明其诗歌普及流行之广泛，堪称当时的第一畅销作家。白居易的诗歌还广泛流传至周边的日本、朝鲜（时称鸡林国）。当时来华商人在经商的同时，热衷收购白居易的新诗，且能识别出真假来。白居易在日本影响很大，《源氏物语》中引用了多首白居易的诗歌，日本的天皇、贵族也喜欢模仿白居易的作品。

与此同时，外国的风尚习俗也大量流入中国。中唐后流行的曲子词，其中的一个词牌"菩萨蛮"，就是自印度、斯里兰卡、缅甸等地传入的。唐代音乐分两部分：一为雅乐，是宫廷的祭祀音乐；一为燕乐，是日常生活庆典等使用的音乐，其中又有"九部乐""七部乐"等。唐乐中大量引用西域、南亚、中亚等地区的音乐，有的是原封不动地保留。正如鲁迅所言，唐人胆子很大，对外来文化敢于采用"拿来主义"态度。这充分说明唐人具有高度的文化自信，文化心理也很健康。当然也有个别废止的，如"泼寒胡戏"，即是当时西域的泼水节风俗，盛唐时传入长安，大臣贵族颇多非议，后遭禁止。总体而言，唐代对外来文化的态度非常开明。

唐代与外来文化的交流可以说无处不在。西北大学的贾麦明老师曾发现一方唐代日本来华留学生井真成的墓碑，记述他学于唐、仕于唐、病逝于唐的一生。这一发现在日本引起重视。一个外国人可以在唐政府中做官，于此也可见唐代开放的力度之大。唐时在长安居住的外国人很多，有一些人还通过科举进入唐政府机构任职，如日本的阿倍仲麻吕（汉名晁衡）、韩国的崔致远等。日、韩等国的有志青年很多都来唐参加科举考试，对唐科举的重视程度一如当今国人取得高等级学位一般。唐代科举中曾专为外国人开"宾贡"一科，考中者可留唐任职，也可回国。

（三）唐诗与中国文化尚文尚雅的精神

今人尊孔子为儒家开创者，视山东为儒家文化发源地。实质上，儒家思想文化的来源是陕西关中。孔子非常推崇周代的周公以及西周文化，其思想来源多出自周代的礼乐文化。《论语·八佾》曰："周监于二代，郁郁乎文哉，吾从周。"这标明了孔子尚文的思想渊源。孔子"克己复礼"的"礼"也就是周公所定的文化准则。

《史记·高祖本纪》："殷以敬，周以文。"殷商信仰自然宗教，属祭祀文化；周代奉行伦理，属礼乐文化。西周的礼乐制度为孔子所模仿和发扬，因此陕西实为礼乐文化的发源地。西周的礼乐文化奠定了中国传统文化尚文尚雅的传统。

唐诗挖掘了汉语的诗性潜能，把汉语的美推到了极致。今日社会使用现代汉语，唐诗用的是古代汉语。古代汉语可分为三个阶段，其中先秦两汉时期为上古汉语阶段，以《诗经》《楚辞》《论语》《孟子》《庄子》为代表，下至《史记》《汉书》均属此类。第二阶段为中古汉语，包括魏晋南北朝隋唐时期，其代表为唐诗宋词，语音以长安音、洛阳音为基本音。迁徙流动造成了文化的南移，也造成了语言文化和语音的南移。中古时操长安音和洛阳音的人群随着战乱，已经整体地大规模地成系统地南迁，他们的这种口音为南人所模仿。今日的广东、福建等地方言如客家话等，保留了很多中古音。

中古汉语的特点是高度浓缩、高度概括，因此诗歌特别凝练。杜甫《登高》中有"风急天高猿啸哀"句，短短七字中含有三个主谓结构。后句"渚清沙白鸟飞回"亦是如此。有的诗句，只是一系列名词的并列，没有主谓结构，也没有动词，如"渭北春天树，江东日暮云"，是杜甫思念李白的诗句，他并未描述如何思念，只是排列出一系列意象，但是诗意已尽在意象当中，将汉语诗的特点推到极致。汉语是最适合写诗的语言之一。其他如印欧语系语法严密，不会允许这类句型。

"五四"运动中，典雅的文言文连同"孔家店"和贵族社会一起被推翻，"引车卖浆者流"的白话成为社会通行的标准语言。白话文和白话诗成为主流，造成了汉语诗性特征的大量流失和汉语典雅特征的大量流失。

（四）唐诗与中国文化崇尚自然的传统

唐诗与中国文化崇尚自然的传统有两层含义。

首先，唐代诗人喜爱大自然。唐代有大量的山水诗、田园诗。唐诗中最好的句子不是直接表达感情的，而是用自然意象写成的。如"无边落木萧萧下,不尽长江滚滚来","行到水穷处,坐看云起时"等,都是以自然意象胜。

其次,唐人在精神上追求自然、返归自然。唐代诗人充满进取精神,如李白、李商隐等都将其人生的理想模式设定为先入仕实现政治抱负,辅佐皇帝建功立业,功成后则归隐田园,回归自然,享受山水安逸之乐。《安定城楼》是李商隐年轻时抒发抱负之作,"永忆江湖归白发,欲回天地入扁舟",即用《吴越春秋》中范蠡的典故。范蠡先是帮助勾践灭吴复国,功成之后携西施归隐五湖,成为富甲天下的陶朱公。这是唐代许多诗人理想的人生模式,李白诗中也表达出类似的想法。从这种理想的人生模式中也可看出诗人内心回归自然的想法。

(五)唐诗与中国文化追求雄大刚健的传统

唐诗崇尚大气,崇尚阳刚之美和雄浑壮阔的风格,与宋词以婉约为美截然不同。中国文化传统中就有崇尚博大的精神。许慎《说文解字》解释"美"曰:"羊大为美。"孟子解释为:"充实之谓美,充实而有光辉之谓大。"此充实并非身体魁伟,而是内心充满"浩然之气"。

初唐陈子昂追求"汉魏风骨",杜甫诗以"沉郁顿挫"胜,盛唐诗歌中一直洋溢着进取雄健的精神。传为晚唐司空图所作的《二十四诗品》仍讲"返虚入浑,积健为雄",以博大为美。唐诗虽然深受南方文化影响,但主旋律仍是北方文化的大气雄浑,这与入主朝廷的主要是西北人有关。唐代统治者来源于西北胡汉杂处地区,崇尚雄大的气魄。唐诗有悲怆感,却没有绝望感。陈子昂的小诗《登幽州台歌》："前不见古人，后不见来者。念天地之悠悠，独怆然而涕下。"其中有悲伤，有孤独，也让人感受到人的渺小，给人以悲剧感却并无绝望。悲剧也是阳刚之美，这正是唐诗雄健刚劲精神的充分体现。

（六）唐诗与中国文化和而不同的精神

当今社会讲和谐，传统文化中的和谐则是"和而不同"。儒家谓"君子和而不同，小人同而不和"。"同""和"最早都是音乐术语。"同"指单音的重复，"和"则是一组旋律有规律、有特点的变化：出现、展开、再现、高潮、结束。

"和"是由不同声音的配合而构成的。

大唐之音，是和而不同的。唐代并非儒家一家之天下，而是儒、释、道三教并存的。唐武宗时有过短暂的"灭佛"之举，是个例外。这种限制佛教发展的行为也是因当时佛教势力太大，在经济、政治上都造成了统治者极大的困扰而引发的。除此以外，终唐一代，皇帝们对佛教的态度还是非常开明的，佛教得以自由发展，且流派众多。佛教中的密宗，与汉族人的思维习惯和信仰理念等相去可谓远矣，但在当时也有很大影响。除了佛教，唐代道教及中亚地区的一些宗教如摩尼教、祆教等，也都在唐代有很大的市场。

唐代也是各种地域文化并存的时代。作为统治基础的关陇文化以及江南文化、山东文化和少数民族的草原文化都是共生并存的。

不同种族的文化也在唐代并存。唐史研究者很多都关注过

"胡将"这一特殊现象。唐政府广泛任用胡人为国家的军事指挥员，可谓大胆之举。安禄山手握重权，曾为很多大臣所非议，张九龄、杨国忠等都曾向唐玄宗进谏提醒，说他有谋反的可能，但皇帝充耳不闻。另外史思明、哥舒翰等都是玄宗时重兵在握的胡将。有统计说唐代大小胡将有几百人之多。文臣可用外国人，关涉国家安全的武将也能用胡族人，唐代统治者的心胸气魄，令人叹服。

唐代也是不同阶层文化并存的时代。唐代虽是贵族社会，但已经到了贵族社会的后期，不是完整的贵族社会。各阶层人群的利益都在制度中得到体现，也都有自己的影响。唐代诗人来自不同阶层，因此唐诗也是不同阶层、不同等级、不同地区及不同宗教文化背景的人发出的不同声音的交响。

唐诗与唐乐舞

向仵埂先生呈报了这个题目后,很快就想反悔,觉得有些自不量力,因为乐舞或舞蹈我压根儿不懂,所以对这个题目我只有一半的发言权。对唐诗也仅仅是爱好和粗知而已,属于半吊子。故面对诸位老师和术业有专攻的同学,我对此演讲题目还不是二分之一的半吊子,而是四分之三的半吊子。

我想反悔,不愿讲此题目的另一原因是,这一领域的相关成果积累很多,系统全面阅读已很难,要想创新更难。除崔令钦的《教坊记》、南卓的《羯鼓录》、段安节的《乐府杂录》、王灼的《碧鸡漫志》等古代笔记杂著外,现代学者的成果也相当多,例如任半塘的《唐声诗》、向达的《唐代长安与西域文明》、王克芬的《中国舞蹈发展史》《中国舞蹈史(隋唐五代部分)》、彭松和于平主编的《中国古代舞蹈史纲》、杨荫浏的《中国古代音乐史稿》、王昆吾的《隋唐五代燕乐杂言歌辞研究》、中国舞蹈艺术研究会舞蹈史研究组编的《全唐诗中的乐舞资料》、张明非的《唐诗与中国文化丛书:唐诗与舞蹈》、沈冬的《唐代乐舞新论》、周晓莲的《中唐乐舞诗研究》等等，我这里仅仅是举例，还不是开列参考文献。

就字面来看，唐诗与唐乐舞应该讨论诗与乐舞的关系或关联性。那么，诗与舞蹈、音乐有无关系或关联性呢？

从艺术发生学角度来看，主流的艺术理论认为诗、乐、舞是三位一体的，舞蹈与诗歌体自分殊，而来源则一，也可以说它们是姊妹艺术。艺术家族中互攀姊妹的现象很多，那么诗乐舞的姊妹与诗画的姊妹又有何区别呢？

今人喜欢用苏东坡"诗中有画，画中有诗"的话头来说明诗画的姊妹关系，这仅仅是中国人的观点，西方人未必这样看。德国美学家莱辛在他的名著《拉奥孔》中就指出诗与画是"绝不争风吃醋的姊妹"[1]，我个人则更倾向于叶维廉先生的说法，他认为诗画这两种艺术均表现出"出位之思（诗或画各自跳出本位而欲成为另一种艺术的企图）"[2]。我曾打过一个比方，我说这一对姊妹都有些这山看见那山高，有姊妹易嫁、交换夫君的企图，或者说都有钱锺书引用西谚揭橥出的"围城心理"。诗追求画的特写性、具象性、空间并发性，而画羡慕诗的抒情性、暗示性、时间流动性。[3]所以，今天我再打一个不恰当的比方，如果说，诗画是表姊妹的话，那么诗乐舞就是不出五服的血亲姊妹。从血缘关系上来说，诗乐舞的关系要比诗画的关系更亲密。

从艺术史来说，诗或文学与音乐结合的例子不胜枚举，这里仅提几例。

---

[1] 采用钱锺书的翻译，见《七缀集》，上海：上海古籍出版社1985年，第6页。
[2] 见叶维廉《中国诗学》，北京：生活·读书·新知三联书店1992年。
[3] 详参拙著《唐诗的文本阐释》第一章的相关论述。

《礼记·乐记》指出："诗，言其志也；歌，咏其声也；舞，动其容也。三者本于心，然后乐器从之。"三者主从式地构成艺术整体。《毛诗序》："情动于中而形于言，言之不足故嗟叹之；嗟叹之不足故咏歌之；咏歌之不足，不知手之舞之足之蹈之也。"言、歌、舞渐进式地递进。

1916年诺贝尔文学奖得主、法国著名作家罗曼·罗兰强调音乐文学的说法，他的长篇小说《约翰·克利斯朵夫》便是"音乐小说"的典范，小说运用交响乐式的结构，分为序曲起始部、发展部、高潮部、尾声等几个部分。主人公的青少年反抗生活是第一乐章，奋斗成熟的过程是第二乐章，成功和走向心平气静是第三乐章。罗兰还说道："我的精神状态始终是音乐的而不是画家的精神状态。我先是把整部作品的音乐效果孕育成满天星云一样璀璨，然后才考虑主要的旋律节奏。"罗兰不仅是优秀的钢琴家，而且是音乐史教授、音乐评论家和音乐家的传记作者，他的《贝多芬传》也是音乐文学的代表作。1993年诺贝尔文学奖得主、美国当代黑人女作家托妮·莫里森也是成功地把音乐艺术与小说艺术结合起来的典范，她把黑人音乐当作自己小说创作的重要叙事策略。巴赫金根据音乐理论提出了"复调小说"的理论，借用音乐术语"复调"（Polyphony）概括小说创作的特征，他在《陀思妥耶夫斯基诗学问题》等理论著作中指出陀氏"创造了一种全新的艺术思维类型——复调型的艺术思维"，于是多声部、多角度、多音调的复调理论在文学理论界被广泛接受。

从唐代的实际来看，据不完全统计，《全唐诗》五万多首诗中有两千多首写到了歌乐舞。如白居易的长诗《霓裳羽衣歌和微之》,对于《霓裳羽衣曲》的创作、音乐、舞姿、服饰都有绝妙的描写。《琵琶行》则描写了琵琶女高超的弹奏技艺,运用文学手法展现了音乐艺术。白居易还在《听曹刚琵琶兼示重莲》中说:"拨拨弦弦意不同,胡啼番语两玲珑。谁能截得曹刚手,插向重莲衣袖中?"对曹氏的音乐才华表达了赞美之情。李贺的《李凭箜篌引》中则用"昆山玉碎凤凰叫,芙蓉泣露香兰笑"等形容箜篌所奏音乐的美妙。刘禹锡在《与歌者米嘉荣》诗中赞扬了西域音乐的魅力:"唱得凉州意外声,旧人唯数米嘉荣。近来时世轻先辈,好染髭须事后生。"李绅《悲善才》一诗将诗情、乐意、舞姿交融。在唐诗中"胡旋舞""胡腾舞"和"柘枝舞"出现的频率非常高,构成了一个奇妙的乐舞艺术氛围。元稹、白居易均以《胡旋女》为题进行创作,刘言史有《王中丞宅夜观舞胡腾》,李端写《胡腾儿》,张祜有《观杨瑗〈柘枝〉》。

综合前人的看法,我从以下几点强调一下唐诗与唐乐舞的关系。

1. 唐诗保存了唐乐舞的全息多维信息。唐代乐舞资料在《旧唐书·音乐志》、敦煌壁画、敦煌古谱、出土文物、地志笔记、民间田野中均有保存,但唐诗是乐舞最好的存储器。它的记录有一种特别的价值。第一是现场性,很多诗是对表演演奏即时的现场记录。唐代乐舞诗、音乐诗中,作者大多用"观""听"这样的动词。第二是效果性,很多诗同时渲染了演出效果,如《李凭箜篌引》《听颖师弹琴》等。第三是记录了演出者与观赏者的互动。许多诗既记录了乐舞表演,又通过发感慨的方式发表了音乐评论,往往是非常精彩的乐评、舞评。

2. 音乐诗或乐舞诗体现了艺术的辩证法。如白居易《琵琶行》中描写乐音一段："大弦嘈嘈如急雨，小弦切切如私语。嘈嘈切切错杂弹，大珠小珠落玉盘。间关莺语花底滑，幽咽泉流冰下难。冰泉冷涩弦凝绝，凝绝不通声暂歇。别有幽愁暗恨生，此时无声胜有声。银瓶乍破水浆迸，铁骑突出刀枪鸣。曲终收拨当心画，四弦一声如裂帛。东船西舫悄无言，唯见江心秋月白。"将诗句进一步简化，便是这样：嘈嘈切切→凝绝无声→四弦裂帛→主客无言。在两次嘈嘈切切、急弦繁音震人视听的间歇，分别插入"无声""无言"的休止符，构成了两次听觉上的空白。如果说第一次的凝绝"无声"，只是弹奏者的乐器，而第二次的"无言"则是东船西舫——强调演出效果，听众与演奏者同时陷入了冥思，表现出复杂丰富的高峰体验。[①] 钱锺书先生曾对此现象分析道："寂之于音，或为先声，或为遗响，当声之无，有声之用。是以有绝响或阒响之静，亦有蕴响或酝响之静。静故曰'希声'，虽'希声'而蕴响酝响，是谓'大音'。乐止响息之时太久，则静之与声若长别远睽，疏阔遗忘，不复相关交接。《琵琶行》'此时'二字最宜着眼，上文亦曰'声暂歇'，正谓声与声之间隔必暂而非永，方能蓄孕'大音'也。此境生于闻根直觉，无待他根。"[②]

另如李端《听筝》："鸣筝金粟柱，素手玉房前。欲得周郎顾，时时误拂弦。"徐增评阅："妇人卖弄身份，巧于撩拨，往往以有心为无心。手在弦上，意属听者。在赏音人之前，不欲见长，偏

[①] 详参拙著《唐诗美学精读》第四章的相关论述。
[②] 《管锥编》第 2 册，北京：中华书局 1979 年，第 449 页。

欲见短。见长则人审其音,见短则人见其意。李君何故知得恁细。"(《而庵说唐诗》)原作和评论对弹筝者的动作细节与心理世界均有很深入的阐发,很具辩证思维。

3. 唐诗和唐乐舞的精品都臻于中国古典美学的极致:境界。欧阳予倩先生在《一得余抄》中说:"舞蹈应当有诗的境界,舞蹈艺术离不开诗,它和诗是相依为命的。"境界是中国艺术美学的一个核心范畴。唐诗境界的基本美学规定是"境生于象外"。换言之,是由具体实像辐射出的虚像,是由实景跃入的艺术虚空,是从有限超越到了无限,从对具体形象的观赏、把玩领悟到了宇宙本体和自然元气。艺术境界实质上就是源于形象而又超于形象的这样一种恍兮惚兮的象外之象,景外之景,味外之味。[①] 优秀的唐诗作品和乐舞作品都具有这样的境界。史敏教授提到敦煌舞姿中有一种"空灵""善化"的宗教神态美,这种神态美便是一种境界美。

4. 作为历史时期重要的非物质文化遗产,都面临着一个如何抢救和保护的困境,这方面诗歌的传播弘扬应能给乐舞一些启示。第一,短制。中国历史上影响最大的十首诗:李白的《静夜思》、孟郊的《游子吟》、白居易的《赋得古原草送别》、曹植的《七步诗》、王之涣的《登鹳雀楼》、王维的《九月九日忆山东兄弟》、《诗经》的第一首《关雎》、李清照的《夏日绝句》、王勃的《送杜少府之任蜀州》、李绅的《悯农》。香港市民评选出来的唐诗十佳分别是:《游子吟》(孟郊)、《清明》(杜牧)、《静夜思》(李

---

① 详参拙著《唐诗的文本阐释》第一章的相关论述。

白)、《登鹳雀楼》(王之涣)、《乐游原》(李商隐)、《春晓》(孟浩然)、《赋得古原草送别》(白居易)、《悯农》(李绅)、《早发白帝城》(李白)、《回乡偶书》(贺知章)。多为五七言绝句或未超过十句的短章。第二,配合。唐诗传播往往与绘画、书法配合,当代又可用多媒体等数字技术来展示,建议乐舞也能找到一种普及的途径。第三,从娃娃抓起。唐诗选在中小学教科书中,唐乐舞也应在中小学教材中出现。

唐诗中的黄河文化

一、关于"唐诗""黄河文化"两个关键词

(一)关于"唐诗"

百度百科的解释:

唐诗,唐朝诗歌通称,泛指创作于唐朝诗人的诗,为唐代儒客文人之智慧佳作。唐诗是中华民族珍贵的文化遗产之一,是中华文化宝库中的一颗明珠,同时也对世界上许多国家的文化发展产生了很大影响,对于后人研究唐代的政治、民情、风俗、文化等都有重要的参考意义。

维基百科的解释:

唐诗泛指创作于唐代(618—907)的诗,也可以引申指以唐朝风格创作的诗。唐诗上承魏晋南朝诗,下开宋诗,唐代也被视为中国历来诗歌发展最盛的黄金时期,因此有与宋词并举之说。唐

代以后，唐诗的选本、选集不断涌现，现今流传最广的是蘅塘退士编选的《唐诗三百首》。清朝康熙年间的《全唐诗》整理收录了二千二百多名诗人超过五万多首唐诗。

(二) 关于"黄河文化"

百度百科的解释：

(百度百科无"黄河文化"的解释，有"黄河文明"的词条)

黄河文化。《黄河文化》是由华艺出版社出版的一部大型高级科普读物，作者侯仁之。世界上任何一种文化，总是和它产生的地域相结合的。黄河流域的文化与其地质、地貌以及自然地理的特点密切相关。黄河流域的自然环境，像大地母亲般地孕育了黄河文化。

黄河文明。黄河文明的形成期大体在公元前4000年至公元前2000年之间，前后经历了两千年之久。黄河文明的发展期是它的升华阶段。从时代来说主要是夏、商、周三代。这时的黄河文明主要凝聚在黄河中下游的大中原地区，以今天的河南省为核心，大中原地区文化即中原文化是黄河文明的中心。

在这一时期，神州大地出现了许多地区性文明，如在长江流域有成都平原文明、江汉文明、太湖文明，其代表性的考古学文化有大溪文化、屈家岭文化、石家河文化、崧泽文化、良渚文化等。在黄河流域有甘青文明、中原文明、海岱文明，其代表性的考古学文化有仰韶文化、中原龙山文化、大汶口文化、山东龙山文化、马家窑文化等。在东北有燕山地区文明，其代表性的考古学文化主要是红山文化。

各个地区性文明都发展到相当高的水平，学术界都给以高度评价，但是到后来有的文明中断了，有的文明走向低谷，只有黄河文明恰如中流砥柱，朝气蓬勃，吸纳、融合了各地区文明精华，向更高层次发展。

维基百科的解释：

(维基百科也无"黄河文化"的词条，但对"黄河文明"的解释较科学)

黄河文明，起源于黄河流域并最初分布于西至河湟、东至大海、北至燕山—大漠、南至秦岭—江淮分水岭的文明，后来扩散至中国全境乃至东亚并影响世界。黄河文明是世界著名的古文明之一，是中国文明的泉源之一。黄河文明于新石器时代已经非常发达，这一时期著名的代表文化有仰韶文化，仰韶文化之后发展为分布更广的龙山文化，奴隶制时期经发展和多方融合，黄河文明发展表现为夏商周王朝。

黄河史前文化为在黄河中、下游繁荣的古代文明，从新石器时代的仰韶文化经龙山文化，发展为夏、商、周的青铜器文化。

由于秦的统一，黄河文明进一步和九州别的区域的文明相融合。九州各大区域文明相互融合逐渐产生了诸夏文明。

(三) 习近平总书记谈黄河文化

习近平《在黄河流域生态保护和高质量发展座谈会上的讲话》(以下简称《讲话》)第一部分是"保护黄河是事关中华民族伟大复兴的千秋大计"。《讲话》指出：

黄河流域在我国经济社会发展和生态安全方面具有十分重要的地位。黄河发源于青藏高原，流经9个省区，全长5464公里，是我国仅次于长江的第二大河。黄河流域省份2018年底总人口4.2亿，占全国30.3%；地区生产总值23.9万亿元，占全国26.5%。

千百年来，奔腾不息的黄河同长江一起，哺育着中华民族，孕育了中华文明。早在上古时期，炎黄二帝的传说就产生于此。在我国5000多年文明史上，黄河流域有3000多年是全国政治、经济、文化中心，孕育了河湟文化、河洛文化、关中文化、齐鲁文化等，分布有郑州、西安、洛阳、开封等古都，诞生了"四大发明"和《诗经》、《老子》、《史记》等经典著作。九曲黄河，奔腾向前，以百折不挠的磅礴气势塑造了中华民族自强不息的民族品格，是中华民族坚定文化自信的重要根基。

第三部分是"黄河流域生态保护和高质量发展的主要目标任务"。第五个问题讨论的就是"保护、传承、弘扬黄河文化"。《讲话》指出：

黄河文化是中华文明的重要组成部分，是中华民族的根和魂。要推进黄河文化遗产的系统保护，守好老祖宗留给我们的宝贵遗产。要深入挖掘黄河文化蕴含的时代价值，讲好"黄河故事"，延续历史文脉，坚定文化自信，为实现中华民族伟大复兴的中国梦凝聚精神力量。

已有成果：

侯仁之主编《黄河文化》，华艺出版社 1994 年 10 月出版。

李学勤、徐吉军主编《黄河文化史》，江西教育出版社 2003 年出版。

梁钰菡《唐代诗歌中的黄河文化》，《汉字文化》2019 年第 8 期。

曹文江《浅谈李白诗中的黄河形象》，《郑州大学学报（哲学社会科学版）》1995 年 03 期。

孙玉太《略论李白诗中的黄河意象》，《济南大学学报（社会科学版）》2003 年第 4 期。

葛剑雄《黄河与中华文明》，中华书局 2020 年出版。

黄河水利委员会黄河志总编辑室编《黄河志》卷 2《黄河流域综述》，河南人民出版社 2017 年出版。

二、唐诗中丰富的黄河文化内容

（一）唐前诗歌中的黄河文化

《诗经·卫风·河广》：

> 谁谓河广？一苇杭之。谁谓宋远？跂予望之。
> 谁谓河广？曾不容刀。谁谓宋远？曾不崇朝。

汉武帝刘彻《瓠子歌二首》：

一

瓠子决兮将奈何，浩浩洋洋兮虑殚为河。殚为河兮地不得宁，功无已时兮吾山平。

吾山平兮钜野溢，鱼弗忧兮柏冬日。正道驰兮离常流，蛟龙骋兮放远游。归旧川兮神哉沛，不封禅兮安知外。为我谓河伯兮何不仁，泛滥不止兮愁吾人。齿桑浮兮淮泗满，久不返兮水维缓。

二

河汤汤兮激潺湲，北渡回兮汛流难。搴长茭兮湛美玉，河伯许兮薪不属。薪不属兮卫人罪，烧萧条兮噫乎何以御水。颓林竹兮楗石菑，宣防塞兮万福来。

元封二年，帝既封禅。乃发卒万人，塞瓠子决河。还自临祭，令群臣从官皆负薪。时东郡烧草薪少，乃下淇园之竹以为楗。上既临河决，悼其功之不就，为作歌二章，于是卒塞瓠子，筑宫名曰宣房。

乐府古辞《公无渡河》：

《琴操》曰：有一狂夫，披发提壶，涉河而渡，其妻追止之，不及，堕河而死。乃号天嘘唏，鼓箜篌而歌曰：

> 公无渡河，公竟渡河！
> 堕河而死，其奈公何！

《乐府诗集》卷二十六引晋崔豹《古今注》云："《箜篌引》者，朝鲜津卒霍里子高妻丽玉所作也。子高晨起刺船，有一白首狂夫，被发提壶，乱流而渡，其妻随而止之，不及，遂堕河而死。于是援箜篌而歌曰：'公无渡河，公竟渡河，堕河而死，其奈公何！'声甚凄怆，曲终亦投河而死。子高还，以语丽玉。丽玉伤之，乃引箜篌而写其声，闻者莫不堕泪饮泣。丽玉以其曲传邻女丽容，名曰《箜篌引》。"

北朝民歌《木兰辞》：

> 东市买骏马，西市买鞍鞯，南市买辔头，北市买长鞭。旦辞爷娘去，暮宿黄河边，不闻爷娘唤女声，但闻黄河流水鸣溅溅。旦辞黄河去，暮至黑山头，不闻爷娘唤女声，但闻燕山胡骑鸣啾啾。

（二）唐诗中的黄河水文生态文化

李白《将进酒》：

> 君不见黄河之水天上来，奔流到海不复回。君不见高堂明镜悲白发，朝如青丝暮成雪。人生得意须尽欢，莫使金樽空对月。天生我材必有用，千金散尽还复来。烹羊宰牛且为

乐，会须一饮三百杯。岑夫子，丹丘生，将进酒，杯莫停。与君歌一曲，请君为我倾耳听。钟鼓馔玉不足贵，但愿长醉不愿醒。古来圣贤皆寂寞，惟有饮者留其名。陈王昔时宴平乐，斗酒十千恣欢谑。主人何为言少钱，径须沽取对君酌。五花马，千金裘，呼儿将出换美酒，与尔同销万古愁。

习近平："君不见黄河之水天上来，奔流到海不复回"曾何等壮观，如今要花费很大力气才能保持黄河不断流。

孟郊《泛黄河》：

谁开昆仑源？流出混沌河。积雨飞作风，惊龙喷为波。湘瑟飕飗弦，越宾呜咽歌。有恨不可洗，虚此来经过。

薛能《黄河》：

何处发昆仑？连乾复浸坤。波浑经雁塞，声振自龙门。岸裂新冲势，滩馀旧落痕。横沟通海上，远色尽山根。勇逗三峰坼，雄标四渎尊……润可资农亩，清能表帝恩……盘涡寒渐急，浅濑暑微温。九曲终柔胜，常流可暗吞。人间无博望，谁复到穷源？

宋代王安石《黄河》：

派出昆仑五色流，一支黄浊贯中州。吹沙走浪几千里，转侧屋间无处求。

晚清王国维《读史二十首》其二：

两条云岭摩天出，九曲黄河绕地回。自是当年游牧地，有人曾号伏羲来。

李白《赠崔侍郎二首》其一：

黄河二尺鲤，本在孟津居。点额不成龙，归来伴凡鱼。故人东海客，一见借吹嘘。风涛倘相见，更欲凌昆墟。

高适《自淇涉黄河途中作十三首》：

其一

川上常极目，世情今已闲。去帆带落日，征路随长山。亲友若云霄，可望不可攀。于兹任所惬，浩荡风波间。

其四

南登滑台上，却望河淇间。竹树夹流水，孤城对远山。念兹川路阔，羡尔沙鸥闲。长想别离处，犹无音信还。

其五

　　东入黄河水，茫茫泛纡直。北望太行山，峨峨半天色。山河相映带，深浅未可测。自昔有贤才，相逢不相识。

储光羲《夜到洛口入黄河》：

　　河洲多青草，朝暮增客愁。客愁惜朝暮，枉渚暂停舟。中宵大川静，解缆逐归流。浦溆既清旷，沿洄非阻修。登舻望落月，击汰悲新秋。倘遇乘槎客，永言星汉游。

韦应物《自巩洛舟行入黄河即事，寄府县僚友》：

　　夹水苍山路向东，东南山豁大河通。寒树依微远天外，夕阳明灭乱流中。孤村几岁临伊岸，一雁初晴下朔风。为报洛桥游宦侣，扁舟不系与心同。

阎防《与永乐诸公夜泛黄河作》：

　　烟深载酒入，但觉暮川虚。映水见山火，鸣榔闻夜渔。爱兹山水趣，忽与人世疏。无暇然官烛，中流有望舒。

杜甫《送蔡希曾都尉还陇右，因寄高三十五书记》：

蔡子勇成癖，弯弓西射胡。健儿宁斗死，壮士耻为儒。官是先锋得，材缘挑战须。身轻一鸟过，枪急万人呼。云幕随开府，春城赴上都。马头金狎帢，驼背锦模糊。咫尺云山路，归飞青海隅。上公犹宠锡，突将且前驱。汉使黄河远，凉州白麦枯。因君问消息，好在阮元瑜。

凉州为武威郡。《陇西记》：诸州深秋采白麦酿酒。陈藏器《本草》：河渭以西，白麦面凉，以其春种，关二时之气也。杜佑《通典》：凉州贡白小麦十石。

唐李肇《唐国史补》卷中："窦氏子言家方盛时，有奴厚敛群从数宅之资，供白麦面。医云：'白麦性平。'由是恣食不疑。"

乔知之《羸骏篇》（节选）：

岁岁年年奔远道，朝朝暮暮催疲老。扣冰晨饮黄河源，拂雪夜食天山草。

元代萨都剌《过古黄河堤》：

古来黄河流，而今作耕地。都道变通津，沧海化为尘。

(三)唐诗中的河湟和战史料

杜甫《黄河二首》：

> 黄河北岸海西军，椎鼓鸣钟天下闻。铁马长鸣不知数，胡人高鼻动成群。

> 黄河西岸是吾蜀，欲须供给家无粟。愿驱众庶戴君王，混一车书弃金玉。

其一叹当时戍兵其众，不能制吐蕃之横行。铁马，指胡骑。其二叹蜀人迫于军饷，故愿太平以纾民困。指塞外之黄河，故云南岸是。

《杜诗博议》：唐运道俱仰黄河，独蜀僻在西南，河漕不通，西山三城粮运屡绝，故有供给无粟之叹。此亦为吐蕃入寇而作。

薛逢《凉州词》：

> 昨夜蕃兵报国仇，沙州都护破凉州。黄河九曲今归汉，塞外纵横战血流。

杜牧《河湟》：

> 元载相公曾借箸，宪宗皇帝亦留神。旋见衣冠就东市，忽遗弓剑不西巡。牧羊驱马虽戎服，白发丹心尽汉臣。唯有凉州歌舞曲，流传天下乐闲人。

司空图《河湟有感》：

一自萧关起战尘，河湟隔断异乡春。汉儿尽作胡儿语，却向城头骂汉人。

常建《塞下曲》其三：

龙斗雌雄势已分，山崩鬼哭恨将军。黄河直北千余里，冤气苍茫成黑云。

陈陶《陇西行四首》其二：

誓扫匈奴不顾身，五千貂锦丧胡尘。可怜无定河边骨，犹是春闺梦里人！

柳中庸《征人怨》（又名《征怨》）：

岁岁金河复玉关，朝朝马策与刀环。三春白雪归青冢，万里黄河绕黑山。

(四)借黄河抒发丰富情感

杜甫《览物》（一作《峡中览物》）：

曾为掾吏趋三辅，忆在潼关诗兴多。巫峡忽如瞻华岳，蜀江犹似见黄河。舟中得病移衾枕，洞口经春长薜萝。形胜有馀风土恶,几时回首一高歌。

大历元年在夔州作。在峡而思乡。前四句追忆华州,后四句峡中有感。从前被贬司功,而诗兴偏多,以华岳、黄河足引壮思也。今峡江相似,而卧病经春,无复前此兴会矣。盖此间形胜虽佳,风土殊恶,几时得回首北归,仍动长歌之兴乎?

朝见裴叔则,朗如行玉山。黄河落天走东海,万里写入胸怀间。身骑白鼋不敢度,金高南山买君顾。徘徊六合无相知,飘若浮云且西去!(李白《赠裴十四》)
欲渡黄河冰塞川,将登太行雪满山。(李白《行路难》其一)
黄河二尺鲤,本在孟津居。点额不成龙,归来伴凡鱼。(李白《赠崔侍郎二首》其一)
奔鲸夹黄河,凿齿屯洛阳。(李白《北上行》)
黄河捧土尚可塞,北风雨雪恨难裁!(李白《北风行》)
将军发白马,旌节渡黄河。(李白《发白马》)
阳台隔楚水,春草生黄河。相思无日夜,浩荡若流波。流波向海去,欲见终无因。遥将一点泪,远寄如花人。(李白《寄远十一首》其六)

孟郊《自叹》:

愁与发相形,一愁白数茎。有发能几多,禁愁日日生。

古若不置兵,天下无战争。古若不置名,道路无欹倾。太行耸巍峨,是天产不平。黄河奔浊浪,是天生不清。四蹄日日多,双轮日日成。二物不在天,安能免营营。

孟郊《闻夜啼赠刘正元》:

寄泣须寄黄河泉,此中怨声流彻天。愁人独有夜灯见,一纸乡书泪滴穿。

(五)以河图洛书、河清之瑞象征圣贤治世理想

李峤《书》:

削简龙文见,临池鸟迹舒。河图八卦出,洛范九畴初。垂露春光满,崩云骨气馀。请君看入木,一寸乃非虚。

李峤《龙》:

衔烛耀幽都,含章拟凤雏。西秦饮渭水,东洛荐河图。带火移星陆,升云出鼎湖。希逢圣人步,庭阙正晨趋。

苏颋《奉和圣制途次旧居应制》(按,和玄宗作):

潞国临淄邸,天王别驾舆。……昔试邦兴后,今过俗溪

予。示威宁校猎，崇让不陈鱼。府吏趋宸扆，乡耆捧帝车。帐倾三饮处，闲整六飞馀。盛业铭汾鼎，昌期应洛书。愿陪歌赋末，留比蜀相如。

《周易·系辞》："河出图，洛出书，圣人则之"。
孔安国曰：河图则八卦也，洛书则九畴也。
侯果曰：圣人法河图洛书，制历象以示天下也。
王嘉《拾遗记》卷一：黄河千年一清，至圣之君，以为大瑞。
张说《东都酺宴五首》其一：

尧舜传天下，同心致太平。吾君内举圣，远合至公情。锡命承丕业，崇亲享大名。二天资广运，两曜益齐明。道畅昆虫乐，恩深朽蠹荣。……人间知几代，今日见河清。

张九龄《奉和圣制经函谷关作》：

函谷虽云险，黄河已复清。圣心无所隔，空此置关城。

杜甫《洗兵马》：

中兴诸将收山东，捷书日报清昼同。河广传闻一苇过，胡危命在破竹中。……隐士休歌紫芝曲，词人解撰河清颂。田家望望惜雨干，布谷处处催春种。淇上健儿归莫懒，城南思妇愁多梦。安得壮士挽天河，净洗甲兵长不用。

三、唐诗黄河书写的高超艺术成就

(一)提神太虚,摄取黄河的全息图像

王之涣《凉州词》:

黄河远上白云间,一片孤城万仞山。羌笛何须怨杨柳,春风不度玉门关。

王之涣《登鹳雀楼》:

白日依山尽,黄河入海流。欲穷千里目,更上一层楼。

李白《西岳云台歌送丹丘子》:

西岳峥嵘何壮哉!黄河如丝天际来。黄河万里触山动,盘涡毂转秦地雷。荣光休气纷五彩,千年一清圣人在。巨灵咆哮擘两山,洪波喷箭射东海。三峰却立如欲摧,翠崖丹谷高掌开。白帝金精运元气,石作莲花云作台。云台阁道连窈冥,中有不死丹丘生。明星玉女备洒扫,麻姑搔背指爪轻。我皇手把天地户,丹丘谈天与天语。九重出入生光辉,东来蓬莱复西归。玉浆倘惠故人饮,骑二茅龙上天飞。

李白《赠裴十四》：

黄河落天走东海，万里写入胸怀间。

李白《将进酒》：

君不见黄河之水天上来，奔流到海不复回。

（二）古典新用，创新幽玄的典故与神话

原典 乐府古辞《公无渡河》：公无渡河，公竟渡河！堕河而死，其奈公何！

改造与创新

李白《公无渡河》：

黄河西来决昆仑，咆哮万里触龙门。波滔天，尧咨嗟。大禹理百川，儿啼不窥家。杀湍湮洪水，九州始蚕麻。其害乃去，茫然风沙。被发之叟狂而痴，清晨临流欲奚为。旁人不惜妻止之，公无渡河苦渡之。虎可搏，河难凭，公果溺死流海湄。有长鲸白齿若雪山，公乎公乎挂罥于其间。箜篌所悲竟不还。

温庭筠《公无渡河》（又作《拂舞词》）：

黄河怒浪连天来，大响硇硇如殷雷。龙伯驱风不敢上，百川喷雪高崔嵬。

　　二十三弦何太哀，请公勿渡立徘徊。下有狂蛟锯为尾，裂帆截棹磨霜齿。

　　神椎凿石塞神潭，白马参覃赤尘起。公乎跃马扬玉鞭，灭没高蹄日千里。

刘禹锡《浪淘沙》：

　　九曲黄河万里沙，浪淘风簸自天涯。如今直上银河去，同到牵牛织女家。

李涉《逢旧二首》其二：

　　将作乘槎去不还，便寻云海住三山。不知留得支机石，却逐黄河到世间。

胡曾《咏史诗·黄河》：

　　博望沉埋不复旋，黄河依旧水茫然。沿流欲共牛郎语，只得灵槎送上天。

罗隐《黄河》：

莫把阿胶向此倾，此中天意固难明。解通银汉应须曲，才出昆仑便不清。

高祖誓功衣带小，仙人占斗客槎轻。三千年后知谁在？何必劳君报太平！

晋张华《博物志》卷十：旧说天河与海通。近世有人居海渚者，年年八月有浮槎去来，不失期，人有奇志，立飞阁于槎上，多赍粮，乘槎而去。十余日中犹观星月日辰，自后茫茫忽忽亦不觉尽夜。去十余日，奄至一处，有城郭状，屋舍甚严。遥望宫中有织妇，见一丈夫牵牛渚次饮之。牵牛人乃惊问曰："何由至此？"此人具说来意，并问此是何处，答云："君还至蜀都，访严君平，则知之。"竟不上岸，因还如期。后至蜀，问君平，君平曰："某年某月，有客星犯牵牛宿。"计年月，正此人到天河时也。

南朝梁宋懔《荆楚岁时记》曰：张骞寻河源，得一石，示东方朔，朔曰："此石是天上织女支机石，何至于此？"

(三)笔补造化，呈示雄浑空灵的美学境界

王之涣《登鹳雀楼》(原文见前引，此略)。

王维《使至塞上》：

单车欲问边，属国过居延。征蓬出汉塞，归雁入胡天。大漠孤烟直，长河落日圆。萧关逢候骑，都护在燕然。

张蠙《登单于台》：

边兵春尽回，独上单于台。白日地中出，黄河天外来。沙翻痕似浪，风急响疑雷。欲向阴关度，阴关晓不开。

黄河落天走东海，万里写入胸怀间。（李白《赠裴十四》）
黄河西来决昆仑，咆哮万里触龙门。波滔天，尧咨嗟。（李白《公无渡河》）
誓扫匈奴不顾身，五千貂锦丧胡尘。可怜无定河边骨，犹是春闺梦里人！（陈陶《陇西行四首》其二）
九曲黄河万里沙，浪淘风簸自天涯。如今直上银河去，同到牵牛织女家。（刘禹锡《浪淘沙》）

四、唐诗黄河书写的当代价值和意义

(一) 沿波讨源，找寻民族文化的根与魂

君不见黄河之水天上来，奔流到海不复回。（李白《将进酒·君不见》）

孟郊《泛黄河》（原文见前引，此略）。

李贺《日出行》：

白日下昆仑，发光如舒丝。徒照葵藿心，不照游子悲。折折黄河曲，日从中央转。旸谷耳曾闻，若木眼不见。奈尔铄石，胡为销人。羿弯弓属矢那不中，足令久不得奔，讵教晨光夕昏。

[美]E. M. 罗杰斯：任何涉入一条新的河流的人，都想知道这里的水来自何方？它为什么这样流淌？（《传播学史：一种传记式的方法》）

(二)温故知新，追忆黄河治水的历史智慧

高适《自淇涉黄河途中作十三首》其十：

茫茫浊河注，怀古临河滨。禹功本豁达，汉迹方因循。坎德昔滂沱，冯夷胡不仁。激潏陵堤防，东郡多悲辛。天子忽惊悼，从官皆负薪。畚筑岂无谋，祈祷如有神。宣房今安在？高岸空嶙峋。

《史记》卷二十九《河渠书》：汉武帝元光中，黄河决口于瓠子，二十余年不能堵塞，汉武帝亲临决口处，发卒数万人，并命群臣负薪以填，功成之后，筑宫其上，名为宣房宫。

李白《公无渡河》：

黄河西来决昆仑，咆哮万里触龙门。波滔天，尧咨嗟。大禹理百川，儿啼不窥家。杀湍湮洪水，九州始蚕麻。其害乃去，茫然风沙。

《淮南子·原道训》："禹之决渎也，因水以为师。"

(三) 以古为邻，传习优秀作品的典雅汉语

《红楼梦》第四十八回《滥情人情误思游艺，慕雅女雅集苦吟诗》：

> 香菱笑道："据我看来，诗的好处，有口里说不出来的意思，想去却是逼真的。有似乎无理的，想去竟是有理有情的。"黛玉笑道："这话有了些意思，但不知你从何处见得？"香菱笑道："我看他《塞上》一首，内一联云：'大漠孤烟直，长河落日圆。'想来烟如何直？日自然是圆的：这'直'字似无理，'圆'字似太俗。合上书一想，倒像是见了这景的。若说再找两个字换这两个，竟再找不出两个字来。"

王维《使至塞上》：

> 单车欲问边，属国过居延。征蓬出汉塞，归雁入胡天。大漠孤烟直，长河落日圆。萧关逢候骑，都护在燕然。

语言提升的三境界：
(1) 炼字炼句
《全唐诗》卷六〇七张孜《句》：

华山秀作英雄骨，黄河泻出纵横才。

(2) 谋篇造境
张蠙《登单于台》：

边兵春尽回，独上单于台。白日地中出，黄河天外来。沙翻痕似浪，风急响疑雷。欲向阴关度，阴关晓不开。

按，此写黄河用字并不新奇精警，没有刻意锤炼，但境界却极为瑰奇不凡。

杨巨源《同薛侍御登黎阳县楼眺黄河》：

倚槛恣流目，高城临大川。九回纡白浪，一半在青天。气肃晴空外，光翻晓日边。开襟值佳景，怀抱更悠然。

(3) 绚烂至极，归于平淡
杜甫《黄河二首》（流寓蜀中时作）：

黄河北岸海西军，椎鼓鸣钟天下闻。铁马长鸣不知数，胡人高鼻动成群。（仇兆鳌：此叹当时戍兵甚众，不能制吐蕃之横行。）

黄河西岸是吾蜀，欲须供给家无粟。愿驱众庶戴君王，混一车书弃金玉。(赵次公注:弃金玉,言毋奢侈,如《传》言不宝金玉之义。)

(四)传神写照,建构坚忍不拔的黄河精神

黄河外在形态上的特征之一是曲折绵长。特征之二是一头伸向中原腹地,一头连着高原异域。特征之三是接受并容纳了众多支流的汇聚。特征之四是奔腾不息,朝宗于海。

卢纶《送郭判官赴振武》:

> 黄河九曲流,缭绕古边州。鸣雁飞初夜,羌胡正晚秋。凄凉金管思,迢递玉人愁。七叶推多庆,须怀杀敌忧。

李益《塞下曲》:

> 黄河东流流九折,沙场埋恨何时绝。蔡琰没去造胡笳,苏武归来持汉节。

周朴《塞上曲》:

> 一阵风来一阵砂,有人行处没人家。黄河九曲冰先合,紫塞三春不见花。

薛能《黄河》:

何处发昆仑？连乾复浸坤。波浑经雁塞，声振自龙门。岸裂新冲势，滩馀旧落痕。横沟通海上，远色尽山根。勇逗三峰坼，雄标四渎尊。湾中秋景树，阔外夕阳村。

沫乱知鱼呴，槎来见鸟蹲。飞沙当白日，凝雾接黄昏。润可资农亩，清能表帝恩。雨吟堪极目，风度想惊魂。显瑞龟曾出，阴灵伯固存。盘涡寒渐急，浅濑暑微温。九曲终柔胜，常流可暗吞。人间无博望，谁复到穷源？

五、初步的结论与推论

有唐一代，记录和书写黄河文化的诗歌作品数量很大，内容极其丰富，本文仅仅是对诗句的简单摘引和内容的粗浅梳理，许多问题亟待学界的深入细致研究。

唐诗中表现黄河文化的作品，在艺术上有很高的成就。李白、杜甫、王维、王之涣、孟郊等都有吟咏黄河的名篇，这些作品也成为千古流传的文学经典。

唐诗研究对于当下的黄河文化发掘总结，也具极其重要的价值和意义。

从生态学、水文水利学角度考察黄河诗歌，会获得许多有益的资料。

中华民族的早期是在黄河与长江的两河流域生息繁衍、发荣滋长的，两河同源同向，但又差异很大，如能在深入研究唐诗中的黄河文化的同时，将其与长江文化进行比较研究，也是很值得学界深入思考的一个问题。

黄河干支流的流经区域，与丝绸之路境内段有很多的交叉和重叠，特别是河湟段与武威、金城（兰州）、榆林、呼和浩特、长安、洛阳、开封等节点城市，这些城市既是流域的重要城市，也是丝路的枢纽，如何结合丝路文化与黄河文化推进唐诗研究，也是一个饶有趣味的问题。

进一步的建议：

1. 黄河既是空间物理的存在，又是历史和文化的存在，故有关黄河流域的文化旅游经济开发，要挖掘黄河文化，做深黄河文化，做大黄河文化，做精黄河文化。

2. 黄河既是地域性的存在，更是流域性的存在，故有关黄河的保护、建设、开发，要立足全流域，协同合作，防止各自为政，各扫门前雪，甚至以邻为壑。

3. 黄河流域繁衍了中华民族的祖先，哺育并栖息着几十个少数民族，如果说她是母亲河，那么，她应该是几十个民族共同的母亲河，因此保护黄河文化一定要遵循文化多样性的原则，只有保护好黄河的文化生态，才能使黄河文化的水源鲜活，水量充沛，波澜壮阔，奔腾不息。

4. 二十大的高质量发展理念，国务院《黄河流域生态保护和高质量发展规划纲要》的高质量发展带，强调高质量发展之路，对于包括西宁、兰州、西安、延安、渭南、榆林、太原、洛阳、郑州在内的黄河流域城市的升级发展、向上向好，是一个重大利好消息，至于能否抓住这一重大战略机遇，跻身世界优秀城市之列,应该由相关城市的践行来回答。

5. 利用郑洛西高质量发展带规划,学界应该率先进行广泛的对策研究,为决策提供最优方案。

从"两京"到"双城"

——长安与洛阳的前世今生

将长安和洛阳放到一起讨论由来已久。今天会议上的专家们也讲了一些，现在人们喜欢用地缘相近、文脉相通、金融相融来谈，表述得很好。但是这个话题的提出比较早，从东汉时期班固《两都赋》、张衡《二京赋》，唐代韦述《两京新记》，清代徐松《唐两京城坊考》，以及日本学者平冈武夫《唐代的长安与洛阳》，都有将两个古都放到一块进行研究的，另外如顾炎武《历代宅京记》等，则是对许多古都的研究。一直到近现代，这个话题仍然有许多人在关注。

前世：从辉煌到衰落

唐代诗人卢照邻两句诗："长安重游侠，洛阳富才雄。"[1]有

---

[1] 卢照邻《结客少年场行》。

人不喜欢用人才的"才",喜欢用财富的"财"。我个人觉得,"洛阳富才雄",人才的"才"是对的。这是汉代说法的唐诗表述。汉代的表述叫作"关西出将,关东出相"①。函谷关以西的人善于打仗,函谷关以东的人有谋略,是有雄才大略的人。

长安和洛阳有很多共同点,比如:

同是黄河干支流流经的两个重要城市。同处于秦岭淮河分界线的北侧。同是长城沿线南侧的两个城市。同在胡焕庸线(黑河—腾冲线)南侧。同是两大古都,都称是十三朝古都。同由隋代著名建筑家宇文恺[555—612,弘化郡岩绿县(今陕西靖边)人]规划设计,两城均分为宫城、皇城和外郭城三部分。同时沦落为两个内陆地区的城市。

秦岭—淮河线是自然地理的分界线,长安和洛阳同处于秦岭淮河的北缘,同处于半湿润区,自然条件比南方差一些,但比半干旱区和干旱区要好多了。中国学者胡焕庸在1935年首次揭示了中国人口分布规律:自黑龙江瑷珲至云南腾冲画一条直线(约为45°),线东南半壁36%的土地供养了全国96%的人口;西北半壁64%的土地仅供养4%的人口。二者平均人口密度比为42.6∶1。这个发现后来得到国际人文地理学界的承认,被称为"胡焕庸线"(Hu Line,或 Heihe - Tengchong Line,或 Aihui - Tengchong Line),这条线至今仍然在起着作用。1987年,胡焕庸根据中国大陆1982年的人口普查数据,得出:"东半部面积占目前全国的42.9%,西半部面积占全国的57.1%……在这条分界线以东的地

---

① 《后汉书》卷五八《虞诩传》。

区，居住着全国人口的 94.4%；而西半部人口仅占全国人口的 5.6%。"①2000 年第五次人口普查发现，"胡焕庸线"两侧的人口分布比例，与 70 年前相差不到 2%。人们逐渐发现，这条人口分割线与气象上的降雨线、地貌区域分割线、文化转换的分割线以及少数民族集中居住线均存在某种程度的重合。中国国家地理杂志社执行总编单之蔷将胡焕庸线看作是中国景观的一个分界线。由景观联系到历史文化，似乎可以发现，这条线也是中原王朝直接影响力和中央控制疆域的边界线，是汉民族和其他民族之间战争与和平的生命线。《发现西部》一书写道："它还是一条文明分界线：它的东部，是农耕的、宗法的、科举的、儒教的……一句话，是大多数人理解的传统中国；而它的西部，则是或游牧或狩猎，是部族的、血缘的、有着多元信仰和生活方式的非儒教中国。"②

隋唐长安城更加规范，长安城的中轴线对着的是现在陕西西安北边的龙首原。洛阳城的中轴线偏西，城北边的龙光门的延长线对着的是伊阙山，也就是现在的龙门。一边是龙门，一边是龙首。中国传统对龙的崇拜，体现在都城规划设计上，就是将风水上最好的地方布置为宫城和皇城。

(一) 作为"两京"的长安与洛阳

长安与洛阳的并称：西周的丰镐，东周的洛邑。西汉的长

---

① 胡焕庸《我国人口与经济的地区分布》。
② 引自百度百科"胡焕庸线"词条。

安、东汉的洛阳。西魏北周的长安，东魏北齐的洛阳。隋唐时期的西京长安，东都洛阳。这些并称，有的是时间上的前后并称，有的是空间上的同时并称，有的是主从型并称。

长安与洛阳在军事上互为屏障：太行山、中条山、函谷关、潼关是长安东部的天然屏障；长城、黄土高原、潼关、黄河是洛阳西部的天然屏障。前现代社会的冷兵器时代，优越的自然形胜具有重要作用，当然最关键的还是取决于人为，所谓"兴废由人事，山川空地形"①。

长安与洛阳在社会经济文化上互补互助、互惠互利：汉唐时代，长安是前线，洛阳是后方（钱穆语）。洛阳是运河贸易物资转运的枢纽，长安是丝路贸易的前线。洛阳气候较长安湿润暖和，更适宜于人居。洛阳地广，关中地窄，"天子就食洛阳"具有多重意义。因为洛阳物资比较多，所以天子带着文武百官、他的政府机关到了洛阳，减轻长安经济的压力。

(二) 作为两个内地城市的长安与洛阳

长安与洛阳衰落的几个标志性事件：1. 唐哀帝天祐四年（907），唐亡，进入五代十国，结束了"秦中自古帝王州"的时代。2. 唐昭宗天复四年（904），朱温迫使唐昭宗迁都洛阳，拆毁长安，将宫殿民居的木材顺流运到新都洛阳。3. 唐昭宗乾宁元年（894），日本最后一次派遣遣唐使菅原道真，菅原道真看见唐朝国力衰落，向天皇建议停止派遣遣唐使。长达264年的遣唐使制度废

---

① 刘禹锡《金陵怀古》。

止。4. 洛阳与长安并称较迟，衰落也较晚。5. 洛阳在北宋时期作为汴梁的陪都，北宋灭亡，洛阳也衰落了。

从文化变迁看长安与洛阳衰落的几个要点：1. 新朝迁都，是两个旧都衰落的最直接、最表面原因。2. 文化重心从西向东、从北向南移动。北宋都开封，元明清都北京，这是人口东移，文化东进。"永嘉之乱""安史之乱""靖康之乱"等"三乱"，造成持续千年的人口向南流动、文化南迁。3. "两京"从中央化到地方化。分为两个阶段：第一阶段是魏晋南北朝时期：士人从地方到中央化(毛汉光语)；第二阶段是宋元明清时期，士人从地方化的旧都趋向新的中央化。4. "两京"从都城到中西部普通城市：长安从西都、西京、京兆府到陕西路、陕西行省；洛阳从东都、西京(北宋西京、金代中京)到河南府、地级市。5. 旧都文人从创造事功转向回忆历史。在以下历史著作中都能看到若明若暗的历史感伤和历史凭吊情绪：欧阳修《新五代史》、司马光《资治通鉴》、李格非《洛阳名园记》、宋敏求《长安志》、骆天骧《类编长安志》、张礼《游城南记》、徐松《两京城坊考》、宋敏求撰(徐松辑)《河南志》。

第一个话题的小结是："兴废由人事"，兴废也不由人事。都城改变是由许多综合因素共同作用造成的，是由高层决策确定的，两个旧都的行政主管和普通市民不必有原罪感。

姑且不与北京相比，长安、洛阳两个北方城市与江南和岭南的城市相比，无论是自然条件还是人文条件，也都有很大的差别。这种差别，有一些是在一千多年的长时段、大历史中积淀而成的。

在新一轮的中央化与国际化中，西安、洛阳仍都会面临新的人才外流和精英外溢的压力。两个城市的管理者要有危机感。

由于行政区划、行政级别、政策导向的作用，同为旧都的洛阳、开封，可能要比西安承受的压力更大。换句话说，我们都不必为历史上的迁都负罪，但都应该为未来的发展担当责任。

今生：从新起点到新发展

（一）作为新丝路节点上的"双城"

2014年6月22日联合国教科文组织第38届世界遗产委员会会议审议通过中国、哈萨克斯坦、吉尔吉斯斯坦跨国联合申报的"丝绸之路"项目列入《世界遗产名录》，成为中国第33项世界文化遗产。委员会建议命名为：丝绸之路：长安—天山廊道的路网。

丝绸之路河南、陕西境内的遗产点分别是：

河南：汉魏洛阳城遗址、隋唐洛阳城定鼎门遗址、新安汉函谷关遗址、崤函古道石壕段遗址。

陕西：汉长安城未央宫遗址、张骞墓、唐长安城大明宫遗址、大雁塔、小雁塔、兴教寺塔、大佛寺石窟。

此外，洛阳的含嘉仓160号仓窖遗址、回洛仓遗址被列入同年入选的大运河世界遗产中。

(二)谱写新发展的"双城"记

高质量发展、新发展战略中,对西安与洛阳谱写新"双城"记的几点建议:

1. 认识自我,明确定位。取法乎上,以世界优秀的古都城市规划建设为范本,向他们取经学习。关键词:文化古都、丝路枢纽、国际化、世界一流。

2. 保护遗产文化。像保护物质生态多样性一样保护好文化生态的多样性,既要保护好活态文化,又要保护好遗产文化;既要保护好单体文物,又要保护好大遗址。

3. 修复传统文化。文化破坏迅捷,恢复缓慢。复兴优秀传统文化,要重传习,重践行。

4. 构建"双城"或"三城"高品质旅游网络:开通城际专线,打造西安洛阳一小时文化生活圈。开办"关学"与"洛学"的研学书院,鼓励并支持中小学生和留学生的游学。开通八大祖庭参访营,吸引中外佛教信众寻祖研学。开通西安碑林—洛阳千唐志斋研学专线,吸引书法爱好者摩石汲古。统一规划黄帝文化资源,统筹黄帝祭祀中的祭陵与祭故里。

5. 利用郑洛西高质量发展带规划,学界应该率先进行广泛的对策研究,为决策提供最优方案。

结　语

1. 作为两个故都,长安与洛阳在世界和全国最突出的特色,便是丰富的、立体的、普适的遗址学和博物馆学价值，这是两个城市的唯一性，也是他们的长板。

2. 从文化敬畏来理解文化自信，来做文化保护、文化恢复和文化开发，可能是西安和洛阳在做城市规划、城市建设时首先应该思考的问题。

3. 二十大提出的高质量发展理念，国务院《黄河流域生态保护和高质量发展规划纲要》的高质量发展带，总书记强调的高质量发展之路，对于包括西安、洛阳在内的文化城市的升级发展、向上向好，是一个重大利好消息，至于能否抓住这一重大战略机遇，跻身世界优秀城市之列，我觉得是我们两个城市的管理者、智库和全体市民应该用实践来回答的。

唐代长安与丝路文化

今天下午讲一个小题目,叫"唐代长安与丝路文化"。这个题目比较时尚。但坦率地讲,这个题目我自己了解得也不是很多,又是个开放的话题,就和各位年轻的朋友一块来讨论。中国现代学术史上有一位知名的学者叫向达,向达先生的代表作就叫《唐代长安与西域文明》,所以我用这题目也是想向老一辈的学者致敬。

关于这个题目,我要给大家汇报的是两部分,第一部分叫"唐代长安",第二部分叫作"丝路文化"。

第一部分　唐代长安

提到唐代长安,我们不仅要知道它是唐代的都城,而且在秦汉时期或者更早的时候,它也是都城。历来有所谓的六大古都、八大古都之说,但不管哪种叫法,都包含长安。

唐代伟大的诗人杜甫,晚年在夔州写过一组诗《秋兴八首》,

其中写道："回首可怜歌舞地，秦中自古帝王州。"关中长安附近一直是帝王的都城，有周的丰、镐；秦的咸阳城；汉的长安城；隋的大兴城；唐的长安城。西安人常常介绍家乡是"十三朝古都"，有人说没有十三朝，只有十一朝或者八朝、九朝，也有人说是十四朝、十五朝。我们是作为学术问题来讨论，没必要坚持一个固定的说法。

历史上长安不断作为都城，从三代开始的一系列叙述，都与长安有关。可是唐以后的王朝却不再将其作为都城，宋代以后，长安在中国史的书写中，出现的频率就越来越少了，长安作为政治、军事、文化的中心的地位也在不断地下降，一直下降到现在，沦落为中西部的一个普通的城市，像一个没落贵族。西安有一位作家的小说中直接把这个城市叫"废都"。

这是什么原因呢？这里既有地理形势问题，也有历史枢机的重大转变问题。今天上午我提到了一个空间叙事和历史演变的关系问题，这里面有一些是能够说清楚的，也有一些是说不清楚，甚至是无可奈何的。

现在我们来探讨在历史上，关中和长安、咸阳包括周边的丰、镐，不断地被选为都城的原因所在。

首先，从地理上看，它具有适合于作为都城的地理条件，它像军事要塞一样，易守难攻。我引用《史记》中两段材料。第一段："关中阻山河四塞，地肥饶，可以都霸。"第二段："因秦之故，资甚美膏腴之地，此所谓天府者也。"长安的南边有秦岭，是天然屏障，巴蜀、楚地要打过来都很难。东边有黄河、潼关、华山、吕梁山，构成山河阻挡，能形成很好的防卫。北边在秦汉时就修了长城。如此一来,几边都有屏障环卫。而且关中平原土地肥沃,虽然和东北大平原的肥沃程度相比有点差距,但在陕西足以称为"膏腴之地"。陕西分为陕北、关中、陕南三部分。陕北土地贫瘠、经济落后,所以陕北人最羡慕的就是关中土地,平坦、肥沃,旱涝保收。早在秦汉时期,这一带就是天然的粮仓,现在我们常说四川是天府之国,但最早称为"天府"的是长安,是关中,诸位可以查一下,史学家最早是把这个美称给了关中的。

其次,从堪舆学角度,长安是风水宝地。缪希雍《葬经翼》中说:"关中者,天下之脊,中原之龙首焉。"也就是说,从整个九州的地形来看,关中极为特殊。在现在西安的北郊,如果大家乘高铁到西安,高铁站附近的地方叫龙首原,这个称呼也是有寓意的。

第三,关中人文化成,是礼乐故乡,周文化就是在这里诞生的。相较夏文化、商文化较少的积淀,周文化积淀非常深厚,而且不断向外辐射,向外传播。比如周礼的产生以及周公制定的礼乐制度对整个中国历史的影响都非常大。孔子崇拜的是周文化,他的克己复礼,复的礼就是周礼。他一生崇拜的偶像,就是周公。按现在的时尚说法,他应该是周公的骨灰级粉丝。我们现在说山东是礼仪之邦,但是礼仪的故乡应该再朝前追溯,周文化和早周文化实际都是在陕西。

第四,西安虽然现在是一个西北的内陆城市,可在汉唐时期是连接欧亚的交通枢纽。在唐代的时候这里已经是百万人口的城市了,另外人口的组成也很复杂,有来自各地各族的人。汉代的司马迁和班固,分别在《史记·货殖列传》和《汉书·地理志》里面提及长安是"五方杂厝，风俗不纯"。"五方"就是东西南北中，国际化程度高。我来吉大，住在国际交流中心，那个地方就能体现"五方杂厝"，东西南北中，有白种人，有黑种人，还有我们黄皮肤的，来自世界各地的人聚集于此。1000多年前的长安就是这样的，唐代长安和周边洛阳包括丝绸之路沿线出土的好多文物，比如唐三彩和各种各样胡人的俑，可见长安居住民族之多。《唐六典》里面也提到，当时和唐建立关系的国家和地区有80多个，主要是丝绸之路沿线的国家，其中最多的是亚洲的国家，所以当时唐代的影响虽不是全世界，但至少在亚洲举足轻重。

以上是长安在历史上多次被确立为都城的原因。作为皇城，经过几个朝代的修建完善，长安呈现出了独特的城市风貌。

第一，规模宏大。隋唐长安城从隋文帝开皇二年（582）动工，一直到唐高宗永徽五年（654）才完工，这个工程断断续续地持续了72年。据中国科学院隋唐长安城考古队专家们的实测得出来的数据，外郭城的东西长是9000多米，南北长是8000多米，整个面积是84.1平方公里，相当于现在西安城面积的9.7倍，是当年汉长安城的2.4倍，明清北京城的1.4倍。现代西安城是指明代的西安府城。在当时另外一个国际大都市叫罗马，有"东罗马西长安"的说法。

第二，长安城的规划合理，设施相对完善。整个唐代长安城分三大区块，一块叫宫城，是皇族生活区；第二块叫皇城，就是政府办公区；第三块叫外郭城——环绕着宫城和皇城的叫外郭城。城市整齐划一像一棋盘。再看长安城的建设。秦代的咸阳城、汉代的长安城、隋唐的长安城都有一些联系，但不是在原地层累式建起来的，而是不断地由北向东南迁徙。秦代咸阳城向南移，汉代咸阳城比起秦代咸阳城又朝东南移，最后到了唐代长安城。为什么出现这个情况呢？有一种说法是因为丰、镐一带饮用水水质不太好。唐时长安饮用水问题有所解决。现在西安城有个地方叫作甜水井，也说明其他地方的井水是不甜的。长安还有另外一个特点叫"八水绕长安"，所以唐代时可以就近从秦岭取水。现在西安取用的黑河水，水质非常好。西北大学的太白校区有一年施工的时候，发现唐代清明渠的遗址，据说就是引水入宫中用作饮用水的渠道。

第三，长安城的设计和周易八卦有关。隋的大兴城、唐的长安城其实一样。工程总设计师是太子左庶子宇文恺，他利用《易经》中的八卦理论对长安城进行了精心的设计。他将龙首原和其南面六条高阜视为乾之六爻，具体安排了各种建筑物的位置。所以大明宫和太极宫都被放在最高的地方，最南边也是最低的地方，开挖了人工湖曲江。我在研究唐代私家园林时发现，除了城中的宅园、郊外的别墅园，其他的园林主要在长安城的东边、南边和西边，但北郊的园林很少。原因是大明宫、太极宫这些宫城皇城都在北边，龙首原又是皇帝的龙脉，所以这个地方是需要保护的。

第四，长安城是大唐历史的见证。唐初"玄武门兵变"，经考证指的正是太极宫的玄武门。整个宫城有三大宫殿，分别是太极宫、大明宫和兴庆宫。太极宫是最早的那个宫殿，经历玄武门兵变之后，唐高祖就住在太极宫，唐太宗后期、武后、高宗期间，就都不愿意住在这里，所以修了东北侧的大明宫。太极宫里边发生了好多的故事。大明宫也与好多历史事件相关。唐代贾至有《早朝大明宫》诗,另外几个著名诗人高适、岑参还有王维就与他唱和,写下《和贾舍人早朝大明宫》一组诗,内容都是写大明宫朝见皇帝的事情。大明宫遗址现在已申报联合国物质文化遗产,包含在丝绸之路物质文化遗产里边。丝绸之路的物质文化遗产国内段涉及的省份有:河南、陕西、甘肃、青海、宁夏、新疆等。陕西的点里就有大明宫。站在大明宫含元殿,我们可以想象,王维那句著名的"九天阊阖开宫殿,万国衣冠拜冕旒"的宏大气势。唐玄宗李隆基的时候,兴庆宫发生过好多故事。这里有两个楼门,一个叫勤政务本楼,一个叫花萼相辉楼。花萼相辉表示五兄弟感情很好。其实统治阶级也喜欢作秀,他们想向别人展示他们兄弟之间的感情很好,不存在骨肉相残,不光白天在一块,手挽着手,晚上睡觉五个人都睡到一个大床上,盖个大被子,那个被子被称为五王被。勤政务本,表示皇帝在这里勤勉工作。

第五,长安城商业也相对发达。商业区分为东市和西市。这也有讲究:叫东贵西富、南虚北实。因为东边贵族、达官贵人居住的多,上朝容易,相当于现在售楼盘标榜的有学区房、办公区房。西边有大唐西市,是一个国际贸易区,从西域地区、丝绸之路沿线来的胡商就在这里进行贸易,所以这地方土豪特别多,即为"西富"。所谓的"南虚北实"指的是南边土地面积大,可是"安史之乱"以后,破败凋敝,慢慢就空虚了。北边因为离皇宫很近,人口稠密,地价也就高。虽在同一个城市,地价并不是一样的。

日本学者妹尾达彦教授画了一幅西市想象图,他三十多次到西安,早年向史念海先生求学,后来在历史地理学方面开出了新的一派，是日本研究唐代历史地理学的一个知名度颇高的学者。我国谢振瓯画了一幅《唐西市图》，通过这两幅图，我们可以想象唐代西市商业的繁盛。

第六，长安城宗教文化繁荣。这里有佛教的大慈恩寺、荐福寺，大慈恩寺俗称大雁塔，荐福寺俗称小雁塔。大雁塔雄浑，小雁塔秀丽，它们的高度不同，建筑风格也有区别。终南山脚下的楼观台，传说老子讲经经过此地。西安碑林博物馆的"大秦景教流行中国碑"，是镇馆之宝，也是镇国之宝。景教是基督教的一个教派，叫聂斯脱里教派，它是唐时从叙利亚传过来的，据此可知基督教文化早在唐初传到了中国。这个碑在中唐以后消失，宋代又一次出现，明代有人又把它转移了，有人说转移到了终南山脚下，一直到清末的时候才把它收回到碑林博物馆。明清以后，西方的传教士和旅行家到西安，得知了这块碑的事情。他们也没料到基督教传播到东方的时间竟然这么早，而且有准确的记载，于是在教皇的授意下，准备将碑运回国内，但是西安的爱国人士坚决抵制，他们又想方设法贿赂官员，可是就算买通了官员，也买不通老百姓。后来就复制了几块碑，现在罗马、梵蒂冈，都有这个碑的复制品。"大秦景教流行中国碑"在宗教文化和中西文化的交流史上的地位非常重要。

我最近关注的另一个问题：唐代外国人在长安的居住问题。这些遣唐使，沿着丝绸之路，从海上、从陆路、从沙漠、从草原、从四面八方来到长安以后住在什么地方。过去的一般说法是住在鸿胪寺与礼宾院，其实还有另外一个地方，叫鸿胪邸舍，或者鸿胪客馆，有的书上叫鸿胪邸舍，有的叫鸿胪客馆，略有区别，鸿胪寺在唐代的朱雀街西第二街北第一坊，而鸿胪邸舍在现在西安城含光门外的东甜水井至四府街，这两个地方距离比较近，但不毗邻，所以我们做研究的时候，还是要注意这些细微差别。其实这是短暂的居住，就是在寓所或者是公费居住的，还有一些沿着丝绸之路来的胡商，他们住在长安城的外郭城，自己掏钱买的房子，叫私宅或私第。

活人有住所，那死去的外国人怎么埋葬？这个话题我近两年写了一些文章，做唐史研究的学者想理出一个系统来，但是我认为目前还没有梳理出来，因为：你要发现很多的墓志，把它挖出来，证明他就埋在此地，或者明确提出他埋在什么地方，目前很难做到。但可以肯定的是：第一，在唐太宗的昭陵，我们已经发现昭陵的陪葬者不仅有汉人，还有很多胡人，昭陵就位于现在的陕西礼泉县。第二，在西安的东郊、西郊都有集中的胡人墓区。我后来发现还有南郊的凤栖原。凤栖原是唐代汉人集中的墓区，但也有一些回纥(回鹘)人埋葬于此，已经发现了有四五方墓志。

这些墓志是我最近发现的。陕西榆林市榆阳区石碑艺术博物馆委托我做"丝路博物馆藏隋唐墓志的整理"的工作，我在看资料的过程中发现两方回纥人的墓志，一方是回纥会宁郡王的墓志，墓主叫移建勿；另外一方是天水郡王墓志，墓主叫末阿波，汉名叫李秉义。这两方墓志的重要性在于它们涉及隋唐时期的民族关系史。

回纥与唐王朝的历史密切联系。唐朝军队最终能把穷凶极恶的安史叛军打败，取得决定性的胜利，与唐肃宗请回纥军队支援分不开。回纥军队的帮助对扭转战局起了关键性作用，但是，他们也提出了一些过分的要求，比如索要军粮和丝绸，还有所俘虏的叛军也要归回纥所有。后来回纥人打到洛阳和长安，滥杀无辜，强抢民女。我最近看材料里边的回纥人，在长安城里无恶不作，地方官无可奈何，买东西不付钱，直接抢，抢走以后就逃到鸿胪邸舍、鸿胪客馆，甚至还攻打鸿胪寺。所以请回纥的军队是一把双刃剑，对扭转战局确实有利，同时也后患无穷。这些情况，我们过去介绍较少，现在随着出土文物的增多，《新唐书》《旧唐书》，特别是《资治通鉴》有详细记载，渐渐引起更多的关注。目前发现的回纥人在长安的墓志，包括我发现的这两方，一共有五方。第一方墓志在碑林博物馆藏，另外两方在大唐西市博物馆藏，第四方、第五方墓志就在我一个朋友的博物馆中，他委托我整理，这是初步整理的成果。

第二部分　丝路文化

首先，"丝绸之路"概念的出现。其实丝绸之路不是一个固定的称谓，比如说有人叫玉石之路，有人叫香料之路，有人叫瓷器之路，还有人叫丝瓷之路。其中玉石之路的提法，文学人类学研究专家叶舒宪先生做过阐释，他认为丝绸之路的出现比较晚，在丝绸之路之前，从东方到西方就有一条贸易大通道，只是那时候不是进行丝绸的贸易，而是进行玉石的贸易。中国有崇尚玉的传统，玉文化是中国文化的重要内容，可是中原地区产玉很少，很多玉来自和田，或更遥远的西域地区、中亚地区、波斯地区，所以玉石的贸易由来已久。我觉得这也是有道理的。

"丝绸之路"这个名称最早由德国地理学家费迪南·冯·李希霍芬(Ferdinand von Richthofen)提出。李希霍芬根据自己在中国的见闻写成《中国——亲身旅行和据此所作的研究成果》一书，在这部书中，李希霍芬首次提出了"丝绸之路"的概念，并在地图上进行标注。李希霍芬的另外一本书——《李希霍芬中国旅行日记》，最近由商务印书馆出版了，被评为商务印书馆"年度十大好书"。还有德国学者赫尔曼，他的《中国与叙利亚之间的古代丝绸之路》，沿用了李希霍芬的这个概念，而且他把这个概念再向西一直延伸到地中海西岸和小亚细亚地区。

第二，丝绸之路的范围。丝绸之路实际上是一个交通网络、贸易网络、文化网络。一般认为有陆上丝路、海上丝路、西南丝路，还有草原丝路。陆上丝路分为南路、北路、中路。海上丝绸之路也有南洋路，有西洋路。2013年，长安为起点一直到天山北路的丝绸之路，被联合国教科文组织列入"非物质文化遗产"的名录。2015年，国家发改委、外交部、商务部联合发布《推动共建丝绸之路经济带和21世纪海上丝绸之路的愿景与行动》的报告，"丝绸之路经济带和海上丝绸之路"简称为"一带一路"。这个"一带一路"较原来的丝绸之路范围扩大了，东北、东南、西南都被列入了。另外，除了原来的丝路沿线国家，也有新发展的，比如现在的南美地区。"一带一路"强调"五通"，即政策的沟通、设施的互通、贸易的畅通、资金的融通以及民心的相通。这个"通"已经超越了传统的狭义的物资交通的范围。

第三，丝绸之路的研究情况。其实以前中国对丝路的研究，仅仅是史料、文献的记载，真正现代意义上的研究，我们做得并不早,国外研究颇多。英国牛津的学者彼得·弗兰科潘(Peter Frankopan),他写了一本书叫《丝绸之路:一部全新的世界史》,这本书在世界各国都有影响,有十几种翻译。中文译本刚出现,由浙江大学出版社翻译,销路很好。他的这本书第一章叫"丝绸之路",第二章叫"信仰之路",第三章叫"基督之路",第四章叫"变革之路",第五章叫"和睦之路",第六章之后依次叫"皮毛之路""奴隶之路""天堂之路""地狱之路""死亡之路""黄金之路""白银之路""西欧之路""帝国之路""危机之路""战争之路""黑金之路""妥协之路""小麦之路"。小麦正是沿着丝绸之路传到我国的。还有"屠杀之路""冷战之路""美国之路""霸权之路""灾难之路""悲剧之路",最后归结到"新丝绸之路"。他是从世界史的角度,把世界史的几千年的变革,和丝绸之路联系起来,一直联系到今天的"一带一路""新丝绸之路"。日本学者森安孝夫的《丝路、游牧民与唐帝国》一书则提出从中央欧亚看丝绸之路和唐帝国。我觉得这两本书都很有特点,值得一读。

细化"丝路文化"这个概念,可研究的空间很大。

首先,丝路文化涉及交通文化,它关系道路的网络交通问题。其次,涉及商贸,商人利用此获取利益。商人们在利益的驱使下,不辞劳苦行走在茫茫戈壁,开通了这条路线,渐渐地形成交通的网络,所以要研究丝路文化就要研究它的商贸。第三,涉及语言文化,我们刚才提到的回纥人的墓志,有一方墓志就是用双语写的,前面是汉语,后面是突厥语的鲁尼文字。还有就是《光明日报》的"光明讲坛"请我讲唐代文学文化。我报的题目是"李白与丝路文化"。明朝冯梦龙写过《李太白醉草吓蛮书》,有人说那是文学的笔法，只是为凸显李白才气。我却想到李白学习过哪种语言；在哪生活过；他父母在他几岁的时候把他带回四川江油，也就是昌隆县；他会说哪一种外族语，是突厥语，还是粟特语？这些都涉及语言文化，是待考证的问题。再比如玄奘，在《西游记》中，他到哪里都能进行语言交流，而且和女儿国国王还能够产生感情，两个人语言都不通怎么表达感情？所以这些诗人、僧侣的语言问题也应纳入丝路文化研究的视野中。第四，涉及宗教文化，比如佛教、祆教、景教、摩尼教以及其他宗教。第五，涉及饮食医药，唐代波斯眼科医生就很受欢迎。第六、涉及制造文化，从丝路传进来一些精美的器皿。第七，涉及音乐、舞蹈、美术等文化，我们在敦煌看到的壁画和雕塑，有人说就是融入了通过丝绸之路沿线传入的希腊化艺术元素。

墓穴里的壁画一般比较庄严肃穆，壁画描绘的景象却是一个热闹的舞会，这和我们汉民族的文化特点不同。雕塑色泽非常鲜艳，这种唐代女性的服饰就是放在今天也是非常时尚的，当时在美国纽约大都会博物馆展览的时候，解说员说这就是唐代的芭比娃娃。

接下来我们来谈丝路文化对于唐代文化的影响。有几点需要关注：

第一，沿着丝绸之路，与唐王朝交流往来的国家，比起前代增多。《唐六典》里边记载的有七八十个国家的名称。

第二，通过丝绸之路，移民、流动人口和内迁人口不断增加。丝绸之路作为贸易线和交通线，使得原来静态的人口发生了流动。有一些人还内迁定居，到陕西关中，甚至陕北地区。从前我们西北大学有一位副校长,他的体貌就和中亚人极度相似,鹰钩鼻子,眼睛深陷,头发卷曲。他来自陕北,但是陕北近几百年来是非常偏僻落后的,不可能来一个中亚的人。那也就是说可能隋唐以来有中亚人迁居陕北。关中地区的大荔县的沙苑,曾经是给唐代皇帝养过汗血马的马场。汗血马是从丝绸之路、从西域来的名马,又被称为"天马"。关中当地人不会养,于是驯马师、养马人可能被一并带过来,他们在当地住了下来,和当地人通婚,形成人种融合。中唐的时候刘晏改革财政,要对那些外族的质子和外交官、使节进行清理整顿。这些质子和使臣听说后,几千人集聚抗议,浩浩荡荡,可见唐代长安居住的外国人之多。

第三,外来医药、音乐、舞蹈、绘画等的大量涌入,与本土融化,相得益彰,形成文化繁荣局面。

第四,胡儿、胡姬、胡服、胡乐、胡食弥漫,形成了胡风,或者叫西域风。鲁迅先生提到唐人"大有胡气",陈寅恪先生提到河北的胡化现象非常严重,"安史之乱"以后长安的胡化问题也很严重,有人忧心忡忡。其实胡化和汉化是不断的交融和融合,胡化永远超不过汉化,而且胡人的"汉化"不是被消灭,而是像盐与水一样融合。这种融合使得整个唐代的综合实力不断地提升增强。

我们再来介绍几个丝路促成文化互鉴的成果个案。第一个,玄奘与《大唐西域记》。第二个,李白和丝路文化。从李白身世、李白与长安、李白交游中的胡人、李白作品中的丝路文化等方面都能说明问题。第三个,杜环与《经行记》。杜环就是中唐文人,参与了当时唐代和中亚的怛罗斯之战,这场战争一直打到了哈萨克斯坦的江布尔城。结果大唐的军队失败了,唐王朝军士成为俘虏,留下来生活在中亚地区,他们就将纺织、养蚕、造纸、做火药的技术传到这里。在撒马尔罕,专门建了造纸厂,聘请这些打了败仗的唐朝军人去当造纸工程师,植物纤维纸就这样传到中亚地区,后来传到了西亚、土耳其,乃至欧洲,于是低成本、轻便的植物纤维纸取代了欧洲人原来用的笨重、造价高的羊皮纸,这对欧洲书写文化的形成有重要意义。杜环在《经行记》里记载了这些史实,这本书后来失传了。所幸的是杜环回国后把他的中亚经历讲述给族叔杜佑,杜佑记载在他的《通典》里边。第四个,日本僧人遍照金刚编撰的《文镜秘府论》,收录了中国南北朝至中唐时期的许多诗歌理论。诸如唐诗韵律的形成、格律诗的定型等问题在《文镜秘府论》里面都有保留。第五个,朝鲜崔致远的《桂苑笔耕集》。隋唐时期,日本和朝鲜半岛派出很多遣隋使和遣唐使,还有遣隋和遣唐的高僧、僧人、留学生。崔致远是其中之一,到了长安,他还参加科举考试。那时候的科举考试已经相当发达了,除了进士科、明经科、明法科、明书科、明算科,还有一个叫作宾贡科,是专门给外国人策划的科举考试。崔致远考中宾贡科进士,后来还在长安、扬州任过官职。在唐王朝待了12年后,他回到了朝鲜,将在唐学习、生活、工作的经历整理出了一个集子,叫《桂苑笔耕集》。一个月以前韩国学生和工商界的几百人到西安来,他们想让我讲一下韩国文化在唐代的传播和中韩在唐代的文化交流情况,我就以崔致远为例给他们做过介绍。其实现在崔致远在韩国的地位非常高,他除了这一部文集以外还有些书法作品流传了下来。另外,韩国多个地方给他修了博物馆、纪念馆，我们在扬州也给他修了一个纪念馆。第六个，李珣的《海药本草》。李珣是波斯药材商人李沙苏的后代，他的文学作品在《全唐诗》《花间集》里都有收录。李沙苏对于海上植物做过非常详细的记录，被李珣《海药本草》记载，这个内容又被李时珍引用，保留在《本草纲目》里边。李珣有一个妹妹叫李舜弦，美丽且有才华，在五代时期的前蜀被宫廷召为昭仪，也写过一些诗作。所以我们可以看出来，在隋唐时期乃至战乱分裂的五代十国时期，朝廷的气度也很大，后宫的选择也比较开放。

以下两段话是学者们对唐代时期关于丝绸之路和中外文化交流形成的新风气的描述。一段是美国的学者谢弗（Edward Hetzel Schafer）在《唐代的外来文明》（又名《撒马尔罕的金桃》）一书中说："唐朝人追求外来物品的风气渗透了唐朝社会的各个阶层和日常生活的各个方面：在各式各样的家庭用具上，都出现了伊朗、印度以及突厥人的画像和装饰式样。虽然说只是在八世纪时才是胡服、胡食、胡乐特别流行的时期，但实际上整个唐代都没有从崇尚外来物品的社会风气中解脱出来。"对待外来文化的态度，也是唐代和宋代、明代主要的区别。

美国的两位汉学家费正清、赖肖尔在《中国：传统与变革》中评价道："唐朝作为当时最大的帝国受到许多邻近民族的极力仿效。人类中有如此大比例的人注意中国，不仅把它视为当时首屈一指的军事帝国，而且视为政治和文化的楷模，这在唐以前从未有过，以后也不曾再有。"今天的中国，被称为世界制造大国，在制造方面引起了世界的高度关注，但是要在政治和文化方面成为世界的楷模，我们仍然任重道远。

习近平《在联合国教科文组织总部的演讲》中说："文明因交流而多彩，文明因互鉴而丰富，文明交流互鉴，是推动人类文明进步和世界和平发展非常重要的动力。"有人把它概括为习近平总书记的外交政策，叫作"文明互鉴"，其实也是"一带一路"倡议的关键词。从文明互鉴的角度来看，唐代丝路文化的发达繁荣，给我们后代如下几点启示：第一，我们要有一种宽容、开明的态度对待外来文明；第二，要把它看作持续、长远的文化策略。第三，交流的成果是一种"双向馈赠"，即袁行霈先生在他的《中华文明史》中所述的"投我以木桃，报之以琼瑶"的"双向馈赠"。第四，理性包容地看待宗教。第五，拿来与融化的接受模式，我们要用鲁迅先生的"拿来主义"的办法对待外来文化，实现外来文化与本土文化的有机融合。

以上就是我对于"唐代长安与丝路文化"这一话题的初步探讨。因为时间的关系，我在这个领域做的研究比较微观零散，尚不成体系，不足之处，恳请各位老师、各位同学批评指正。

都市形象与文学美典

——以唐代长安的国际性与唐诗的世界性为重点

解 题

前现代中国的国际性与世界性话题,较早是由梁启超提出的,此后在西方汉学界有长期的研究,如崔瑞德主编《剑桥中国史》系列、卜正民主编《哈佛中国史》等都有大篇幅的论证,日本讲谈社十卷本《中国的历史》第六卷干脆用《绚烂的世界帝国:隋唐时代》为题。国内史学界、文学史界也有持续的回应和讨论。

一、国际大都会长安的城市形象

长安国际大都会的形象表现在以下几方面:

首先,从城市规划来看唐代长安的国际性。总设计师太子左庶子宇文恺,鲜卑族人,利用龙首原和其南面六条高阜的自然特点，用《易经》中的八卦理论对这种自然条件进行了解释，将它们视为乾之六爻，具体安排了各种建筑物的位置。

隋唐长安城从隋文帝开皇二年(582年)动工兴建，至唐高宗永徽五年(654年)筑完外郭城，前后历时72年。

考古实测外郭城的数据：东西长9721米，南北长8651米，周长35560米，全城面积为84.1平方公里。是明清西安城面积的9.7倍，汉长安城的2.4倍，明清北京城的1.4倍，是当时世界上最大的都市。

其次，从交通道路来看国际性。长安的交通道路可分为三种类型：一是市内交通(参见徐松《唐两京城坊考》)，二是国内交通(参见严耕望《唐代交通图考》)，三是国际交通(即丝绸之路)。

第三，从人口构成来看国际性。《旧唐书》：(京兆府)旧领县十八，户二十万七千六百五十，口九十二万三千三百二十。天宝领县二十三，户三十六万二千九百二十一，口一百九十六万七千一百。

岑参《秋夜闻笛》："长安城中百万家，不知何人吹夜笛。"

韩愈《出门》："长安百万家，出门无所之。"

元稹《遣兴十首》："城中百万家，冤哀杂丝管。"

长安人口达到百万之多，是当时世界上人口最多的城市，来这里学习、经商、传教的外族及异族人就有5万人左右。

第四，从管理机构设置来看国际性。唐代的外族及国外人员管理机构：鸿胪寺、礼宾院。接待场所：鸿胪邸舍、鸿胪客馆、四方馆。

委托管理人职务：萨保(萨宝、萨甫、三保)。

第五，从城市建筑来看国际性。佛教的寺庙建筑。景教、袄教、摩尼教的建筑。唐代长安城主要宗教场所分布。①

园林建筑：自雨亭、凉殿。②

第六，从商业贸易来看国际性。

国际贸易的区域：西市。关于东贵西富、南虚北实的说法。

外销商品：丝绸、纸张、茶叶、瓷器。

外来商品：葡萄酒、象牙、珠宝、郁金香、波斯眼药。③

第七，从新出土文物来看国际性。

唐三彩、罗马金币。

新出碑志与墓志：安伽墓志、史君墓志、康业墓志（昭武九姓或粟特人墓志）、葛啜墓志（回鹘王子墓志）、移建勿墓志、李秉义墓志、成月公主墓志、井真成墓志（日本留学生墓志）。

二、超越时空的诗歌经典

超越时空的诗歌经典可以从以下几方面来理解。

首先，从唐诗作者看世界性。

> 李白、王维与晁衡的诗歌赠答
> 崔致远《桂苑笔耕集》及其与晚唐诗人的唱酬

---

① 见卜正民主编《哈佛中国史·唐朝》，第81页。
② 向达《唐代长安与西域文明》。
③ 见［美］谢弗（Edward Hetzel Schafer）《唐代的外来文明》，又译作《撒马尔罕的金桃——唐朝的舶来品研究》。

李珣《琼瑶集》《海药本草》
李舜弦

其次，从唐诗内容看世界性。
1. 人类共有母题

赞美母爱：孟郊《游子吟》
书写爱情：崔护《题都城南庄》
描摹自然：王维《辋川集》

2. 人类基本共识

"乃知兵者是凶器，圣人不得已而用之！"（李白《战城南》）

"安得广厦千万间，大庇天下寒士俱欢颜。"（杜甫《茅屋为秋风所破歌》）

3. 人类基本情感

"朱门酒肉臭，路有冻死骨。"（杜甫《自京赴奉先咏怀五百字》）

"酒肠宽似海，诗胆大于天。"（刘叉《自问》）

4. 诗意超越与叩问终极

"会当凌绝顶,一览众山小。"(杜甫的《望岳》)

第三,从唐诗艺术成就看世界性。
1. 恍兮惚兮的模糊语言

"鸡声茅店月,人迹板桥霜。"(温庭筠《商山早行》)
"浮云游子意,落日故人情。"(李白《送友人》)
"香稻啄余鹦鹉粒,碧梧栖老凤凰枝。"(杜甫《秋兴八首》)

2. 由实向虚的诗意境界
3. 意象美、音乐美与建筑美兼具的精致创造
第四,从唐诗的传播接受看世界性。

唐代时的传播:遍照金刚《文镜秘府论》与唐诗东传日本
白居易作品的外传
紫式部《源氏物语》对唐诗的山寨
唐以后的接受:韩国、日本、越南的汉诗
日本学者对唐诗的细读与翻译
美国意象派诗人洛维尔、庞德对唐诗的接受
寒山诗、越战后的美国大学生与比尔·波特《空谷幽兰》

结　语

国际化都市可以更好地实现文化的双向馈赠和文明互鉴。国际化都市也是滋养诗歌世界性的土壤。诗因景成，景借诗传：城市形象与诗歌文化的互粉。唐诗为中华文化"走出去"积累了宝贵的经验。西安在新时代对优秀诗歌文化的传承弘扬应有大作为。

李白与丝路文化

从李白"草吓蛮书"说起

唐人范传正在《唐左拾遗翰林学士李公新墓碑并序》(下文简称《碑序》)中记载:"天宝初,召见于金銮殿,玄宗明皇帝降辇步迎,如见园、绮。论当世务,草答蕃书,辩如悬河,笔不停缀。"唐人刘全白在《唐故翰林学士李君碣记》中记载:"天宝初,玄宗辟翰林待诏,因为和蕃书,并上《宣唐鸿猷》一篇。"元人王伯成杂剧《李太白贬夜郎》第一折也有:"那里是樽前误草吓蛮书。"清人黄遵宪的《流求歌》也沿用这个典故:"归化虽编归汉里,畏威终奉吓蛮书。"褚人获的《隋唐演义》等文学作品也对此事有歌咏和渲染。这些说法均难以完全凭信。但为什么从唐代开始人们就喜欢将此事附会在李白身上,为什么都夸耀李白能"答蕃书""草吓蛮书"呢?

这一明显的附会现象却引发了我的几点学理性思考:

一是唐代所谓"蛮书",确有其书,但是指唐人樊绰所著《蛮书》,此蛮书非彼蛮书,它是唐代记载南诏(在今云南)大理地区的一部历史地理著作。

二是小说中所言李白阅读和回复的是渤海国语言文字。渤海国在今天我国东北地区,当时这个地区的民族主要是靺鞨族,分为黑水靺鞨和粟末靺鞨,渤海国主要是粟末靺鞨。据大多数研究者的看法,李白并没有去过东北地区,他没有太多机会接触渤海国的语言,更不用说精通。但是,文学家为何把"醉草吓蛮书"的桂冠授予李白,而不是杜甫、王维、岑参、高适或其他诗人?

三是即便人物与故事的核心情节是虚构的,但假托李白致书中提到颉利背盟而被擒,弄赞铸鹅而纳誓,新罗奏织锦之颂,天竺致能言之鸟,波斯献捕鼠之蛇,拂菻进曳马之狗,白鹦鹉来自诃陵,夜光珠贡于林邑,骨利干有名马之纳,泥婆罗有良酢之献等,这些却是事实,多与隋唐的中外交流和丝路文化有关。

四是在唐代这样一个中外文化交流频繁、丝路贸易昌盛的时期,李白经常往来并居住在国际化大都市长安,五方杂处,风云际会,李白是否也濡染了时代风气?或者说他与这一时代风气有何关系?

五是在李白生活的唐代,前有裴矩、玄奘等熟知殊方,后有杜环等经行中亚,且都有关于西域的行旅经历和著作。他们是如何与异域的人们交流的?又用什么样的语言交流?特别是像玄奘、杜环等都在丝路地区生活多年,他们是否懂其他民族语言,懂哪些异族语言,从何处学习?外语这个窗口对他们了解认知域外文化有何作用?

从这些稗官野史，甚至有些穿凿附会的故事背后，我们可以看到李白是有接触、了解丝路地区其他民族语言文化的条件的。2015年10月，两个与李白相关的学术会议相继在唐代首都所在地和古代碎叶城所在地召开，一个是在西安召开的中国李白研究会第十七届年会，另一个是在吉尔吉斯斯坦召开的"李白与丝绸之路国际学术研讨会"。这样两个学术活动与我今天要讲的题目也有了某些联系。

唐代长安与丝路文化

李白笔下的长安城："何处可为别，长安青绮门。胡姬招素手，延客醉金樽。"(《送裴十八图南归嵩山二首》其一)"五陵年少金市东，银鞍白马度春风。落花踏尽游何处，笑入胡姬酒肆中。"(《少年行二首》其二)两首诗均提及长安的地名，青绮门是外郭城东门，诗中多作为送行之地的代称。金市指长安的西市，为唐代丝绸之路贸易所在地。有趣的是，长安东、西两地都有西域胡姬的酒肆。这并不是什么稀奇事，学界也早有研究。知名学者向达早在20世纪50年代就曾著有《唐代长安与西域文明》，其中专设一节讨论西市胡店与胡姬。美国学者陆威仪著《哈佛中国史》第三卷《世界性的帝国：唐朝》一书设专章讨论唐朝的"外都世界"，其中用一节的篇幅叙述"在唐朝的外国人"。前人所谓"西域"研究，与今天的丝绸之路研究，有很大的交叉和重复。循名责实，应该先有汉代张骞凿通西域及隋唐以来丝路文化兴盛的事实，后来才有"丝绸之路"概念及研究的出现。

一是丝路文化在唐代长安的遗迹。由于唐武宗时的毁佛及历代战乱等的破坏，长安地上的丝路文化遗迹大多数已湮灭，但是今天西安至少还保存有大慈恩寺(大雁塔)、荐福寺(小雁塔)。景教，唐代时正式传入中国的基督教聂斯脱里派，也被称为东方亚述教会。景教起源于今日叙利亚，是从希腊正教(东正教)分裂出来的基督教教派，由叙利亚教士君士坦丁堡牧首聂斯脱里于公元428年至431年创立。一般认为，景教是最早进入中国的基督教派，曾一度在长安很兴盛，但多由非汉族民众所信奉。唐代景教的寺院，现在地面上已经看不到，但西安碑林博物馆保存有记载唐代景教情况的《大秦景教流行中国碑》。2000年以来，在西安大明宫遗址北，相继发掘了安伽墓、史君墓和康业墓等三座粟特人墓葬。墓志上的粟特文引起中外学者的关注，其中安伽墓门上的祆教彩绘、石榻浮雕上的丝路舞会等反映入华粟特人的宗教及生活图像，弥足珍贵。

二是丝路沿线其他民族人士在唐代长安的居所。丝路沿线其他民族人士来长安的接待宾舍在什么地方？一般认为是在鸿胪寺与礼宾院，即唐朝中央政府主管民族事务与外事接待的机构。但需要注意的是，鸿胪寺与礼宾院是外交主管机构，不可能接纳很多外国或其他民族人士居住。其实鸿胪邸舍、鸿胪客馆才是他们的主要居住地，它们相当于今天的国宾馆，旧址约在今西安城含光门内之东甜水井街至四府街南段。①

三是丝路文化促成文明互鉴的一些例证。丝路文化与唐代文

---

① 参看张永禄主编《唐代长安词典》，陕西人民出版社2011年，第120页。

化相互影响，交融促进，这里以法显、裴矩、玄奘、杜环、圆仁、遍照金刚、崔致远、李珣等为例来说明。其中前四位是华夏学人，后四人是境外僧人或学者。志向高远的中原士人沿着丝绸之路赴外学习，取得卓绝的成就。法显是东晋高僧、旅行家、翻译家，他早于玄奘几百年即到西域、天竺取经，写出了《佛国记》。裴矩是隋唐时期的人，《旧唐书》卷六三《裴矩传》记载："大业初西域诸蕃款张掖塞，……（矩）乃访西域风俗及山川险易、君长姓族、物产服章，撰《西域图记》三卷，入朝奏之。"可以说他是一个有心之人，留下了一部记载丝路文化风物的重要著作。玄奘的《大唐西域记》名气更大，不必赘述。杜环是大政治家、制度学家杜佑的族侄，他随高仙芝西征中亚怛逻斯，兵败被俘，滞留西域，其后曾游历西亚、北非。这批滞留的唐人把中原的造纸术等技术传播到了中亚，并在撒马尔罕开办了一个造纸作坊，于是中国的先进发明经由丝路传到了欧洲。杜环后来逃回唐朝，将他的历险经历著成《经行记》。杜佑《通典》引用了《经行记》的内容，该书赖此保留了一些。圆仁是日本僧人，他偷渡到中国，到过五台山、洛阳、长安等地，最后以日记体的形式撰写《入唐求法巡礼行记》，记述他在中国的见闻。遍照金刚是一位日本遣唐的僧人，他撰有《文镜秘府论》，把唐代成熟起来的格律诗的具体细节情况记录下来，传到了日本。崔致远是新罗（今韩国）人，他来唐朝留学，并考中进士，还在唐朝做官，后来又回到新罗，有用汉文创作的诗文集《桂苑笔耕集》传世。李珣是波斯人，他的《海药本草》是专门记述由波斯等域外传入中国的药物的名称、特点、性能等的药学著作。

这两组学者的八部著作很好地阐释了丝绸之路、丝路文化促进中外文化"双向馈赠""文明互鉴"的理论。美国学者谢弗在《唐代的外来文明》一书中曾说:"唐朝人追求外来物品的风气渗透了唐朝社会的各个阶层和日常生活的各个方面……整个唐代都没有从崇尚外来物品的社会风气中解脱出来。"指出丝路文化对唐代社会文化的影响。另外两位美国学者费正清、赖肖尔在《中国:传统与变革》一书中指出:"唐朝作为当时最大的帝国受到许多邻近民族的极力仿效。人类中有如此大比例的人注意中国,不仅把它视为当时首屈一指的军事强国,而且视为政治和文化的楷模,这在唐以前从未有过,以后也不曾再有。"从另外一个侧面来评价,指出周边邻近民族把唐朝当作政治和文化的榜样,当时综合国力的提升和文化"软实力"的增强,实与开放开明的丝路文化兴盛分不开。

李白与西域关系已有的研究成果

早在唐代,李阳冰为《李白集》作序时就说:"李白,字太白,陇西成纪人,凉武昭王暠九世孙。蝉联珪组,世为显著。中叶非罪,谪居条支,易姓与名……神龙之始,逃归于蜀。"(李阳冰《草堂集序》)中唐范传正在《碑序》中也说:"其先陇西成纪人……凉武昭王(李暠)九代孙也。隋末多难,一房被窜于碎叶。流离散落,隐易姓名。"《新唐书》《旧唐书》中也有类似记述,其中《新唐书·李白传》中说:"李白字太白,兴圣皇帝九世孙。其先隋末以罪徙西域,神龙初,遁还,客巴西。"三条记载,一说谪居条支,一说窜于碎叶,一说以罪徙西域。三个说法并不相同,具体地点及古今沿革也众说纷纭,但若说其地即丝绸之路的某个节点城市,当无大的问题。

现代学者也有不少论述。陈寅恪先生说:"夫以一元非汉姓之家,忽来从西域,自称其先世于隋末由中国谪居于西突厥旧疆之内,实为一必不可能之事。则其人之本为西域胡人,绝无疑义矣。"[1]郭沫若先生则认为他"以武则天长安元年(701)出生于中央亚细亚的碎叶城"[2]。周勋初先生说:"此时碎叶虽然还未纳入中国的版图,但东西交通还是通畅的,隋末大乱之时,李白先人自可沿着丝绸之路迁徙到碎叶去。"[3]袁行霈总主编的《中国文学史》中则说:"不知由于何种原因,李白先世谪居条支或碎叶,李白就出生在那里,大约在他五岁时,随家从碎叶迁居蜀之绵州昌隆县(今四川江油)。"[4]可见,无论是原始文献还是现代学者的观点,大家共同认识到李白的出生地与西域、与中亚地区即后来所谓丝绸之路是有关联性的。

葛景春先生谈论李白与西域文化的关系时指出:"在盛唐的著名诗人中,一说到西域及丝绸之路,人们一定会首先想到两位诗人,一位是李白,一位是岑参。我们知道,岑参是一位著名的边塞诗人,他就像一个高明的摄影师,将中亚西域的壮丽风光和风土人情,生动形象地呈现在他的诗中。但李白的西域文化因

---

[1]《金明馆丛稿初编·李太白氏族之疑问》。
[2] 郭沫若《李白与杜甫》。
[3] 周勋初《李白评传》。
[4] 袁行霈总主编《中国文学史》第二册。

子，并不完全表现在他的诗中，而是烙在他的灵魂上，融化在他的血脉中。可以说，岑参诗中的西域文化成分，只是表现在风物和景象上，而李白的西域文化因素，却体现在他的骨子里。他本身就是中国文化和西域外来文化相互交融的代表性人物。"[1]他敏锐地揭示了丝路文化对于李白影响的深刻性和内在性。

李白身世之谜与丝路文化

出生地之谜。李白出生地有碎叶、条支、西域诸说，诸说之间有什么关系？几个地名究竟在什么地方？西域、碎叶确指何处？学界争议很大。但它们都是丝绸之路上的节点城市。

家世世系之谜。李白身上还有一个更大的谜，即他的家世之谜。他在《上安州裴长史书》中自述说："白本家金陵，世为右姓。遭沮渠蒙逊难，奔流咸秦，因官寓家。"右姓就是豪门大姓，但究竟是什么样的家族？做什么官？是富商还是显贵？并没有说清楚。范传正《碑序》说他"其先陇西成纪人。……约而计之，凉武昭王九代孙也。""凉武昭王之后"，就是说李白与李唐统治者是本家，这种说法是否可信，无法考证。

卒葬地之谜。范传正《碑序》中说："殡于龙山东麓，……卜新宅于青山之阳，……故乡万里且无嗣，二女从民永于此。"李白权殡和迁葬的龙山、青山都在今天安徽的马鞍山，这里并不是他

---

[1] 葛景春《李白及其诗歌中的丝路文化色彩》，《明月天山——李白与丝绸之路国际学术研讨会文集》，第237页。

的故乡。"故乡万里且无嗣",李白有儿子伯禽和女儿明月奴,这里却说"无嗣"。"故乡万里",他的故乡在哪?我们知道,包括唐代在内的中国古代汉族士人,乃至一般家族都很看重落叶归根、去世后安葬故乡祖茔,像杜甫,去世后权殡在洞庭湖附近平江,四十年后其孙杜嗣业还是把他的灵柩运回偃师的祖茔。但李白卒于客寓,未迁归祖茔,颇异于唐代士族丧葬礼俗,虽因子孙无经济条件归葬,但亦当与其家久居西域,濡染胡风,中原礼俗观念淡薄有关。

李白出生地、世系、卒葬地的无从核实,让人迷惑难解之处,也许正是因为他这方面有一些不便道明的地方,这可能与他家族的丝路生活背景有关。

李白亲友与丝路文化

李白家人亲友中也颇有一些地方,似乎显示着他与丝绸之路文化的紧密关系。

李白父亲"李客"的名字。李白的父亲叫李客。陈寅恪先生指出:"其父之所以名客者,殆由西域之人其名字不通于华夏,因以胡客呼之,遂取以为名,其实非自称之本名也。"(《金明馆丛稿初编》)还有人说,李客是他迁住蜀中江油时当地人对他的称呼。陕西关中地区现在还有将游走流动的人称作"客"的习惯,比如夏收期间帮助收麦的被称作"麦客",使拳弄棒的侠者被称为"刀客",游走各地展示厨艺的被称为"勺客"。

李白妹妹"月圆"的名字。宋代杨天惠《彰明逸事》中记载,李白有一妹妹叫月圆。周勋初先生指出，在古人的观念中东边的扶桑是太阳升起之地，西边的月窟是月亮升起之地，月与西方有密切的关系。李白笔下大量描写的"月"，其妹妹取名月圆，都寓托着对远西出生之地的怀恋。①

李白之子的名字"颇黎"。李白儿子大名叫伯禽，伯禽原是周公之子的名字，可能寄寓李白的政治抱负。伯禽小名叫颇黎，更富有西域的色彩。颇黎即玻璃，是外来语，一说源自梵语 sphatika，另一说源自波斯语 phatka。饶宗颐先生曾提到，美国学者 E. O. Eide（艾龙）认为李白之父客、子伯禽二名，都是突厥语。② 不管是来自梵语、波斯语还是突厥语，应该都与西域文化有密切的关系。

李白之女"明月奴"的名字。李白的女儿叫明月奴，季羡林、岑仲勉等学者认为，"奴"字缀于人名之尾，即佛之奴仆之义，取名习俗与佛教文化有关。

采诗认为"奴"字是由梵文转译的，即 Dasa（达沙）的意译，是一种爱称。杨宪益则认为，"达沙"的意思则是"奴"，这是一个相当常见的梵文名字。③

李白友人吴指南的丧葬习俗。李白在《上安州裴长史书》中说，他的好友吴指南去世后先是他将吴的遗体权葬在洞庭湖一带，数年后李白"雪泣持刃，躬申洗削。裹骨徒步，负之而趋"，埋葬在鄂城（在今湖北）之东。周勋初先生认为李白这种"剔骨葬

---

① 周勋初《诗仙李白之谜》。
② 饶宗颐《李白出生地——碎叶》。
③ 杨宪益《译余偶拾》。

友"的做法和南蛮遗风与突厥丧葬习俗有关①，也有学者说与吐蕃的天葬习俗有关。总之这不是汉族的习俗，也可看出他身上所具有的异域文化传统。

总之，从李白家人的名字、李白对朋友的这种特别的感情上，我们仔细考察，颇能看到有许多不合乎中原汉民族文化传统的地方，这可能与他的家族曾在丝路沿线地区生活过，濡染了当地民族的风习有关。

李白的行旅与作品中的丝路文化

李白一生喜欢旅游，他自己曾说"五岳寻仙不辞远，一生好入名山游"（《庐山谣寄卢侍御虚舟》）。其实李白一生有三次与丝路文化相关的大的旅程。第一次是幼年之行，五岁时随家人由碎叶回到内地，走的大体是陆上丝路的线路。第二次是壮年时由川出峡，由南向北，走的大体是后来茶马贸易的路线。第三次是中年时由西向东，从中原到边地。这次旅行是安旗等学者最早发现的，安旗先生指出李白曾到过北方的幽燕一带。这三次大的行旅，都使他有机会接触少数民族的文化和习俗。

李白作品中所记载，最引人注目的是他对民族战争的态度，颇有些与众不同，超越时代之处。他在《古风》其十九中说："俯视洛阳川，茫茫走胡兵。流血涂野草，豺狼尽冠缨。"这是对"安史之乱"的批判，由于"安史之乱"是胡人将领的叛乱，所以他大

---

① 周勋初《诗仙李白之谜》。

力批判，态度和当时大多数诗人一样，对导致生灵涂炭的叛军挞伐批判。但有些诗中则可看出他的不一样之处。如《答王十二寒夜独酌有怀》："君不能狸膏金距学斗鸡，坐令鼻息吹虹霓。君不能学哥舒，横行青海夜带刀，西屠石堡取紫袍。"对哥舒翰攻取吐蕃石堡的战争持批判态度，与当时王维、储光羲、高适等对此一味歌颂相比较，思想的高下深浅就显示了出来，在这一点上李白是一个超越时代的伟大诗人。还有《古风》其四十三、《书怀赠南陵常赞府》抒发对唐王朝攻打南诏大理国的看法，也是持大力批判的态度。

当时的文士多有"夷夏之防"的观念，但李白却没有。唐太宗李世民曾说："自古皆贵中华，贱夷狄，朕独爱之如一。"（《资治通鉴》卷一九八）可以说李白能够领会唐太宗"华夷如一"的民族思想，所以能够在夷夏观念上超越时代的理念，他不是一个只会舞文弄墨、雕章琢句的小文人，他是一个有大中华思想、天下意识的大诗人。这是我们研究、认识李白作品时需要注意的，不应只在字句上钩沉索隐，而要在大处领会李白超越时代的伟大之处。周勋初先生曾发现，在李白的全部诗文中，从未用过"蕃"字、"番"字或"蛮"字。只出现过"陈蕃"的"蕃"字，但是这是古人的名字，不是对少数民族的称呼。（《诗仙李白之谜》）李白诗中用过"胡"字，但这是一个中性词，不含有轻蔑意思。李白思想能达到这一境地，可以说和他深受丝路沿线多民族文化影响，自幼具有民族平等的意识不无关系。

李白《战城南》诗中说："匈奴以杀戮为耕作，古来唯见白骨黄沙田……乃知兵者是凶器，圣人不得已而用之。""乃知兵者是凶器，圣人不得已而用之"是《老子》中的说法和思想。李白吸收这种热爱和平的思想观念,主张不轻启边衅,不轻言战争,与杜甫《兵车行》中"边庭流血成海水,武皇开边意未已"的反对穷兵黩武的旨趣相通,思想深邃,境界高远,值得今日世界各民族人民温习和思考。

李白诗中还描写了不少西域地区音乐、舞蹈等文化内容。如《前有一樽酒行二首》其二说:"胡姬貌如花,当垆笑春风。笑春风,舞罗衣,君今不醉将安归。"葛景春先生认为,李白《东山吟》"酣来自作青海舞,秋风吹落紫绮冠",《扶风豪士歌》"脱吾帽,向君笑。饮君酒,为君吟"等诗表明,他"本人也能自编自跳青海舞、脱帽舞等"胡人的舞蹈(葛景春《李白及其诗歌中的丝路文化色彩》)。李白又有《僧伽歌》一诗,描述他和从南天竺来的僧人僧伽熟识、交往的情况,也颇有异域色彩。

李白在《上安州裴长史书》中曾记载说:"曩昔东游维扬,不逾一年,散金三十余万,有落魄公子,悉皆济之。此则是白之轻财好施也。"表明他是一个乐善好施的慈善家。但乐善好施要有雄厚的经济基础,李白做好事的底气从何而来呢?有学者曾指出他的父亲可能是富商,所以能提供给他优厚的旅行盘缠。[①] 他这样的行为行事方式,也和一般中国士人的做派不大一样。

小　　结

总之,李白的家庭、李白的经历、李白的诗文中都有不少迹

---

① 见麦朝枢《李白的经济来源》。

象表明，他与丝路文化有着比同时代一般诗人更为密切的关系。通过上面的简要介绍，这些应该是显然可见的。

首先，从纵向时间的维度来看，李白诗歌是唐前诗歌传统和唐代诗歌创作交流融汇的结果。从空间维度上来说，李白诗歌也是丝路文明互鉴的产物，是多元文化交流的结晶。可以说，李白诗歌也是唐代汉民族文化与丝路沿线各民族文化交流互鉴、多元共进的结果。

其次，天才李白的个性是不可模仿和复制的，是难以学习的，但他的成长过程却对我们多有启发，可以借鉴，如多语习得、多元文化素养、多环境亲历亲闻，都是现代人应该努力学习和效仿的。

再次，李白家族虽有可能在丝绸之路的某个节点地域生活过，李白本人虽然也受异域风气的濡染熏习，但他的思想根基和灵魂深处仍由中华文化积淀而成，他的创作也展示出汉语诗歌顶峰上的无限风光。

最后，套用彼得·弗兰科潘《丝绸之路：一部全新的世界史》中的话，如果说丝绸之路是一部全新视角的世界史的话，那么李白诗歌就是世界文化史和世界文学史上最璀璨耀眼的篇章。现在我们正大力寻求中国文化走出去，其实，早在一千多年前，李白和他的同行们早已走向了世界，并且又走了回来。这对于今天的文化发展建设是有启示意义的。

悠悠河汾

依然芳草年年绿

今年适逢西北大学一百二十周年校庆之际，本着"学术校庆""文化校庆"的宗旨，学校和出版社合作，隆重推出"西北大学名师大家学术文库"，这是一件功德无量的学术盛事，值得庆贺。

我重点谈一下刘持生先生和新书《刘持生论著选（先秦两汉文学史稿）》，也算是重新学习新版著作后的读后感。

先说本次编选。新书以《刘持生论著选》为题，入选的是《先秦两汉文学史稿》，本书曾由西北大学出版社于1991年初版，故这一次应该是增订再版。刘先生还有《持盦诗》，也曾由西北大学出版社1988年出版过。与本次入编的皇皇三大巨帙的《张西堂全集》相比，《刘持生论著选》的体量不算大，但也是刘先生传世的代表性成果。刘先生另有论文《风雅颂分类的时代意义》《陶渊明及其诗》《就"史"的特征谈北大同学新编的中国文学史》《史部目录分类商榷》等，建议再版时补入，并请刘先生的家人或学生（刘先生的学生在校的如董丁诚、符景垣、阎琦等学术状态都很好，他带过的研究生曹林娣、傅剑平、党保安等也很活跃）等核校一遍。

　　再说研究。符景垣先生曾发表过《评〈先秦两汉文学史稿〉》①，对本书有专门评价。董丁诚先生《紫藤园夜话》《故园情思》《紫藤园夜话续集》《紫藤园夜话三集》，赵俊贤先生《学府流年》，姚远的校史系列著作等书也多有涉及刘先生的掌故和逸事。曹雄先生的《我的大舅刘持生先生》②一文，以亲属和晚辈的身份所写，披露了一些稀见的新史料，很有价值。2014年，我指导硕士研究生王夏琳以《刘持生与古代文学研究》为题，撰写硕士论文，论文在外审和答辩过程中，受到同行专家的肯定。我受复旦大学中文系研究生选题和科研项目招标的启发，当时曾有一个总体的设想，就是通过硕博士论文选题，研究本学科发展史上一些知名学人。另外一位研究生唐李佩曾以《傅庚生与唐诗研究》为题撰写的学位论文也做得不错。还有阎琦老师指导过的一位硕士生，后随郝润华老师读博士，曾以《安旗与李白研究》为题撰写博士论文。今年配合校庆，《西北大学中国语言文学学科史》也即将问世。作为校史和学科史的持续的研究，出版社、文学院、学科办、校史办等单位，是否有意继续推进研究，如果有意，我愿意动员学生把没有做完的工作完成。

　　最后谈一点感想。本书第一版出来时，我就认真拜读过。印象中雷树田老师说他也参与过编辑工作，提及书稿的一些细节。我当时教《中国文学史》第一段，与刘先生此书内容的时间段近

---

① 《西北大学学报（哲学社会科学版）》1992年第1期。
② 《各界》2010年第3期。

似。备课和写讲义时，经常向学生介绍刘先生的观点。除了本书，我对刘先生的两篇论文《风雅颂分类的时代意义》和《陶渊明及其诗》印象也特别深刻，每届都作为参考文献推荐给学生。

我后来随侍霍松林先生，有一次霍先生与董丁诚老师聊天，我在旁聆听。他们提及《持盦诗》中一篇作品，以及西大出版社本对诗序的处理，霍先生对诗的本事做了详细介绍，我回来后将《持盦诗》与《霍松林诗词集》比较着研读了许久，确有体会。我指导王夏琳撰写学位论文时，特别提醒她研究当代学人，要注意使用档案材料，另外要善用口述史学，尽量多地采访刘先生的家人和学生。夏琳的文章有特色，一方面是她禀赋甚好，一点就通，另一方面，也是方法比较科学。我虽然也曾拜访过刘先生，但不能算是获得亲炙，只能属于再传弟子。通过指导研究生撰写论文，不光是熟悉了相关史料，更重要的是让学脉和文化记忆通过学术书写来得以传承。

刘先生除了学问一流，诗词有特色外，更难能可贵的是他的大智慧。有三个细节可略窥一斑：其一，辞民国政府侍从室蒋介石侍从副官；其二，辞任长春大学文学院院长；其三，老先生笃信学无止境，有自己"述而不作"的坚持，这样反而能在每个时代的红火热闹处，做到急流勇退、全身保真。他仿佛能烛照洞悉一切，确有先见之明。我们许多自恃读了不少书、经了不少事的人，却总是成熟不起来，觉悟不了，每次都要在同样的地方摔跟头，看到刘先生在时代大潮中的举动，让人感慨良多。

知性的学问，纸上的知识，我们还可以慢慢地吮吸学习，历史也允许我们反复试错改正，但人生历程中，是否有大智慧，是否能力挽狂澜，是否会规避灾难，生死之门往往在一念之间。美国作家马克·吐温曾说："历史不会简单的重复，但总押着相同的韵脚！"刘先生擅诗词，通音律，所以能感受到历史在什么时候要押韵脚。读昔哲今贤的书，更佩服他们的特立独行，这比简单地模仿大师们的一撇一捺、一顿一挫，更令我神往。

2022 年 12 月 9 日草成

立雪琐忆

知道松林师的名字，是在中学语文课上。但第一次目睹松林师的风采，聆听师讲演，则是在我考入西北大学中文系之后。当时，适逢恢复高考制度不久，中文系利用召开学术会议、主办讲习班等方式，先后聘请了一大批国内外知名学者讲学，现在还记得的有吴世昌、王利器、程千帆、周策纵、苏渊雷、蒋孔阳、李泽厚、李学勤等蜚声学界的专家。但印象最深的，还要推松林师。记得他当时端坐讲坛，案上无一页稿纸，略带陇西口音，滔滔不绝，旁征博引，如数家珍。词风所扇，动人心弦，令我大为钦服。

我真正投到松林师门下，则是在十多年之后。当时我已三十五岁，留校从事了多年的教学研究工作。如此年龄去投考博士研究生，难免有混学位之嫌。但我的侍读问学经历却说明，投机取巧、浮光掠影很难从霍门混出去。霍门人才济济，前面毕业的师兄们的论文水平极高，仅台北文津出版社的"大陆地区博士论文丛刊"所收，就有近十种，在学界多有定评。这一方面给我指出了向上一路，另一方面也为我树起一个标杆。以我之愚拙，自不敢与师兄们相比，但至少不能相差太远，辱没松林师的清誉。经过三年的艰苦努力，我的学位论文《唐关中士族与文学》始克成篇，同行专家及答辩委员对拙文多所肯定，鼓励有加。松林师又向台湾文津出版社鼎力推荐，使拙作得以忝列"隋唐文化研究丛书"，很快面世。回过头来看，要是没有师对我选题的鼓励支持，我是不敢选择这样一个跨度大、难点多的项目作为学位论文的题目的；要是没有师悉心针引、严格把关，论文就无法避免许多错误。可以说，字里行间无不倾注着松林师的心血。

一般人以为攻读学位，一俊遮百丑，只要一篇论文做好就行了，松林师对及门弟子的要求不止于此。他反复教导学生先器识后文艺，学习古代文学要两条腿走路，知能并重，研究与创作相结合，注重会通与识力，厚植学养，熏习出一种崇高的人格。他经常告诫学生，学位教育要防止博士不博、硕士不硕。但我深深感到，因现行教育体制及自身修养所限，虽亲承教诲，也只能就师说的某一方面有所发挥，无法全面继承老师丰厚的学术资源。陕西师大一位老师讲过这样一件事，一次全国性的学术讨论会组织专家游览名胜古迹，主人盛情招待来宾，并请来宾赋诗词留墨宝，来宾多谦让退避，北京大学的王瑶先生感叹道，如此场面只有霍先生能应付自如。松林师对古典文学有深刻体悟和精湛研究，但成就又不限于古代文学。他的诗词创作曾受到民国元老于右任先生的赞赏，书法亦自成名家，但雅不愿别人称他为诗家、书家。将古代文化的各种学问技能打通，百川汇海融而为一，出入四部，游戏六艺，才具有大师风范，这正是前辈大师的不可企及之处，也是我们这一代学人所欠缺的。这种欠缺或许是我们这一代的致命伤。

师母胡主佑教授耿直爽朗，遇有优秀学生投考文学所，她总是情不自禁，夸奖祝贺。每当学生松懈怠惰，她亦直截了当地批评。逢客人来访，两位老人并不多谈自己的著述，总是从书架上抱下一摞学生的著作，轻轻抚摩，指点称道。我曾几次赴北大拜谒陈贻焮先生，陈先生也总是夸赞自己的学生葛晓音、张明非、朱琦、钱志熙。当时只觉得这一现象挺有趣，并不领会其中的深意，现在才恍然悟出前辈的苦心孤诣。老师的学术生命一方面靠自己的名山事业传世，另一方面也要靠所培育出的人才来光大弘扬。学生有所成就，是最让老师高兴的；学生误入歧途，也是最让老师痛心疾首的。

经常赴唐音阁，如遇上松林师兴致高时，所谈也不限于业务，有时虽只有我一个学生侍坐，老师仍古今纵横，不知不觉几个小时过去了。如此施教，真仿佛鹅湖、鹿洞之遗风。松林师续命河汾，传道授业，桃李满天下，为祖国文化的复兴做出了重大贡献。我毕业后虽然离开师大，但松林师的谆谆教诲令我回味无穷，终生受用。愿松林师笔健身健，普泽学林！

最后一次拜年

今年1月24日（腊月二十七日），我陪董丁诚老师到陕西师大，最后一次给霍先生拜年。

过去每年都是在春节后去给老先生拜年，这一习惯我已经保持了二十多年。因为自研究生毕业留校工作，我就兼任中国唐代文学学会秘书，当时霍先生是学会副会长兼秘书长，秘书向秘书长汇报工作，因公之便，可以随时随地，如遇急事，我会及时联系。但平时我尽力减少扰霍先生清修，每年春节去一次霍先生府上，既是拜年，也是汇报工作。后来听董丁诚老师说，他每年也是春节后给霍先生拜年，随他去的还有郗政民老师、雷树田老师，我提出我也加入他们的拜年团队，这样把两个活动并为一个活动。于是，曾有几年是我陪着三位老师去给霍先生拜年。中间有一段，郗老师身体不好，住在了校外，雷老师病后不良于行，董老师在北京住了一段。这一期间，又变成我一人给霍先生拜年。如果我不回老家，一般是大年初二或初三，如果回老家，一般是初五或初六。霍先生对我的这个习惯也知晓，如果偶尔晚了一半天，老先生就会念叨：李浩今年怎么还没来？

董丁诚、郗政民、雷树田三位老师都是我读本科时的业师，董老师与霍先生还是天水老乡。老乡见老乡，话题特别多，谈起来也格外细碎深入。每到这时候，我知道自己插不上话，就溜到师母房中，陪师母聊聊天。

今年给霍先生拜年稍微有点特别。此前，新科学兄、一农学妹都曾电话告知，说霍先生病情不稳定，我和董老师商量后决定拜年提前。

这一天霍先生府上人很多，霍先生虽然躺在床上，但精神头很好，气色也很好，不像传说的那样危急。霍先生与董老师谈了一会，专门把我叫到他跟前，我握住霍先生的手，手很绵软，也很暖和，老先生满脸和气，思维清晰，他已知道我的近况，他看着我说："李浩的耳朵大，是个长寿相，有福之人。"伴随着的，还有他依旧爽朗的笑声。我接着老先生的话说，我学不及老师，德不及老师，但愿贱躯暂保，以便追随先生。希望老师多多珍摄，大树不倒，我们都能获得荫庇。师大副校长党怀兴兄也提及，要在今年适当时候举行祝贺霍先生百龄遐寿的活动，我们都期盼着这一时刻的到来，届时霍门弟子大聚会，共同为老师献寿桃。

当天因为还有天水市的市长一行人看望霍先生，我们便恋恋不舍地告别了霍先生，我也期待着祝寿活动的举行。

孰料春节刚过，我还在老家，忽然噩耗传来，霍先生溘然谢世。我随即赶到西安，参加了随后的吊唁和告别活动，也与同门的师兄弟专门聚会缅怀。接下来，师兄弟们纷纷撰文，缅怀老师，不少媒体也希望我接受采访，或者撰文。我感到自己一直陷于恍惚中，思维跳不出来，作文也迟缓，故婉言谢绝了各方的好意。

大半年过去了，思绪慢慢稳定了。感觉到在我心目中，霍先生有几点寻常人不及处：

一是滋兰树蕙，作育人才。霍先生在各界看来，是大学者，但在我们当学生的眼里，他首先是个好老师。霍先生的遗体告别活动中，虽然也有不少地方大员，但来得最多的，还是他不同时期的学生。霍先生有教无类，故学生中既有"文革"前后的本科生，也有恢复高考后的研究生，还有社会各界喜欢书法、旧体诗词的友人。我属于研究生这个群体。霍先生是建立学位制度后较早开始招收硕博士研究生的导师，当时的学位授予权及导师资格是由国务院学位委员会统一评审的，是因人而授点，而不是后来的因设点而评导师。霍先生也曾多次向我说及当时评审的一些花絮。因为做导师早，故招收的研究生多，硕博士生加起来有一百多，所以学界把霍先生的学生称作"霍家军"。当然"霍家军"的得名不仅仅是因为人数多，还因为优秀人才多，在全国各地高校古代文学专业任教者为数不少，其中不少已成长为各校古代文学学科的中坚和骨干。

当下，各地高校热衷于"双一流"建设，而"双一流"又更多地对接为课题一流、科研一流。对于理工科的科研院所，以科研课题为龙头，不能说没道理，但对于以人才培养为目标的高校，漠视或忽略培养一流人才这个重中之重的目标，这是很悲哀的。好在霍先生等一批名师给中国高等教育，特别是中文学科的教育树立了标的。"风檐展书读,古道照颜色。"我们当学生的应该继承老师的优良传统。

二是打通诸艺,知能并重。霍先生这辈学人虽然直接沐浴了"五四"新文化的阳光,但是早期都受到优美家学的熏习。霍先生长于西北重镇天水,彼地旧学的势力更大,这对他后来的发展产生了深远的影响。他对传统文献的熟悉来自童蒙时期,他的诗赋、书法写作,也都有童子功。这与仅有学校教育而没有家学的新一代相比,自然是两重境界。

霍先生这一代人与更年轻的一批学人相比,能很自如地出入几个学科领域,如霍先生在古代文学的诗学、词学、曲学、小说学、古代文论领域都有建树,尤长于唐宋元诗词曲的鉴赏,对时尚的文艺学也不陌生,他还是共和国成立后较早参与新文艺学建设的学人之一。特别卓异的是,他在传统诗词曲赋写作方面卓然大家,在书法方面,也自成名家。他应属于古代所说的"通人"而非专家,这与钱穆先生倡导打通四部、施蛰存先生实践打通"四窗"、饶宗颐先生构建四方之学,秘响旁通,旨趣相近。

三是养生养心,道通天地。霍先生和师母都以高龄辞世,这虽然有家族和遗传的因素,但与他们注重养生养心,追求一种更为长远的价值有关。这种长远的价值我以为就是一种通达的智慧。

霍先生有四个孩子,均已成家,各有建树,但都靠工资养家,谈不上富有。霍先生丰富的收藏以及他的书法作品、手稿等,价格不菲,他在生前已妥为安排,捐赠给老家的天水师院和陕西师大,两校均为此设立了专门的书法艺术陈列馆。这种对遗产处置的态度,给我们很多启示。

宋儒程颐《秋日偶成》诗中说:"闲来无事不从容,睡觉东窗日已红。万物静观皆自得,四时佳兴与人同。道通天地有形外,思入风云变态中。富贵不淫贫贱乐,男儿到此是豪雄。"冯友兰先生据此将天地境界视为人生修养的最高境界,远远高于道德境界、功利境界、自然境界等其他三境界。我想,也许老师晚年已参透世象,超脱物我,故能在许多利益、利害上做出智慧和通达的安排。

霍先生去世后,门人弟子、各界友好纷纷撰文缅怀,我读到不少,感到情真意切,受益良多,我也把自己随侍老师的一点经历和感受写出来,表达对老师的无尽思念。

2017 年 10 月 7 日

鸿　迹

一

第一次听安旗老师讲课是在本科班而不是在读研究生时期。我还记得生物系教学楼四层有中文七九级的固定教室，两幢楼宇交接处的顶层有个很大的平台，课间休息、呼吸空气、看看风景、男生抽烟都可以利用这个平台，甩胳膊踢腿的课间操也可以在平台上演练，有时还充当痴男怨女们的约会地点。

安老师给本科班上"李白研究"选修课，其间究竟开设了几届，我记不得了。反正我完完整整地听她讲过课。记忆中课代表是王顺岐，张蓉、雷和平等是这门课的积极分子，我也是一个比较认真的听课者，很少缺课。安老师不属于脱口秀型的教师，她似乎不善于戏说和渲染，课前课后也并不多与学生互动交流。课堂上只是照讲义讲，条理清晰，枝蔓很少，偶尔也涉及一些考证，把引证的资料逐一书写在黑板上，做扼要的解释。课完了就走人。从资料中知道,安老师来西大执教与我们七九级入西大读书是同一年,她设帐长安的年龄也与我写这篇短文的年龄大体相似。

印象最深的是安老师粉笔板书的工整。我帮她校对过几次稿子,发现她的钢笔字也隽秀,整部书稿或整篇文稿誊抄得一丝不苟。及至黄山书社出版她的《书法奇观》,才知她知能并重,对书史、书艺也有独到的见解。书稿的其中一章《两爨篇》曾在《中国书法》刊出,该刊那一期竟拿出三分之一的版面刊登书论圈外学者的成果,足见重视程度。其实老辈学人无论从事何类研究,大多在书法方面下过童子功,虽不一定以书艺知名,但是大多能把字写得中规中矩。

第一次阅读安老师的文章,不是她古代文学研究的专门成果,而是她的一篇小文章。印象中是在念本科时看到的一部中国现当代女作家作品选,安老师入选的竟是叙述李白的一个片段,猜想应是节选了《李白纵横谈》中的章节。叙述一千多年前的历史人物,仍然文采飞扬,有磅礴的气势,有灵动的想象,与课程的拘谨平实形成了对照。在她的笔下,李白在长安街上醉态踉跄,一边长袖翩翩地舞动,一边绣口喃喃地吐出珠玑诗句。她说李白饮的不是斗十千的清酒,而是寂寞,是痛苦浇出的块垒。于是安老师的学术个性就彰显了出来,与其他作家和学者就区别开来了。其间还读过她写杜诗的文章、写新诗的文章,虽然是在20世纪五六十年代那个特殊时期撰写的,但仍能看出她的学术个性和行文特色。

第一次听到安老师发脾气,据说是为了一篇文稿。某刊物要采用她的一篇稿件，主事者也很认真，文章有具体改动，还把稿件转她过目，听说安老师看后，在电话上与人家争辩，吵得很激烈，还挂了电话。还有一次，就是《李白别传》刚由人民文学出版社推出时，据说她对编辑的一些改动不同意，不久又让西大出版社按她的原稿重新印了一版。她对学术上的原则性问题是很执拗的，一点都不愿意变通。

二

1983年春，我报考西北大学中国古代文学专业硕士研究生。初试顺利通过后，在太白校区物理系四层参加面试，面试小组成员好像还有赵俊玠老师、房日晰老师等，安老师即兴提问，问我能否背诵李白的作品。我说能背《蜀道难》，她似乎有些不信。我脱口背了几句，她打断说，可以了可以了。她相信我真的能背下来。

功课上得到安老师的奖励，还不是在读书期间，而是在毕业留校后。那时安老师与她的团队正在进行《李白全集编年注释》，经常见他们繁忙紧张，挑灯夜战。课题组曾在校内召开过一次小型讨论会，我也应邀参加。稿子提前复印并发给我，我在认真拜读后，提了一些建设性意见。安老师很重视我的意见，她觉得我讲得有道理，在多个场合向院系内的老师夸奖我，薛瑞生老师很多年后还记得这件事。安老师在搬家时把自己的一个青冈木的书柜送给我，作为对学生贡献的物质奖励。

现在回想起来，读书期间与安老师的交流其实很少，毕业留校后请益才逐渐多起来。我自己留校有了工资收入，每次见她，带一点陕北的土产，小米呀、绿豆呀、红枣呀，不想空手见老师。安老师见面总是说我带的小米和红枣好，能极大地缓解她的病。我知道并非小米、红枣真的有什么奇效，而是这些土物能引起她的红色记忆。她在陕北时期可能物质上很艰难，但在精神上还是愉悦的。虽然延安时期有过"抢救运动"，有过针对王实味、丁玲等的批判，但那是针对大知识分子的，她当时还没有进入那个圈子。对她而言，解放区的天是晴朗的，延河的水是清格粼粼的。

与安老师聊天，每次刚落座时，她的话很少，似乎不愿多说，等到你客套半天准备离开时，她才拉开话匣子，进入谈话的亢奋状态。这时的话很多，思绪也多，容不得你插嘴，也让你不好意思说要离开。她把话头从一端扯开，形成许多分岔，仿佛让听者迷路了，而她自己却很清楚，能从第一个分岔拉回到主干上，又从主干上再游离到第二个分岔中，这样往复变化，迂回推进，讲者很投入很辛苦，听者很累但获益也很大。所以，准确地说，我听安老师讲研究生的课，是在毕业后，是在每次与她神侃闲聊中，这时的她神采奕奕，语无遮拦，对一些作品的解说，对一些人物的臧否，都极其精辟。

三

据阎琦老师讲，1982 年前后，周三下午中文系举行学习例会，学校组织部来人宣读了两个"平反"文件，其中一个是关于安旗老师与胡风集团成员关系的。文件大意说这两件事都属一般事件，当初记入档案不必要，现予以撤销。他说他当时很诧异，感到虽是党内高干，原来也是极不"安全"的。在我的印象中，安老师从来没有提过此事，故在很多年后听到，我也感到惊异。

为了确认此事，我让我的学生王夏琳到学校组织部查档案。夏琳查了组织部的各类档案，并未找到这一条材料，但意外地获得了另一条有关"文革"的材料（因与本文题旨无关，此略不述）。我不甘心，又让学生到人事处查干部档案，最后终于在档案中找到了署名中共西北大学委员会落实政策领导小组的《关于为安旗同志平反的决定》（复字〔82〕002号），想必阎琦老师听到宣布的就是这份文件。

很长时间，安老师诉说她要依赖安定片来调整睡眠。有段时间社会上谣传安定片不再生产了，老师很惶恐，她曾千方百计让许多人帮她购买安定。我也曾帮她买过。家里的安定存储到够好几年服用，她才不焦虑不紧张了。

这几年遇见过不少亲属和朋友中的孤独老人，特别是看过徐鞍华执导的金马奖获奖新片《桃姐》，对老年生活和老人遭遇有了更多的了解与同情。也许是过去人们叙述老年生活涂了过多的油彩，也许是自己的父母不在身边，没有这方面的体察和亲历，我对老年的概念很模糊。加上安老师离休老干部和知名学者这些金字招牌，反倒使作为学生和晚辈的我实际上疏远并冷落了作为老人的老师。她前几年的境况或许就是一个孤独老人老年生活中的某些侧面。

安老师封笔前的最后一册著作《落叶飞花：安旗集外集》中有

一首《八十看十八》的自题诗，述及她经历的"十年浩劫"，她用"创巨痛深"四字来概括所历遭遇的感受。应该说，她的焦虑、紧张、失眠、猜疑，除了老年的孤寂外，恐更多地与那个"创巨痛深"的时代有关，与如影如魅地悬在头上的那柄无形剑有关。

安老师年轻时追随红色革命，风风火火几十年，"文革"后应西大老校长郭琦之邀，再返长安，投身教坛，心无旁骛，专攻李白。除了一般学者的著作等身、成就斐然外，更重要的是她在西大古典研究中的领异标新，开山创派。使学界对西大唐代文学研究的认知发生重大变化的，除了傅先生的杜甫研究，还有安先生的李白研究。由安老师担任总主编的《李白全集编年注释》一书，1990年已出初版，收获了许多声誉。但安老师仍不满意，很早就又做了修订，惜未能及时推出。新版在2015年由中华书局隆重再版。2015年年底江苏的凤凰出版社推出了郁贤皓先生独立完成的《李太白全集校注》。另据悉，由詹锳先生主编的《李白全集校注汇释集评》修订版，也将由人民文学出版社推出。相信李白研究在沉寂多年后，会因为这几部著作的络绎出版，再次引发许多新话题，李白研究也会步入一个缤纷热闹的新时期。

对安老师来说，绚烂缤纷早已告退，一切都归于平静。她女儿和女婿这几年把她照顾得非常好，她步入了宁静安详的晚年。今年春节后，我与阎琦老师、芳民兄一行到医院探视，看到安老师平静地躺着，平静地配合着来探视的客人照相，不一会就又平静地进入了婴儿般的睡眠。

其实平静是一种极境。

我是傅粉
——傅先生印象小记

20世纪80年代后,海内外从事唐代文学研究的学人恐怕很少有人不知道傅璇琮先生,或读其书,或从其游,或述其学,或由其编辑著作,或参与其所主持的课题,或出席其所组织的学术活动。我长期作为中国唐代文学学会秘书处的工作人员,与傅先生交往过从30多年,也可以说是众多"傅粉"中的一员,乐于把随傅先生游学的点滴印象写出来与大家分享。

初识荆州

第一次见到傅先生应追溯到1982年,那时我还是中文系的大三学生。那一年在西安有两项与唐代文学研究有关的重要学术活动,肯定要载入学术编年的史册。阳春三月,由霍松林先生在陕西师大发起召开了首届全国唐诗讨论会。5月初,又由傅庚生和安旗先生倡议在西北大学召开了首届全国唐代文学学术研讨会。

直到今天，提起这两次活动的学者仍啧啧称奇。在一个二线城市的两所学校，不到半年连续召开两次性质近似而又各具胜义的全国性学术会议，在当下的学术环境中似乎让人难以置信。可以将此理解为经过"文革"的长期学术禁锢，内地学者学术热情的持续喷发和学术活力的不断释放，也可以视作人文科学经过漫漫寒夜，学术春天缓步到来的标志。也有人说这是两所实力雄厚的学校在古代文学研究领域的公开竞争和比拼。每个会议都有上百位学者出席，人气旺盛，媒体关注，讨论热烈，成果丰硕。尤其是西大的会议，因有老校长郭琦全力助推，请出时任省委第一书记的马文瑞在开幕式上致辞，代表下榻处选在省委指定接待处止园宾馆，规格之高，盛况空前。这次会议的直接成果是全国唐代文学学人的大集结和中国唐代文学学会的正式成立。

因为系里老师承办会议，故我参加了在西大太白校区礼堂举行的开幕式，还跑到止园宾馆旁听了学术讨论会。那时候傅先生还是中年学者，故他讲话不像苏仲翔、王达津、周祖譔等先生那样激情昂扬，他在会上侃侃而谈，只是宁波口音较重，要静下心来仔细听始能听清楚。印象最深的是，他的讲话材料丰富，又非常熟稔，引文出处信手拈来，而又能抽丝剥茧，层层推进，条理极清晰。那时傅先生的《唐代诗人丛考》甫出，清新的文风，富赡的材料，绵密的考证，与"文革"以来的假大空文风不同，与我看过的那些先入为主、以论带史的著述也不同，令人耳目一新。我为了应考，正在翻读这部著作，虽然感到这部书内容太多，人事之间枝节环绕，某些部分的考证极细碎，恐与应考关系不大，但还是兴致颇高,硬着头皮坚持阅读,感到这是一座富矿。听了傅先生的报告,又感到这是一座巍巍的高山。我不得不承认,我对唐代文学的学术志趣和职业生涯,也是因这次会议确定下来的。

京华求教

1995年暑期,我带着儿子陶然到京城观光旅游,唯一安排的学术活动就是去王府井中华书局拜访傅先生。事先与傅先生约定下午下班后在他的办公室见面,汇报学会秘书处的工作,请教有关我承担的一个课题的问题。因我住得较远,又带着孩子,中间换乘了几次车才赶到王府井大街36号,等进了编辑部已是下班时间,我跌跌撞撞跑上跑下,但并没有找对傅先生的办公室。我当时还以为他事冗,不在办公室,于是在楼道绕了一大圈就离开了。

晚上在宾馆给傅先生打电话解释,他说他一直在办公室等我,直到很晚了确定我来不了,他才离开。我感到很歉疚,不好再过多占用傅先生的时间了,于是就在电话中向他汇报了我打算做唐代园林这个课题。傅先生询问了有关课题的立项背景,对我的选题给予充分肯定,并详细向我介绍如何入手搜集资料。

那天晚上电话通了很久,虽然不是当面承教的"面命",但通过电话上的"耳提",仍给我非常深刻的印象。我后来将唐园研究作为自己学术研究的一个方向,陆续推出一些成果,迄今仍能被圈子里的师友们提起,实与傅先生的点拨和指导分不开。

高山仰止

傅先生所涉及的学术领域，每个方面都有持续深入的研究，无论是选题上、材料上还是方法上，可以示人轨辙处颇多，认真研读能获得很多启发。尤其是在唐代制度研究方面，读他的成果比读制度史专家的成果获益还要多，因为他提供了许多鲜活的细节，关注到了从事文学研究者感兴趣的许多形象的感性的材料。特别是在唐代科举与文学、唐代职官制度与文学、唐代文学编年等方面，他的很多见解迄今仍很难超越。

记得2000年，我在韩国庆尚大学任教，收到中国李白学会要召开一次高规格会议的通知。庆尚大学虽然是一所国立大学，但相关的中国古籍文献还是很有限，我一方面想勉力写一篇高质量的论文，另一方面又苦于在境外资料搜求不易，开始想对李白"供奉翰林"及"赐金还山"这段公案进行一番新的检视。我读了傅先生和毛蕾博士等学者的成果后，感到很多问题别人已涉及，不易出新，但仍不甘心，于是对学界的各种观点仔细梳理，既有呼应又有回避，凑了一篇文字，当时还洋洋得意，与另外一则读书笔记《李白诗中"破颜花"正诂》合成了一篇论文。会议间歇，有一位朋友坦率地告诉我读了我论文的感受，他认为关于"破颜花"一节不错，很精彩，但关于翰林供奉一节写得并不好，几乎了无新意，不能代表我的水平。这样尖锐的批评当时让我很窘迫，但后来觉得朋友讲得很对，于是在我正式发表和收入论文集时，我将供奉翰林的考释文字全部删掉，从此不再提及。

在此问题上我没有留下自己的见解,也无法超越前辈学者,我一方面感到气馁,但另一方面,又对包括傅先生在内的前贤经过绵密考证所获成果,永远心存敬畏。世上有形的高山固然难攀越,登顶者值得人们追捧,但无形之山,特别是精神之山和学术之顶的攀越者,更值得敬仰。

琢玉偶记

傅先生一直很注意对学术人才的扶植奖掖,经他口讲指画点拨培养的年轻学者,近几十年来多达数十位,悉有法度可观。内地唐代文学研究界人才辈出,比较好地完成了代际传承,实与傅先生等前辈学者的悉心栽培分不开。

记得 2006 年年底,傅先生电话告知我,中国人民大学国学院成立,遴聘他为导师,培养研究生。唯第一次招生的计划做得有些仓促,没有在招生简章中明确说明,他嘱我推荐一些优秀考生。我于是举荐卢燕新君。燕新果然不负期望,斩关夺将,笔试面试一路顺利通过,正式成为傅先生招收的首届博士生。

在京三年,燕新古朴热诚,勤勉向学,傅先生手把手地教,使燕新在学术上突飞猛进,发生了质的变化。当我拿到燕新寄来的博士学位论文初稿时,感慨万端。燕新犹如一块大璞石,置于西安很长时间,但未被人们发现他的光彩。经傅先生反复打磨,精雕细琢,才使其脱颖而出,崭露头角。燕新后来去南开工作,也是基于傅先生的鼎力举荐,他的才华也逐渐为陈洪、卢盛江、乔以钢等先生所赏识,他的论文能获得 2011 年全国博士论文"百优"奖，自然是水到渠成、实至名归的事。

燕新在学术上才刚刚起步，任重道远。傅先生的慧眼识才、推挽引掖如恐不及，使其脱颖而出，是关键的一步。其实古代文学界经傅先生扶植奖掖的年轻学人不知凡几，我所知有限，但仅燕新这个例子，也可以让我们略窥一斑。

存留墨宝

2012年5月，与我合作研究的三位博士后田恩铭、于俊利、王早娟完成了研究报告，依照惯例，要召开一个出站审核会议，同学们曾说过想要认识一下傅先生，我试着请傅先生主持。我知道他很忙碌，也等着他拒绝，孰料他慨然允诺。阎琦先生想得周到，他说西大是中国唐代文学学会的会址所在地，秘书处又长期设于此，应请老会长为学会题写一个牌匾，顺便给我们秘书处工作人员每人题个词。我说我不敢向傅先生提这样过分的要求，阎老师说由他联系。傅先生到西安时已将给学会的题名，给阎老师、芳民兄和我的题词都带来了，让我们格外欢喜。特别令我没想到的是，傅先生的每一款题词都写了两次，供我们选择。虽说这是老辈文化人的习惯，但想到傅先生年高体弱，事务繁忙，我们这个小小的请求又不知浪费了他多少宝贵时间，令我感到深深的自责。

傅先生书赠我的是明代薛瑄语录："惟宽可以容人，惟厚可以载物。"以宽厚容人载物，正是傅先生的人格写照。相形之下，我做得很不够，但我能明白傅先生的良苦用心，此种境界虽不能至，而心向往之。由此又联想到胡适之先生"容忍比自由更重要"的名言，更觉得"宽厚""容忍"作为仁者之品德是毫无疑问的，但要作为常人的行为准则，推广起来仍任重道远。这些天电视热播韩剧《伊甸园之东》，男主角李东哲父亲教育儿子：男子汉的胸襟要能拥抱大山，不仅要能包容他的朋友，还要能包容他的敌人。虽是充满宗教意味的说教语言，联想起傅先生的题赠，仍让我肃然起敬。每天在书房中，看着傅先生的手泽，或许能使自己的小肚鸡肠慢慢宽厚起来。

迟到的追思

去年傅璇琮先生住院后，我曾利用在京出差的机会到医院探视。当时与葛晓音老师约定一块去，孰料葛老师不慎扭了腰，伤了脚，最后我一人去了北京电力医院。

那一天是5月23日，当时傅先生身体状况还不错，人在医院，床头还放了不少书稿和期刊，仍在工作。他还说及向某学术机构推荐我的成果。我陪傅先生聊了一个多小时，临行前我说为他带了一些水果，他追问是什么水果，我打开食品袋逐一介绍。我还记得有一次给他带了一盒铁观音，他坚持说只喝龙井，硬是不收我的铁观音，说不想让我破费。一般人仅注意到傅先生随和的一面，其实傅先生还有不苟且的一面。

得知傅先生病危和去世的消息时，我已订好赴香港的机票，应香港城市大学之邀，做一周唐代文化讲座。因我个人的原因，讲座已经连续推迟了两次，所以第三次推迟的话怎么也说不出口。香港人做事很认真，暑假和开学初就要将一学期的学术活动安排妥帖，在校内做成小册子，还在校外媒体上发海报公布。所以我人未到，在港的朋友多已知道我的行程，预约见面聊天。如我的行程再变，朋友们的一连串安排也要跟着变化。近年来，我在所工作的学校一直倡导"课比天大"，如自己仅嘴上说说，从不践行，师生们都会鄙视我的。但因赴港教学与参加傅先生追悼会时间冲突，也让我痛苦纠结了好长时间。我只好委托李芳民、郝润华两位同事，代表西北大学文学院也代表我，最后一次看望傅先生，送老先生一程。

前一段时间，郭丽告知今年即将出版的《唐代文学研究年鉴》，要做一个悼念傅先生的小辑，嘱我写几句话，我想起了过去没有提及的一件小事，在这里简单说说。

2006年前后，有一天接到傅先生的一个电话，说及一家地方出版社约北京的知名学人编一套"人文学者名家之旅"丛书，陆续收到了几部稿件，但那家出版社却因故没有将选题做下去。傅先生嘱我可否与西北大学出版社联系一下，我说应拿着稿件与出版社谈。于是宁波大学的傅明善教授很快将他所著《傅璇琮学术评传》书稿寄我，我及时转给了学校出版社，出版社的马来、张萍两位领导很重视这部稿子，从封面装帧、文字设计到印刷用纸，都下了一番功夫。书印出来后，传主傅先生和作者傅明善都很满意。我能为学界的一件功德事穿针引线，自己也很欣慰。稍微遗憾的是，出版社感到丛书中的其他几种书稿涉及的领域过广，体例也不统一，故没有能推出来。

最近，陈尚君先生来西大演讲，以傅先生的学术贡献及近三十年唐代文学研究的风气转变为题，其中提及刘再复先生回忆傅先生的一篇文章。因了尚君的介绍，我专门找到今年第6期《炎黄春秋》，拜读了刘再复先生的文章。刘的文中所述两件事，体现了傅先生不苟且、有底线的一面，也就是没有特殊时期普通人身上的那种"平庸的恶"。这种精神性的东西不光是在被"洗澡"运动几十年的老辈学人中难能可贵，就是搁在我们这些自诩为沐浴了改革开放阳光的中生代中间，也是很稀罕的。我过去以为我们与傅先生的差别仅仅是学术造诣的高低、成果贡献的大小，现在看来，在士人君子的操守和气节上，表面柔弱的傅先生有他至大至刚的另一面，这才是充满精致利己主义的当下最缺乏的东西。

还记得八九十年代，我以学会秘书处工作人员的身份参加学会的一些活动，得以经常随侍傅先生。老先生腿脚不太好，不良于行，我们比别人走得慢，经常落在后面，故能从容地听到他对学术人生的一些精妙见解，也能零距离地一瞥他天真烂漫的一些侧面。有一次会后在西南少数民族地区考察民俗，参会的中青年学者与当地土著居民联欢，载歌载舞，煞是热闹。鼎沸的人群中不时传出笑语，傅先生受此感染也想挤进人群，师母徐敏霞在旁严肃地说："老傅，年轻人的活动，你凑什么热闹？"傅先生听了老伴的话，像乖巧的孩子一样止步了，但脸上的表情似乎对"热闹"还是有些不舍，眼神里也流露出好奇的光。这略带淘气的表情多见于孩子身上，成人世界很少能看到，所以我对这个细节印象很深。

傅先生以他的名山事业为世所知，但在他的精神世界中，还应有更宏阔的风景，更蔚蓝的天空，更精彩的故事。只是我不知道，就不再臆测了。

让学术守护苦难生命

——初读《傅璇琮文集》的一点体会

今年开春,疫情突然消歇,线下学术活动也跟着报复性恢复。我在3、4两月已参加了几次活动,3月15日曾进京参加陈铁民担任总主编的《增订注释全唐诗》一书的首发式和座谈会,上周末又赴沪参加《王水照文集》首发式和座谈会,今天又受邀参加傅璇琮先生文集的首发式和座谈会,与有荣焉。前辈学者的名山事业早有定评,无须我在这里饶舌,但拜读新版文集,回顾老辈的学术人生,缅怀向前辈问学请益的经历,往事历历,还好像在昨天,春花秋月,物是人非,让我无限感怀,也能给我在雾霾迷蒙中继续前行找到路径。

我原本想以"四型傅璇琮"为题,从作为学问家的傅先生、作为出版家的傅总编、作为管理家的傅会长、作为教育家的傅老师四个方面介绍傅先生,看了兆虎兄快递来的新版《傅璇琮文集》,墨香还未散,卷首的《出版说明》开篇便说傅先生是著名的出版家、著名学者,比我概括得更好,故稍微调整了一下,从以下几

个方面谈谈我理解的傅先生对当代中国学术的贡献:

一是较早突破禁区,开一代学术新风气。我读傅先生的第一部著作,应该是《唐代诗人丛考》,那时我还是大二学生,准备考研,故对这部与应考有点关系的著作读得比较认真。印象中除了热情洋溢的"前言"外,全书是对二十多位唐代诗人生平交游的考证,行文与写法与一般流行的作家简介不同,也与"四人帮"时期假大空的帮八股文风不同,让材料说话,小心求证,不妄下判断。

回顾一下打倒"四人帮"之后学术编年史的几件大事:1978年5月11日,《光明日报》以"本报特约评论员"的名义发表了《实践是检验真理的唯一标准》一文,1979年第3期《文史哲》发表萧涤非先生《关于〈关于李白与杜甫〉》,1979年8月钱锺书《管锥编》陆续出版,1980年1月傅先生的皇皇巨著《唐代诗人丛考》隆重推出,显示出古代文学研究的春天已经到来。如果结合本书"前言"所署的全稿完成时间1978年11月,那么《唐代诗人丛考》就是新时代唐代文学研究春天到来的报春花,它在当代学术史上的意义也就突显出来了。

二是形成学术范式,示同侪后学以轨辙。傅先生的《唐代科举与文学》由陕西人民出版社初版于1986年,这一年我刚好研究生毕业留校工作,陕版书获得较方便,故我第一时间拜读学习了。本书开拓了一个新领域,又启发研究古代文学的同行,在文学与文化的领域进行拓殖,该书后来获得第三届思勉原创奖,实至名归。后来包括唐代文学研究在内的各个断代文学研究,均受沾溉,并以此书的题目为模板。我自己获批的国家社科规划重点课题《唐代园林与文学》也是如此。

　　三是包容百家，以勤勉服务嘉惠学会。学会工作如何开展，如何为大家更好地服务，各位也可以有以教我，但是我从傅先生和尚君先生这里学到不少，有些理解，有些还需要慢慢消化。

　　四是有教无类，推挽奖掖学界才俊。傅先生在高校工作时间短，他的严格意义上的学生较少，但是广义的学生很多，包括中华和其他出版社的编辑，学会、协会的中青年学人，各地各行业的学术爱好者，傅先生广大教化，推挽引掖如恐不及。

　　傅先生女公子傅文青曾询问父亲在 1957 年被打成"右派"后是什么样子，傅先生回答说他把自己关在房间里，看了三天托尔斯泰的《战争与和平》，书中的安德烈在战场上受伤后，躺在俄罗斯广袤的土地上，看到的太阳是黑色的，他的心也沉到了海底。但是，当他看到俄罗斯的年轻人勇敢前行、坚强不屈时，太阳又是红色的了，给了他希望。傅先生说，他看到这一段，也看到了红色的太阳，勉励自己要坚强起来。①

　　安德烈是从俄罗斯广袤无垠的土地上获得了神奇的力量，傅先生则是在中国古代文学经典里获得了神奇的力量和灵感。李炳南《论语讲要》解释"人能弘道，非道能弘人"说："道虽人人本来具有，但必须自己领悟，方得受用，悟后又须弘扬光大，期使人皆得其受用。"弘道是需要民族中那些有大根器的天选之人，他们忍受了人所难忍的苦难，自觉觉民。这也是我煞费苦心的一点微意。

----

① 傅文青《驼草集·弁言》，载傅璇琮《驼草集》第一册，中华书局 2023 年，第 3 页。

前面提及最近连续参加的三位 30 后前辈的新书发布活动，虽然觉得忙忙碌碌，但对我还是有许多启发的：

启示之一：傅先生从清华入学，由北大毕业，有二分之一的北大血统，水照先生和铁民先生都是北大 55 级的，故北大作为我们古代文学的排头兵当之无愧。傅先生及他的学生后辈加盟清华，又使得清华的古代文学和学科建设实现跨越式发展。

启示之二：三位前辈籍贯或出生地都是江浙。

启示之三：三位前辈的学术研究领域都由中古的唐代出发，然后上下纵横。后来的蒋寅、罗时进也是如此。

启示之四：三位前辈都能几十年坚持做一件事。《荀子》："是故无冥冥之志者，无昭昭之明；无惛惛之事者，无赫赫之功。行衢道者不至，事两君者不容。目不能两视而明，耳不能两听而聪。螣蛇无足而飞，鼫鼠五技而穷。《诗》曰：'尸鸠在桑，其子七兮。淑人君子，其仪一兮。其仪一兮，心如结兮！'故君子结于一也。"

纪念章先生

获悉章培恒先生去世时，我在西安。记得当时与霍有明兄联系，他说章先生遗言，不开追悼会，不搞纪念活动。于是我嘱学校和学院发唁函悼念，我自己则遥望南天，默祷心祭。

广宏兄、利华兄都提及今天的活动，我说届时一定要通知我，因为疫情，外地的学者都在线参加，我说在线也要参加。我想从两个方面谈谈我心目中的章先生。

一是记忆中的章先生。知道章先生的名字很早了，也读过章先生的许多大作，但第一次见面是在1999年9月我入复旦大学中国语言文学博士后流动站。由我的老师霍松林先生推荐，经复旦中国语言文学博士后流动站研究，接受了我的申请。这个过程有些小的变化，也拖了一段时间，故章先生专门给我写了长信，说明这些变化的原委。我至今保留着章先生的手迹。

章先生待学生和晚辈很随和，但在学术问题上很认真。我申请国家博士后基金，需要两位专家推荐，我给他电话汇报后，他慨然允诺，我说我将项目简介填写好后供他参考。他电话中说，不需要我写什么，他自己会写的。我见他时，他已经用横格纸写了满满一页。

　　章先生举荐提携后进如恐不及，大家已经谈了很多，我也是受益者之一，因为时间关系，这里就不细述了。我作为西北大学文学院当时的行政负责人，特别要感谢先生对西北大学中国古代文学学科建设的鼎力支持。

　　我博士后出站后，每次赴沪，如果时间从容，会与章先生预约，去看望他。老先生邀我与古籍所的研究生座谈，还专门嘱陈广宏、郑利华、谈蓓芳几位学长陪同，并到他府上小聚。当时章先生已经有病，故他们的安排让我忐忑不安，既不敢过多地劳动各位学长，更不忍惊扰章先生的清修。最后一次见先生是在医院，他还将新订本《中国文学史新著》题签送我，并说及沪上某校全球招聘事，问我为什么不来应聘。当时西大方面已经传出让我做些管理工作，我对那次招聘也不存想法，故含混地回复了先生。没有想到这一次，竟成了永诀。

　　二是我理解的章先生的学术贡献。我认为他的学术贡献主要体现在以下三个方面：一是明清文学和古代文学的专题研究。二是古典文献整理和研究。三是古今打通与古今文学演变研究。章先生早年受教于朱东润先生、贾植芳先生、蒋天枢先生，这样的师承，使得他的学术视野开阔，也暗示了他后来所侧重的几个学术领域和开辟的文学古今演变和古今打通学科。其实他还有一个领域，这就是学术服务。在复旦中文系担任管理工作，创建复旦古籍所，在教育部古委会和古籍领导小组任职，还有教育部人文社科重点研究基地以及复旦中国语言文学博士后流动站的工作。

我亲见他的忙碌,这些琐务占用了他大量的时间,耗费了他大量的精力。

陈寅恪《清华大学王观堂先生纪念碑铭》:"先生之著述,或有时而不彰。先生之学说,或有时而可商。惟此独立之精神,自由之思想,历千万祀,与天壤而同久,共三光而永光。"包括王国维、陈寅恪等在内的20世纪前半叶的史学大师,除了卓著的成就外,也开了时代的新风气,树立了学术的新范式,完成了中国人文学术从古典到现代的转型。章先生也完成了古代文学研究从十七年到新时期的学术转型,同样给我们开了新风气、树立了新范式。我认为,这些精神除了广宏等古籍所的师生要弘扬光大外,也值得我们这些后辈追随者永远效仿追摹。

广大而精微

——王水照师印象记

第一次见到水照师应是1998年在贵阳花溪，我参加唐代文学学会的年会，会议间歇曾将自己的一册小书呈给水照老师。印象中的老师清癯而随和，所谓"望之俨然，即之也温"，在老师身上看不出端出来的架子，所以我也很放松。会后回西安，还收到老师的一封短笺，清秀的字迹，对拙著多有肯定，让我感动。

最近一次见到老师是2013年初夏，复旦中文系组织活动，庆祝水照师八十华诞，王门弟子已有一百多人，此次从海内外闻声响应、影从而来者有六十多位，有带着配偶的，也有带着孩子的，络绎不断，像是参加一个盛大的嘉年华。在美丽的复旦校园，再次见到老师，清癯随和人依旧。庆祝会上，看不到绚烂，看不到豪华，看到的是欢聚的济济一堂，看到的是师生话旧情浓烈。我还应邀在会上致辞祝寿。大家在会上情发乎衷，畅所欲言，讲得都很精彩。我不善即兴表达，总觉得自己讲得不好。现在稍从容了，但又没有了当时的现场气氛，只能把芜杂的感受稍加归拢。我印象中的水照老师,于己散淡,于人宽容,于学术则不断精进。下面就沿着这三端稍微做些回忆。

一

水照师曾说自己的学术道路和生活道路"较为平顺",与20世纪经历曲折的师友们相比,这固然是事实。但另一方面,与那些"舍得一身剐"、爱开顶风船、要主沉浮、永远壮怀激烈的"壮士"们相比,水照师定位自己是"也无风雨也无晴"的知识人,他对生活的所求极低,无论是寓所、穿戴,还是子女的发展,都没有刻意的追求。对待各种名利,他也都看得很淡。我们在老师的学术履历表上,主要看到的是一系列著作和一长串论文列表。从北大读书到社科院工作再到复旦执教,老师成名早却又很散淡,学术影响很大却又很简单。宋学先生们多喜说道理,老师闭口不谈大话,但他的践行和坚持却也能让我们后学者悟出一些什么。

二

水照师对朋友和学生相当宽容。胡适之先生曾说:"容忍比自由更重要。"我开始并不理解,也不完全赞同,随着年龄增长,特别随侍水照师时间长了,才逐渐领悟,诚哉斯言。

20世纪后半叶,中国社会变革剧烈,"反右""四清""文革""清污""反自由化",政治运动接连不断,学人们过分执着、过分激进、过分虔诚,都会陷入具体的纷争中,有些是迫不得已的

"规定动作"，但也有些是"自选动作"，于是每个机构都会或多或少有些矛盾。水照师从北大读书、社科院治学到复旦执教，都不屑介入这些无谓的"斗争"与说不明道不清的"矛盾"中。他能体谅待人，宽以接物，故在学界有崇高的地位。有时某些学术机构的不情之请，导致他杂事丛脞，忙碌异常，但水照师也能体谅别人，尽力而为做些公益，帮助别人。

我是半路出家忝列王门的。水照师不以我迟钝，始终循循善诱，引导我走上学术的向上之路。自己虽说做得并不好，但在水照师的不断启发下，对学术境界的广大精微还能有些粗浅理解。

1999年秋，机缘凑巧，我到复旦随水照师做博士后研究，当时已届中年，但读书、工作一直未脱离陕西，虽然对关陕文化有较深入的体验，但不能跳脱出来，格局不大。于是希望能南下，在沪上申请了两个单位，最后决定选择复旦，因为我是在职做博士后研究，其间还有一年在境外，故出站报告完成得并不满意，但水照师不断鼓励，还推荐我申请国家博士后基金，在出站报告的审查意见和出版序言中也尽拣好话说，多处肯定我的开拓。还委婉地希望我能不断努力，再有新作问世。我还被推荐为复旦大学首届优秀博士后，学校曾专门从上海派人到西安采访，将我的学术经历编入《复旦博士后风采》一书中。惭愧的是，我当时已身兼一些院系管理工作，这几年越陷越深，又在学校做些管理琐务，行政误人，我深知自己距离老师的期待越来越远，羞于向老师诉说自己的俗务和苦恼，与老师的联系也越来越少。但老师还记挂着远在西北的学生，每有新著必寄我一册。特别是去年为一学术机构推荐成员，老师还专门嘱体健兄寄来表格，要我填写，令我既感动又惭愧。

想来老师是以此鼓励"落后"学生,期待我能早点抛开庶务,全力于学术,趁着身体还康强,多做点实事。迷途知返,我会回应老师的期待的。

三

水照师在生活上散淡,待人也宽容,但对自己的名山事业,则有很高的要求。从北大、中国社科院到复旦,从文学史编写、唐宋诗文研究到标举新宋学,从内藤湖南命题、陈寅恪宋代观到钱锺书手稿董理,从苏东坡研究、历代文话辑录到文章学的倡导,我们可以看到水照师逐渐拓展又不断深化的学术轨迹。尤为重要的是,他不仅是一个勤勉的学者,而且也像一个胸有韬略的将帅,从游击战打到阵地战,再打到运动战,最后获致某一领域大战役的全局胜利。

如果说名山事业还仅仅主要是他一个人的战争,那么对唐宋文学研究生的着力培养,则体现了他对学术团队建设的高瞻远瞩。经过几十年的精心培育,随老师读书的,除了留在复旦的查屏球、朱刚、聂安福、侯体健、赵冬梅等外,还有分散在四面八方的高克勤、吕肖奂、杨庆存、张海鸥、吴河清、罗立刚、王友胜、刘航、陈元锋、崔铭、侯长生、田苗、严宇乐等。与别的学人稍有不同的是,水照师的学生还有一个阵容强大的"海外兵团",在澳洲有赵晓岚,在美国有蒋旻旸,在日本有内山精也、保刘佳昭,在韩国有柳基荣、林俊相、金甫暻等,在马来西亚有陈湘琳、林卿卿等。水照师曾在日本东京大学执教多年，从学者很多，他曾将日本从事宋代文学研究的成果编为《日本宋学研究六人集》，提醒内地的学人不要小觑日本宋代研究的堂堂阵容。

经过水照师的精心策划和经营，复旦大学中文系继文论研究、唐代研究、明代研究之后，又崛起了一个宋代研究团队，新近推出的"复旦宋代文学研究书系"，已让我们略窥其一斑。在全国的断代文学研究中，宋代研究也是后来居上。据陶文鹏先生统计，无论参与人数、论文著作数量还是学术视野的突破、学术空白的填补，宋代研究丝毫不输唐代，而且从未来发展趋势上可能要超过唐代。水照师以他个人的学术精进为底垫，进而推动了整个宋代研究的风生水起、波澜壮阔。史家陈寅恪所谓华夏民族之文化"造极于赵宋之世"，搁在30年以前理解，似乎还困惑，但经过水照师及宋代研究几代学人们的共同努力，我们已略可仿佛其境了。

在我看来，于己散淡，尚真朴求简单；于人宽厚，示方便存容忍；于学术则精进，致广大而尽精微。道家处己的散淡，佛家待人的和气，儒家事功的精进，一般人难臻其境，水照师则集其大成。故水照师不仅有现代一流学者的等身著述和卓越成就，而且还有古代通儒的大襟怀、大气象。

2014年4月14日草成

水照先生学术人生的六重世界

我发言的题目是《水照先生学术人生的六重世界》。

第一重世界：从北上到南归。水照先生是浙江余姚人，学术活动开始于北大读书，这是他的学术启蒙时期，他在学生期间即参与了"红皮本""黄皮本"《中国文学史》编写。毕业后留在中国社科院文学所工作，也参与了文学所何其芳主编《中国文学史》的编撰和《唐诗选》的编撰。

明清以降，由于政治中心北移，一般北上的南方知识分子和士人多选择了留在北方生活，这未尝不可。但是如果留在社科院，那么我后面谈的几点就要受到很大的局限。水照先生中年后选择回到江南文化的中心城市上海，特别是复旦大学，对他的学术人生产生了重大影响。这一选择，一方面与1977年后国家宽松自由的大环境有关，也与他的智慧选择有关。复旦的有容乃大，成就了水照先生学术的充实光辉，水照先生也以他近四十年的学术稳产高产回报了复旦。特别是，中国文化对故乡的那种思念与依恋而成的乡愁，在水照先生的生活与工作中看不到。"蚌病成珠"虽然是一种美,但首先是一种病态,是一种痛苦,乡愁也是一种痛苦,水照先生能回归到吴越文化圈的文化枢纽城市沪上,自由优游,是一种福分。

第二重世界:从经师到人师。袁宏《后汉纪》卷二三载郭泰事曰:"童子魏昭求入其房,供给洒扫。泰曰:'年少当精义讲书,曷为求近我乎?'昭曰:'盖闻经师易遇,人师难遭,故欲以素丝之质,附近朱蓝耳。'泰美其言,听与共止。"

水照先生来复旦后培育人才,为本科生、硕博士研究生授课,培养了一大批优秀的硕士、博士和博士后,为学术界输送了后备力量。王先生还曾在海外教学,在日本也有一批王门弟子。

王先生在人才培养上的一个特点,就是组织学生参与相关的研究项目,通过科研实践来提升学生的水平和能力。

第三重世界:从简单人生到以"心流"状态投入教学科研。水照先生无论是在北大读书,还是在社科院工作,乃至到复旦教书,生活简单,比较平顺。用他自己的话说,就是没有遇到"惊涛骇浪"。既没有很广泛地牵涉到各个历史时期的政治纠纷中,也没有很深地陷入各个单位办公室的"茶杯里的风波",这两类前后也有联系,水照先生吃五谷杂粮,也未能免俗,完全超脱是不可能的,但都没有深陷其中。这种高超的智慧来自何处,大家可以见仁见智,水照先生说他从苏东坡的人生阅历中获得了启示。

美国积极心理学奠基人米哈里·契克森米哈赖提出了"心流"理论,指全神贯注、投入忘我的状态,与老庄的心斋、坐忘类似,短时间的"心流"状态容易做到,但长时间的心流状态则不容易做到。

第四重世界：从协助钱先生到深化钱锺书研究。水照先生所著《苏轼选集》，被陈尚君先生评价为向《宋诗选注》致敬的选本。《钱锺书手稿集》出版后，水照老师比较早地关注并研究，参与了钱学研究的许多活动，最后出版了《钱锺书的学术人生》一书。与已有的钱学研究成果略有区别，王老师的钱学研究是以亲历受教者，也是以知名古代文学学者身份进入钱先生重点研究的唐宋文学领域，在钱先生已经开拓过的领域继续深耕，并拓展了相关领域。

第五重世界：从出入唐宋到倾力"新宋学"。水照先生的学术研究堂庑广大，不限于唐宋，但是他对断代研究用力最多的是唐宋，他不但能出入唐宋，而且能会通唐宋。早年的学术成果以唐代居多，中年南归沪上后，成果以宋代居多，包括成立中国宋代文学学会，整理《王安石集》《司马光集》，以苏轼为重点的宋代作家作品研究。对内藤湖南"唐宋转型"理论的重新阐释，尤其是对"新宋学"的标举，意义重大。一是对与"唐型文化"区别度很大的"宋型文化"找到了一个解释框架，二是为宋代文学、宋代史学、宋代经学、宋代理学、宋代科学技术的发展找到了文化学的依据，三是为中国近代市民社会和市民文化的出现追溯源头。王先生还将宋代文学需要开拓的领域，概括为"五朵金花"。

第六重世界：从编纂《历代文话》到建构中国文章学体系。具有自觉鲜明的当代性。

简言之，水照先生学术人生的六重世界，第一是生活经历，第二是教育使命，第三是人生境界，第四、五、六则是他的主要学术贡献。前三方面是他的学术人生，后三方面是他的学术主脉。

三张华

西晋太康时期有三张二陆两潘，其中的三张是指张载、张协、张亢三兄弟，这几位哥们儿都是当时文艺圈里有头有脸的人物，也都有作品传世。唐代曾有三李二杜（或叫大小杜），但他们都是不同时期同姓人物的拼盘，虽说同姓，又都并称，但其实互相间并没有见过面。唐代另有五窦，宋代有三苏，那都是父子并称。上阵父子兵，不光武打，文战有时也需要父子兄弟间互相声援。

三张华与这些昔哲前贤都不一样。老张华是我的授业师，我曾经他亲炙，启蒙现代文学，特别是我关于鲁迅的认知，都是得之于老师的。小张华是我的朋友，我除了敬重他的学问，更佩服他的酒量。至于中张华，我迄今缘悭一面。

三年前与小张华聚会时，穆涛就发现了这件奇闻。他是个热肠子，也是活动积极分子，随后就开始张罗三人见面的事。大家都跟着说是好事。但要让不同地域、不同单位、不同年龄的三位同姓名者聚到一块，并非易事。毕竟滚滚红尘中，我们这些俗物匆匆忙忙，多沉浸在脱不开身的庶务中，对于真正的雅事，反倒不会持续关注。今年前半年，穆涛已经确定了一个时间，通知我见证历史时刻，但临了又因为什么原因取消了。

这次大家聚齐了，我却于役兰州，人生难相见，动如参与商呀。古时交通不便，相见要靠运气。今天海陆空的交通都非常便捷，通过互联网，我们甚至可以时时视频，经常语音交流，但要真正见面，也还是需要缘分的。这次文学圈三位同姓名者历史性握手，确实是人生大机缘。关键时候，我又掉了链子，不能见证这一盛大场面，是我的大遗憾。

从学理上说，姓辨血缘，氏别贵贱，名以正体，字以表德，号以美称。名字就是一个具有区别意义的人文徽号，如出现同姓名，则这一称谓的区别性意义就减弱了、模糊了。若单单为了区别，我们可以换用更精准唯一的符码，如公民身份号码、二维码、指纹指印、唇纹、虹膜、身体的红外线等。但人类不会轻易地放弃这个古老的人文徽号，哪怕重复相同，也是一个极有趣的文化现象。

据统计，全国叫李浩的有30多万人，我见过面且认识的寥寥无几。今天，在全国高校从事文学教育的老、中、青三张华聚首，确实是人生的一大机缘。其中老张华早年在山东大学读书，小张华的导师也是山大的资深教授曾繁仁先生，中张华现在仍在山大执教鞭，则他们共同的学脉都与鲁中的山大有关，而他们的历史性握手则是在关中的长安，这又是奇中之奇。

闻一多写李白与杜甫这两位异姓兄弟见面时说："我们该当品三通画角，发三通擂鼓，然后提出笔来蘸饱了金墨，大书而特书。因为我们四千年的历史里,除了孔子见老子(假如他们是见过面的),没有比这两人的会面,更重大,更神圣,更可纪念的。"闻是多血质的激情诗人,他可以这样手舞足蹈,好像是他在与他的兄弟"醉眠秋共被,携手日同行"。我祝贺三位同姓名者珍惜人生的大福报。"渭北春天树,江东日暮云",我也梦想有一天能与我造化中的真宰相遇,不敢奢望同名同姓,只要是气味相投,喜欢同一个调调就可以了。

2017 年 12 月 12 日星期二于金城旅次

怀念薛老师

薛老师调回西大工作较晚，给78级、80级上过文学史课程，没有给我们79级上过课，故我念本科时并不认识薛老师。

最早知道薛老师的名字是在我读研究生时。记得他当时是给下一级开设《红楼梦》选修课，上课时间是晚上，地点在太白校区五号教学楼的台阶教室，我去得有点晚，教室里已坐满了人。我虽是陕北人，但很喜欢听薛老师略带蒲城味的普通话，抑扬顿挫，有板腔的节奏感，但又行云流水，悠悠地随着麦克风传得很远。薛老师对《红楼梦》原著很熟稔，引用信手拈来，鉴赏分析也很贴切，而且有极高的理论概括力。最让我佩服的是，老师将原书相关的一些情节，前后贯通，互相比较，分析异同。最神的是课堂上脱稿讲授，前面某句在某回，后面某句在某回，庚辰本如何，甲戌本如何，一字一句都有准确出处，毫不含糊。我虽然没有报名选修，但是将这门课认真听完了。我后来知道，薛老师据讲稿整理成《红楼采珠》一书，印行多次，还曾作为自学考试的教材，影响了很多届学生，至今仍畅销。

我虽然不做明清文学研究，也不专攻《红楼梦》，但因为听过薛老师的《红楼梦》选修课，自认为打了一个不错的底子，所以后来听其他名家讲《红楼梦》，就有了一定的鉴别力。偶尔看到王蒙先生在《双飞翼》中谈《红楼梦》的系列，也听到过台大美女教授在网上的《红楼梦》课。王蒙先生主要是从创作上开掘，欧丽娟教授口才虽好，但有点主题先行。后来又听过白先勇先生开设的《红楼梦》课，白先生早年在台大读外文系，又是著名华文作家，故既能从创作角度体察作品，又能中西比较。与原著不即不离，恰到好处的还要推薛老师。

薛老师教学的黄金时期是在互联网风行天下之前，那时还没有短视频，也没有公众号。他可能也不屑在《百家讲坛》之类大众平台上普及《红楼梦》，但这可能是大众平台的损失，是广大红学爱好者的损失，不是薛老师的损失。他没有像某些明星学者那么火，那么红得发紫。寂寞反倒成就了他，让他有时间和精力开拓出另外一个学术领域。

全国学术界对薛老师的肯定和推崇，还是他以宋词为重点的宋代文学研究，在西大老辈学人中，他比较早地通过对作家别集的校笺注释来展开文本研究。有过专书整理经验的同行一定能体会到，通过一段时间的沉潜，深入到文本内部的世界，学术研究中的许多问题就纷至沓来，一一浮现。学人不必自外找选题找项目，文本内部的好题目就像海滩上的珠贝一样，闪闪发光，等待勤奋且有慧眼的学人来拾取。如果说，薛老师是通过教学将《红楼梦》中的珠贝呈现给学生，那么在宋代文学研究中，他是通过专书研究、专题研究将宋代文化中的珠贝奉献给学界同行。

他先做《乐章集》的校注整理，再做《东坡词》的重新编年，再做周邦彦研究、杨万里研究。其中，《乐章集校注》是柳永词的第一个新整理本，成稿后被中华书局列入"中国古代文学基本丛书"系列出版。西大学人的成果列入此系列的，此前有李云逸先生的《卢照邻集校注》，此后有安旗先生与薛天纬老师、阎琦老师、房日晰老师的《李白全集编年笺注》（该书成书较早，最早由巴蜀书社1990年初版），近年又有郝润华教授的《李梦阳集校注》。未列入此系列的专书整理成果还有赵俊玠先生的《沜东乐府校注》、韩理洲先生的《王无功文集五卷本会校》、阎琦先生的《韩昌黎文集注释》等。近年可能还陆续有一些新成果刊出，可惜我不太了解，恕不一一列举了。

1976年"文革"结束，开启了改革开放的新时代，精神自由，学风丕变，古代文化与古典文学研究也迎来了一个新时期，但学术界众声喧哗，各执一词，瓦釜雷鸣，黄钟毁弃，让年轻的学人无所适从。不过，由乾嘉学派发端，又由现代文史大家做出示范的实学精神和朴学方法，最终回归并左右了主流学术。谈及此点，一般都引用陈寅恪《陈垣〈敦煌劫余录〉序》中的一段话："一时代之学术，必有其新材料与新问题。取用此材料，以研求问题，则为此时代学术之新潮流。治学之士，得预于此潮流，谓之预流（借用佛教初果之名）。其未得预者，谓之未入流。此古今学术史之通义，非彼闭门造车之徒，所能同喻者也。"我却觉得傅斯年先生在《国立中央研究院十七年度总报告》的另一段话说得更明白透彻："此虽旧域，其命维新。材料与时增加，工具与时扩充，观点与时推进，近代在欧洲之历史语言学，其受自然科学之刺激与补助,昭然若揭。以我国此项材料之富,欧洲人为之羡慕无似者,果能改从新路,将来发展,正未有艾。故当确定旨趣,以为祈向,以为工作之径,以吸引同好之人。此项旨趣,约而言之,即扩充材料、扩充工具,以工具之施用,成材料之整理,乃得问题之解决;并因问题之解决,引出新问题,更要求材料与工具之扩充;如是伸张,乃向科学成就之路。"西大古代文学的老辈学人不仅自己"预流"这一时代风气,做出优秀的成果,而且能示人以轨辙,为学科发展赢得了很好的声誉。薛老师砥柱其间,继往开来,既在全国树立了标杆,又为此后西大古代文学学科的向上发展奠定了基础。

薛老师为我们留的第三类珠贝,就是他的教育理念和人才培养。薛老师靠他自己的名山事业已可以不朽,但学校与科研院所还是有些区别。学校的教师要自己带学生,要与更多的年轻人交流,故其言语行动、举手投足都可能影响当下,垂范后昆。薛老师直接指导的学生不多,但对读书种子的奖掖扶植如恐不及。其中孙虹就是一例。孙虹在西大读硕士研究生时,我就经常能听到薛老师对她的夸奖。孙虹后来仿薛老师的《乐章集校注》,做《清真集校注》,也获得了薛老师的悉心指导,该书后也列入中华书局"中国古代文学基本丛书"出版,版权页上留下的"薛瑞生订补",足以证明薛老师在此书中也耗费了大量心力。78级的何锡章兄,青年学者李小龙,本科都毕业于西大,我每见到他们,提起薛老师,他们都充满了感激。

薛老师虽然没有给我们79级开过课,但是我听过他的课,是他的学生。我毕业留校后,知道他与安旗老师、房日晰老师、阎琦老师关系密切，故我感到与他也没有隔阂，经常向他请益。薛老师每有新书出版，总是签名送我。在完成高海夫先生主持的茅坤《唐宋八大家文钞》整理过程中，因为高先生去世，项目后来实际上是由薛老师负责的。在那段时间里，我与薛老师联系较多。我当时除了承担这一项目，还在职攻读博士学位，几项任务压在肩上，整天风尘仆仆，苦不堪言。博士毕业后，又被推出来在院系和学校兼职做了十多年的管理工作，更加忙碌了，所幸有包括薛老师在内的一批老先生支持，工作还差强人意。

近年来，我不再做管理工作了，本可稍微放松些，多陪老师说说话。但行政误人，我浪费了十多年本该读书的大好光阴，只能这几年抢时间补补课。加之在桃园校区与长安校区两边住，平常很少参加教研室和院系的活动，对薛老师的近况知道得不多。薛老师去世的噩耗还是邱晓告诉我的，我与杨乐生仓促赶到他的蒲城老家，为老先生上了一炷香。

几天前，薛彦在电话中说为纪念薛老师想编辑一个集子，因为时间紧急，马上要印制，问我能否写一首小诗。我不善诗，再说我的这些唠唠叨叨也不是诗语所能涵盖的。故不避絮叨繁复，将我印象中的薛老师写出来，作为一个老学生的怀念。

2023 年 6 月 10 日追记

双飞翼

郭老师在书房中踱来踱去,像在教室一样,忽然扭过头来,很自得地对我说:"你知道吗,我仍然常常做梦,梦中又回到了少年时光,我跑得很快,快到双脚离地,竟然飞起来了。我常会在梦中飞起来。"

很多年过去了,我仍记得很真切,那是一个夏天的晚上,窗外的天幕上镶嵌着稀疏的星宿,幽光莹莹就像蓝宝石在闪耀,我们在暖色的灯下闲谈。我很惊异他有这样一个奇梦。

当时郭老师刚退休,他腿脚很好,整天像行脚僧一样,一会儿在张畔,一会儿去镇靖,一会儿跑到了西安,一会儿又移驾天水。他一直闲不住,还多次说要帮我做点事。那时他还没有蓄长髯,迹近儒墨,整天忙忙碌碌,要为老学生解困释忧,还要为新学生授业解惑。蓄胡后飘飘然又是一派道家气象,但并非不食人间烟火,他仍然有梦。

历史时期的陕北三边其实是很蛮荒的。一直到我负笈离家时仍然很凄凉,那已是1979年了。我们这些自足的三边土著少年,对外部世界知道得很少，关心得更少。记得1976年打倒"四人帮"时的一个笑话，游行队伍跟着喊的口号是"打倒四帮人"，队伍前面传来话说喊错了，更正成"打倒四人帮"。大家也没有多思考，附和的口号仍然义愤填膺，响彻云霄。

给封闭的三边不断带来新空气、新信息的是几批外来文化人。早期的传教士在小桥畔盖起了教堂，传来了基督教的福音。受"五四"新文化运动影响的知识分子和转战陕北的革命力量，对三边影响更大，除了政治体制上的翻天覆地外，把扫盲识字也变成了一场轰轰烈烈的文化运动，这种社会实践从后现代的眼光来看仍然可圈可点。除此之外，其实还有一大批迁徙来三边的文化人，没有引起学术界的注意。这就是从20世纪50年代一直到70年代下乡的知识青年，只不过三边地区分配来的外地知青很少，只有本地的小部分知青下乡到此。小说《我的遥远的清平湾》与电视剧《血色浪漫》中的北京知青，主要被分配在延安地区。

对三边地区影响较大的是另外一种类型的下乡知识分子，那是从50年代后期一直延续到"文革"时期分配来工作的外地大学生。那时中国大学教育还没有扩招，还是所谓精英教育时代。每届毕业的大学生很少，作为高端人才确实很金贵。为何把这些精英分配到偏僻落后的三边呢？除了国家的政策外，恐怕与这批人的家庭成分、个人言行有关。家庭成分如是地富，在校期间再有过一两句不合时宜的言论，甚至没有能积极投身当时各种轰轰烈烈的运动，都有可能被选中分配到边远落后的地区。

来到山秃水急、黄沙滚滚的三边，对那些风华正茂的外地大学生而言确实是精神和肉体的双重流放，但对三边土著子弟而言却是一件幸事。这批大学生绝大多数都被分配到刚刚成立的几所中学，有些还是这些学校创办的见证人。

于是刚刚成立不久的定边中学、靖边中学，就师资力量而言，确实很雄厚。他们的学缘与地缘结构不光比同时期关中道学校合理，甚至与现在的陕北学校相比也更合理。柳宗元被贬永州、柳州，对他个人而言是不幸，但对衡湘以南的子弟而言却是件幸事，经他"口讲指画为文词者，悉有法度可观"。三边的几代父老恐怕都不会忘记曾在靖中执教的外来教师，像辛新华、李笃志、郭延龄、杨正泉、黄海、张凤玲、石玉瑚、连奎、刘锦蕊、高振发、杜海燕……一长串名字。每个当年的家长或学生，或先做学生又做家长的三边人，都能讲出这些老师课堂上的风采、生活中的许多逸闻趣事。质木的三边人一讲到他们的这些老师，总是神采飞扬，情不自禁地有些夸饰，给每个老师都演绎出一些传说。譬如说某某课讲得多神奇，某某口音又是多古怪，某某在生活中又闹了多少笑话。说辛老师讲化学课从不打开教材，说连老师演数学题从不看学生，说郭老师不光会背所有的语文课文，连地图上出现的外国地名的形胜位置、物产矿产、人口数量也能脱口而出。

仅靖边中学一地十多年间就积聚了从全国各地来的几十位大学生从教，师资队伍堂堂正正，形成了一道独特的风景。可惜随着改革开放，政策宽松，这批外地人才纷纷离开，一时风流云散。校园里再也听不到过去的南腔北调了，一哇声都是纯正的乡音。年前在西安的一次聚会中见到了久违的高振发老师，穿着打扮像个土气的煤老板，操一口醋熘的陕西话，让我感慨万端，在激动的同时，也不免有一丝失望。他不知道当年的那个西安交大高才生，虽然讲一口我们基本听不懂的上海话，但他与播音员妻子每天出双入对，在偏僻的张家畔就是一道靓丽的风景。在校园中，高老师也有一大群学生粉丝。这批外来人才的做派勾起学生们的无限遐想，有多少学生把他们的生活作为追逐的青春梦。高老师放飞了我们的梦想，他自己却又回到现实中了。

与高老师的理工背景不同，郭老师浓厚的人文情怀使他与三边这块土地再也分割不开了。他也是少数未离开三边的外省人之一，在靖边娶妻生子，使他在弘传外来文化的过程中，自己也融入草根文化中了。

郭老师喜欢向我们念叨，说他年轻时本想报考艺术院校，因家庭成分等等，未果。但他在长期语文教学的同时，并没有放弃艺术表演实践。元旦、春节和其他大型庆典时都能看到他的身影，他演出《十二把镰刀》《白毛女》《小保管上任》等保留节目时，那份专注敬业，那样神采飞扬，那种本色当行，恐怕已成为靖中教师中的绝响。在那个除了政治领袖没有艺术明星的年代，我们这些中学生对文化的"星梦"就是这样被奇妙地孕育着。

一个教师要有坚实的专业基础，能系统全面地传授相关专业的知识谱系，这是题中应有之义。但我认为这仅仅是一翼，还有另外一翼，就是带领学生去畅想、去想象、去憧憬，去领略外面五彩缤纷的广大世界。外地来的老师给我们靖边土著子弟插上了双飞翼，让我们去飞。郭老师则不光给我们安装了设备，他自己也情不自禁地和我们一起飞起来了。

2008 年 6 月 18 日地震后据残稿追记

空向秋波哭逝川

还记得那年的5月16日，符均兄突然在电话中对我说，赵常安老师逝去了。对于这猝然的噩耗，我当时并没有反应过来，符均又重复了一遍，我始感震惊，继则怀疑，仍不相信符均所说的话。我几天前才见过赵老师，永远是那样的随和散淡，不急不躁，丝毫没有要出事的兆头。

然而触目的真相将我善良的愿望残忍地揉碎了。在慰问师母王利娴的电话中，她哽咽着说："赵老师可喜欢你哩，前两天还念叨着你。"

我的心再次被揪动。

作为一名年轻作者，第一次见到赵老师也是符均引荐的。1991年秋，我的《唐诗美学》一书脱稿后，曾先后与两家出版社联系过，均没有结果。符均说赵老师对手头的选题计划并不十分满意，拟更换几种再上报，让我将自己的写作大纲向赵老师谈一下。因前两次教训，我并没有抱很大希望，只是将稿子放下就走人了。不久，赵老师捎话说稿子已看过，印象还不错。约莫又过了半个月，听说稿子已送厂发排。后来我计算过，从交稿到领样书不足十个月，最后还拿了稿酬。按理说，出书领稿费是天经地义的正常情况，但是搁在近年来学术著作出版难的背景下，我既非学界名流，又非党政要员，与责任编辑素昧平生，这事就显得很突出。

1993年中秋节前夕，出于感激，我第一次赴他府上拜访，言谈之中，他知我是陕北人，便提及他大学时的一位同学杨正泉在陕北教书，可巧杨是我的中学语文老师。他说你为什么不早告诉我呢，我说我又怎么能知道您与杨老师是同窗呢。

有一天我又去编辑部办事，送行时他责备道："上次去我家不让你留那条烟，你硬是放下了，来了几个朋友抽了，都说是假的。"我当时感到很窘迫，辩解说："烟是假的，但情意是真的。"他笑着拍了拍我的肩膀："你既不抽烟，想必也不识货，何必浪费呢？"

赵老师说他腿怕寒，我向他推荐陕北羊绒毛防寒裤，御寒防潮效果挺好，并托老家来人给他捎了一条，他后来问了价格，硬是将钱塞给我。

后来出版社有一件事将他牵连进去，我听说后极其难过，本想看一看他，但我知自己嘴拙舌笨，素来不善于劝解安慰别人，恐说得不合适，反而给他增添更多的苦恼，索性作罢，只寄了一个明信片，上面写道："好人一生平安！"虽说是顺手拈用前两年曾走红的一部电视剧中的套话，但祝祷之情却是真诚的。

我的小书出版后，各方面反响还不错，除了在西北大学用作选修课教材外，我还应邀去西工大、西安交大、西安石油学院、解放军西安政治学院、陕西师大、韩国庆尚大学办讲座，受到青年学生的欢迎。该书曾被评为陕西省社科优秀成果一等奖，西北大学优秀教学成果和优秀课程用书，书亦不久告罄。后又曾在北京改版印行，修订后又被台北文津出版社收入"隋唐文化研究丛书"出版繁体字本，被安徽大学出版社收入"唐诗研究系列"出版简体字本，内容有所增补，装帧印制亦更加考究。我在此说这些是想告慰赵老师的在天之灵，他看中的稿子还是蛮有学术市场的，他扶植过的一名年轻作者，仍然在学术园圃中笔耕不辍，且小有收获。

赵老师去世后，我一直想写一点东西，但思绪芜杂，剪不断，理还乱，不知从何说起。当时只在小书的修订后记中留下几句：

> 本书责任编辑赵常安老师，善良本分，与世无争，但天道不公，一场突然的恶性事故，夺去了他的生命，他在遇难前两天还惦记着本书，向符均兄谈及再版事宜。此时此刻我在泪眼模糊中，仍能仿佛其音容，长歌当哭，我只能说："彼苍者天！歼我良人。如可赎兮，人百其身！"

最近见到杨正泉老师，说他们老同学将所写纪念赵老师的文字汇为一集，准备出版。我突然感到一种负疚和惭愧，觉得有责任将一个作者眼中的老编辑如实记录下来。

近年来社会风气恶劣，出版界亦遭污染。但我刚出道就幸运地遇到许多作风过硬、业务能力极强的编辑，推挽引掖，如恐不及，多部书稿能够较顺利出版和再版，印象最深的有陕西人民教育出版社的赵老师、符均兄，人民出版社的严平兄，台北文津出版社的总编邱镇京教授，安徽大学出版社社长杨应芹教授，商务印书馆的王齐女士，中国社会科学出版社的罗莉女士，上海古籍出版社的李鸣兄等。说明天地间自有正气，维系华夏学术的命脉，不至于因商品大潮的冲击而坍塌。妻总是说我"憨人有憨福气"，但是我的些微福气和机缘都是师友们赐给的。我顺便还有一句话要对作者同道说：我们不能老埋怨出版社和编辑，还是要在自己书稿上下功夫，虽可能会有一些曲折，但以中华之大，伯乐之多，不愁没有识货人。

金风萧瑟，又是一年中秋节，真想与赵老师大醉一场。想当年他曾邀我去他家共饮，我也曾向他吹嘘三边人杂羌胡气，豪饮成风，冬日大雪中，佐以红泥火炉，温火炖羊肉，是饮酒最佳时节。他听后咽了口唾沫，欣然有向往之意。而今生死永隔，欠赵老师的这顿羊肉烧酒不知何时才有机会偿还。

仰望赵昌平

感谢尚君先生推荐我参加今天的活动。

严格意义上讲，我没有资格参加今天的纪念会。昌平先生年长我十五岁，与我生活工作的地域、行业不一样，平时联系、交接比较少，我不敢谬称我的朋友赵昌平，也不敢攀附为我的老师赵昌平。

但若循名责实，我也可以参加今天的纪念活动。因为我也是上海古籍出版社的一名老作者，多种重要的著作论文是由上古推出的。昌平先生是中国唐代文学学会的资深副会长，我则是学会秘书处的工作人员，为几代唐代文学学者做过服务，当然也包括昌平先生。作为一名唐代文学学者，我也是很早就拜读了他的系列大作。

按照我的理解，昌平先生平生功业主要体现在以下三个方面：一是他工作的上海古籍出版社，二是他兼职和服务的学术机构和社会团体。三是他的学术著述。

先说出版社的工作。昌平先生是国内古籍整理和古代文学研究的资深编辑，而且是学者型编辑和出版家。在我看来，民国时期的学者型编辑和出版家较多，接续到新中国成立后前十七年还有一部分，"文革"后，虽然是一个历史新时期，但老成凋零，风流云散，包括出版界在内的人文社会科学领域都是重灾区，老辈学人不是去世，就是病退，还有些人刚刚走出牛棚，仍心有余悸。幸运的是，国内一北一南两家重要的古籍出版社，都保护了一批学者型出版家，中华书局与古代文学研究有关的如徐调孚、宋云彬、马非百、杨伯峻、周振甫、李侃、赵守俨、傅璇琮、程毅中、许逸民、张忱石、徐俊、周绚隆、俞国林等，上古如吕贞白、胡道静、金性尧、朱金城、何满子、魏同贤、钱伯城、李国章、赵昌平、高克勤等，出版社内部就是一个令人羡慕嫉妒的学术共同体。在出版社系统内，承担主要领导责任的总编社长，学术责任、政治责任固然重要，但出版社同时是企业，故经济责任也很重要。另外做管理，社外的人脉人际关系，社内的人望人事也很关键。主要领导人能够较长时间持续稳定，是一件好事。时下要做好一件事很难，但做坏一件事很容易。故主事者所具有的智慧、所付出的努力、所耗费的精力是外人所不能理解的。昌平先生能遭逢改革开放以来的大好形势，成就了一番大事业。从"时势"与"英雄"两个环节来看，究竟是时势造英雄，还是英雄造时势？我觉得是两方面的互相作用。从大背景来看，是时势造英雄；从小环境来说，也未尝不是英雄造时势。

有意思的是，从事唐代文学研究的两位资深学者傅璇琮长期主中华，赵昌平长期主上古，内地近四十年唐代文学研究兴旺发达，不能说与这两位学者型出版家的主事无关。

其次，昌平先生在多个学术机构和社会团体兼职，为这些机构做出了重要贡献。他曾任全国政协委员、全国古籍整理出版规划领导小组成员、上海市出版协会理事长等，也曾长期担任中国唐代文学学会副会长。他在其他学术及社会组织兼职情况已经有一些介绍，在唐代文学学会兼职情况，陈尚君、葛晓音、蒋寅等在文章中也提及一些。我仅从秘书处工作人员的角度补充一点新内容。"文革"结束以后，国内学术文化发展很快，其中一个指标就是全国性和行业性的学会、协会如雨后春笋，一下冒出许多，且都非常活跃。但有些学会、协会内部的矛盾很多，为一些琐屑事搞得乌烟瘴气，对冲掉了学会应该有的影响力和美誉度。

中国唐代文学学会从成立以来，一直能够以"双百"方针为圭臬，学术探索，求真求是，每一届理事会都能够不忘初心，牢记使命，故学会内部既团结合作，又自由活跃。有时为一些学术问题出现认识不一，偶有龃龉之处，但是学会的中坚识大体、顾大局，出现问题很快就能化解。我曾经亲见赵昌平、薛天纬、张明非、阎琦、葛景春等几位一同化解了一个今天看来很琐细的问题。因为有这样的中坚力量，使得学会内上下沟通，维护公议，扶树雅道，贬斥势利，成为一种常态。也正是因为有这样一股清流，使得学会能一直遵循中道，守正创新。学会三十多年来能够正常发展，与萧涤非、程千帆、傅璇琮等老辈学者的引领有关，也与有董乃斌、赵昌平、张明非、葛晓音、薛天纬、阎琦、葛景春、陈尚君、卢盛江、詹福瑞、尚永亮、罗时进、蒋寅等中坚力量砥柱其间有关。

其三，昌平先生也是一位知名学者，在多个领域尤其是唐代文学研究领域贡献卓著。广西师范大学出版社 1997 年曾出版过《赵昌平自选集》，收集了他 2000 年以前的十多篇学术论文，以唐代研究为主。此外还有，独著《顾况诗集》，合著《唐诗三百首新编》《唐诗一百首》等。从数量上来看，不算是高产，但考虑到他是在紧张公务之余从事研究，那么这个数量其实是相当可观的。尤其是他的重点文章，篇幅很长，展开很多，思考很深，发人所未发，能给同行很多启发，故每篇一刊印出来，就能引起大家关注，长时间讨论。我也是很早就拜读过《"吴中诗派"与中唐诗歌》《盛唐北地士风与崔颢李颀王昌龄三家诗》《意兴、意象、意脉——兼论唐诗研究中现代语言学批评的得失》等篇论文，其中后两篇初刊在学会会刊《唐代文学研究》上，故在看清样时就开始读了。除了大家谈到的以外，我个人觉得，昌平先生的《"吴中诗派"与中唐诗歌》《盛唐北地士风与崔颢李颀王昌龄三家诗》两文还是后来盛极一时的文学地理学或地域文学研究的滥觞。在这两篇之前的地域文学研究，主要集中在南北朝时期，2000 年以后唐代的文学地理学研究慢慢热了起来，成果也逐渐多了起来，但又陷入了一个瓶颈期。研究模式与方法的简单化，使这类研究无法深入，形成了新的公式。所以，今天重温昌平先生的大著，仍能给我们以新意。他的论文不光是这一领域拓荒期的作品，而且能够烛照时下文学地理学论著的认知盲区。

因为昌平先生在出版社工作，故他不必按照高校的学术规则承担项目、发表论文，所以他也没有一般高校学者的枷锁，可以自由选题，自由撰著，自由发表。比如刚才提及的《盛唐北地士风与崔颢李颀王昌龄三家诗》《意兴、意象、意脉——兼论唐诗研究中现代语言学批评的得失》两文,最早发表在学会会刊《唐代文学研究》,但本刊一直属于以书代刊,故有些学者鉴于学校的考核指标,不愿意将好文章给会刊,而昌平先生以这样的方式支持了学会的工作。一般学人以学术为重,甚至以学术为生命,这固然值得敬重,而昌平先生则看到了学术以外还有更广大的人生空间,更深邃的人生意蕴。

从一个学者的角度看,在高度肯定昌平先生的学术创新外,我也对他的未竟之业深表遗憾。但从一个更宏阔的视角来看,他对上古的贡献是独特的,他在唐代文学学会的贡献也是独特的。而他对学术的贡献是开了一种新风气。正如昌平先生帮助马茂元先生完成《唐诗三百首新编》一样,我们也希望有识之士能在昌平先生唐诗研究系列论文及他的写作大纲的基础上,完成他的《唐诗史》大著。

除了在学术会议等公共场合会面,我与昌平先生小范围交流并不多。记得第一次去上古,他好像很忙,不在社内。高克勤兄接待了我,责任编辑安排了餐叙。另外一次是上海书展,由汪涌豪兄承办了一个小规模的学术讨论会,昌平先生莅临讲话,话题宏大,滔滔不绝。还有一次,应该是2016年,陈尚君先生有一个小规模活动,外地学者只有葛晓音先生和我参加,下午会后,尚君先生和夫人孔老师邀餐叙,因为有葛老师,他请昌平先生和夫人来作陪。他们几位是老朋友,故说话无所拘忌,印象中昌平先生话最多,我基本插不上嘴。这大概就是我第一次见他的夫人,也是最后一次。我印象中他爱抽烟,衣着鲜亮。夫人去世后,他仍每餐在遗像前给夫人备饭,共食如常,闻之令人泫然。

真是翩翩海上佳公子!

天地悠悠,弦歌不辍,大概《唐诗史》以后还会有人继续写。但这样真性情、真担当的师友越来越少。自君之往生,广陵散从此绝矣!

2021年5月16日于西安怀德坊寓所追忆

启蒙者的心语
——《钵钵山诗文集》读后

许江先生是我四十多年前的老师。今年清明期间,老师将打印好的诗集稿带到西安,一定要我看一看,并写点文字。我说老师的大作,我愿意拜读学习,其他则不敢。

匆匆春去也,盛夏又袭来,厚重的诗集稿我还一个字没读。学期末清闲,但天气奇热,无处可逃暑,躲在书斋里,心稍微静下来,顿觉周边也凉爽了,此时正是读书天。于是把老师的诗集摊开,恭恭敬敬地读了几天。老师的作品勾起我许多少年往事,在看稿过程中,我的记忆之网也撒了出去,捕捞了不少韶光碎片,也引发了不少感慨。

一

我是1974年从靖边五七小学毕业上初中的。我们那届小学毕业生,一部分去靖中上初中了,还有一部分被编成两个班,留在五七小学读初中,当时叫"戴帽中学",属新生事物,我们这一届就是第一批教改实验品。看到公布的名单后我还问过小学的老师,他们说留下的都是听话的好学生。那时年幼,听老师这么说就很开心,没有多想,蹦蹦跳跳地开始了初中生活。

许老师诗集中《同学聚会感赋》两首的序言也记录了此事:

> 靖边县五七小学首届初中(1974.2—1976.1)二班同学聚会工作筹备两年之久,终于2013年8月15日在紫靖城酒店欢聚一堂。三十七年光阴白驹过隙,五十多位学子事业有成。余从1974年10月至1976年1月,任该班班主任兼语文老师。

老师的记忆比我还清晰准确。比如说那一届是春季入学,春季毕业。还有,许老师带的我们班是二班,王沛功老师带的是一班。许老师来之前,我们的语文老师是贾仲廉老师,贾老师之前应该是陈云霞老师吧。我的记忆也随着老师的诗活泛了起来。很多年前,几个靖边籍的男生曾在西安聚会,忆及当年五七小学读书时的女老师,陈云霞、余菊芳……有人说陈老师现在宝鸡工作,于是马上就约定周末下宝鸡看望陈老师。在酒酣耳热时敲定的事,让我很感动,但周末我并未能去。许老师诗里提及的这次聚会也是如此,靖边的同学曾电话通知我,但我那段时间身不由己,故并未参加聚会。不管是许老师的诗还是其他同学的介绍,都说那次活动很成功。

许老师1972年秋入榆林师范学习,1974年8月毕业,在黄蒿界中学工作两个多月,便调到五七小学任教,一来接的便是我们这个班。印象中许老师虽是年轻教师,但显得很老成,教学也很认真,一丝不苟。我们这个班原来由贾仲廉老师带,班风不错,所以没有给许老师惹许多麻烦。这个年级拢共两个班,相互之间既团结友爱,又对抗竞赛。两个班主任年轻气盛,所以两个班的同学也不甘示弱。那时候搞学工,在化学老师指导下我们自己拉回来石子,实习土法烧石灰,既学习了化学原理,又实践了化工生产。我们还野营拉练下乡,步行几十里到三岔渠,访贫问苦,帮助农民收秋。今天回想起来有些好玩,可当时是严肃认真地干的。每天都这样风风火火,忙忙碌碌,于是两年的初中时光也就一眨眼驶过了。

此时已是"文革"后期,处于边鄙之地的张家畔信息闭塞,我们年幼,老师们也很少与学生们讨论时政,只知道先是北京有个叫黄帅的女中学生"反潮流",反对考试,后来又有辽宁铁岭的男知青张铁生因参加推荐上大学考试不会答题,交了白卷,在考场写了一封信,引出工农兵如何上大学、管大学、改造大学的许多争论。我在当时的教材中还看到一篇《考场上的反修斗争》的课文,说的是在苏联的中国留学生,看到国内的"文革"如火如荼,不甘落后,他们要把"反修防修"的战火烧到修正主义的老巢莫斯科,于是与苏联的教师和学校管理者发生了一系列的争执和冲突。

"四海翻腾云水怒,五洲震荡风雷激"(毛泽东《满江红·和郭沫若同志》)。我当时想,外面的世界那样热闹,我们的小县城却是这样安静。我们的五七小学和我们的二班,既没有产生邢燕子、侯隽这样的老知青,也没有产生张铁生、黄帅这样的新英雄。我存的是那个时代的流行看法,叫凌云意,叫峥嵘心。

看来姜还是老的辣,道行还是老师的深。许老师勉励学生的诗就超越了那个调调:"我有一言期共勉:修身处世平常心。"在商品经济愈演愈烈的2013年,许老师拈出"平常心"三字训导学生,不仅让我这个老学生自惭形秽,也远远高出了时下很多教育理论。当时的那些热闹事和那些风云人物,"林花谢了春红,太匆匆"(李煜《相见欢》)。时代的潮流不时激起几朵炫目的浪花,浪花跌下来就永远沉没在水的幽深处,被溅在河岸边的也变成了泡沫,很快会被毒太阳蒸发晒干,熙来攘往的行人踩上也没有了感觉。

二

许老师的诗集作品数量可观,总计要有四五百首之多;时间跨度也很大,最早的可以追溯到20世纪60年代,最晚的是近几年的作品,中间跨了近五十年;内容也非常丰富,既有写亲情友情的,也有抒怀忆昔的,还有览胜讽时的。我无力全面评说这些作品,仅就阅读过程中印象较深的几端,稍做引申,作为自己学习的心得体会,也希望引起同好者的阅读兴趣。

一是书写乡愁或对故乡土地的感受。我提及这点,虽是因集子中有《看央视四台〈乡愁〉感赋》《梦回故园》《梦中老屋》《童年铁事》《回村记》等涉及乡愁的作品,也有多首摹写三边风光的,还有像《留守妇女行》这些写农村男性劳动力大批进城务工,撇下的不光是留守儿童和留守老人，还有大批妇女，在家中守活寡。这说明许老师对目前农村问题有真实的了解和清醒的认识。

我要说的是另外一个稍微大一点的话题，就是近百年来文化人与三边（或靖边）的关系。我以为百年来与靖边本土文化发展有密切关系的前后有四批文化人。其中第一批文化人主要是外来的，外来的传教士传播福音，外来的革命者播种革命火种。第二批文化人也是外来的，但他们主要是被派遣或分配到学校教书的，主要是通过教育开发民智、作育人才的。像我曾提及的郭延龄、杨正泉、李笃志、辛新华、石玉瑚、连奎、高振发、黄海、张凤玲等从外地来靖边教书的老师。第三批则是在本土成长起来的读书人，他们虽然也有外出求学的经历，但学成归来，服务故里，报效家乡。我比较熟悉的主要有侯子诚、尚源、姚勤镇、鲍登发、杜海燕、田捷、许江、王再强、高越林等老师，更年轻的如李俊平、李万耀、张树勇、苏维军、苗丰等。第四批则是我们这些通过高考从三边走出去的靖边人，应该说这一批在 1977 年之前也有一些，但集中出现则是恢复高考后，李星斌、薛保勤、史培军、梁宏贤、梁庆贤、樊治国、王建忠、王玉泽、郭志宏、刘苗、刘万芳、张小宁、高晶华、田沐成……靖边源源不断向外输送人才。出去读书的有回去的，加盟到第三批中，但每一年都有数量可观的人漂流在外。像我这样漂流大半辈子的，客居异地，可能永远也不回去了。

从尚源老师、姚勤镇老师到许江老师等构成靖边文化人的一个本土群体，其意义在于，他们开启了知识本土化、人才本土用的模式。有了他们这批中流砥柱，就不害怕人才的水土流失。而且从人力资源和文化建设的长远来看，这一模式已成为当地揽才、留才、用才的常态。应该说，他们是靖边文化的扎根派，也是靖边建设中的"知情者"，所以他们的乡愁最深。与我们这些每年走马观花回家看看的做客者心态不同，与从外地来任职三五年便走的官员更不同。他们生于斯，长于斯，工作生活于斯，风俗人情、历史现状一切了然于心。因为对这块土地爱得深，所以忧患也深重。

二是对亲情特别是母爱的讴歌。集子中有多首写到母亲的作品，如《母亲百日祭》《从榆返靖途中悼母亲》《梦母感赋》等，均情真意切。《母亲百日祭》中写道："常思母亲纳鞋底，我似小猫卧面前。常思母亲去劳作，我似小狗跟后边。及长我成顽皮鬼，无故经常惹祸端。母亲为我心操尽，邻居面前赔笑脸。八岁以后进学校，母亲更是心不闲。怕冷怕热怕受气，总要送到村外边。九岁骑驴胳膊折，躺在炕上几十天。母亲亲自喂汤饭，百般关爱无怨言。"确是幼小时三边乡下的画面，很温馨很感人，"小猫""小狗""顽皮鬼"的意象很恰切。诗集中的作品也多有对儿孙辈的牵挂，对家族事务的热心，他提及参与《许氏族谱》的编写，还保留了撰写的《辛巳清明祭祖感怀》《己丑年许氏祭祖文》等，对于了解乡村基层社会的重建很有意义。诚如学界的普遍认识，近百年来，中国乡村的家庭、宗族、祠堂等自治组织在暴风骤雨的破旧立新中已经颓塌，而这对构建具有良风美俗的和谐社会很不利。试问一个人连自己的家族史、地方志都搞不清楚，又怎能搞清楚国史呢？连自己的家庭、家族都不爱，又怎能让他爱国呢？

三是从政期间的低调言行和另类作风。其实，许老师真正任教的时间很短暂，在 1976 年年底送走我们这一届学生不久后就从政了，入了仕途。这一时期的干部，特别是知识分子干部，对党的政策是真心拥护的，对"十一届三中全会"的历史意义，比一般工农干部体会更深刻。集子中收入了《自查报告》《离岗有感》《退休二首》《自挽卅韵》等作品，看出他能律己，有底线，对自己的出处行藏看得很达观，认识也很透彻。他以五言诗的形式向组织交了一篇自查报告。在诗中，他先是与同龄人对比，感到很知足；继又与同仁同事对比，表示不羡慕宝马豪宴。接着他变被动为主动："我劝众领导，莫要钻钱眼。钱眼深似海，久入必自淹。我劝众领导，贪为万恶源。东窗事发后，亲友受牵连。我劝众领导，应学古圣贤。洁身品自高，门庭将鱼悬。我劝众领导，多干大事业。趁着掌权时，立功谱新篇。我今作自查，扪心细检点。未干亏心事，酒醉妻伴眠。"这样的自查报告，绝对是另类，会把"众领导"们雷倒，让他们很难堪。但这样的自查，又是真心诚意，绝少官腔官调，是一个有良知的基层干部的大实话。在《自挽卅韵》中，他利用古代自悼自挽自祭的方式，抒发对人生的透彻之悟："呜呼。老夫戏作自挽句，亦庄亦谐亦无聊。位卑忧国清谈客，一介书生似鸿毛。自挽卅韵君莫笑，且饮且歌且长啸。他年倘若坟头平，青蒿即我斜阳照。"在《丰都》一诗中则借鬼神说事："世上神多鬼亦多，丰都城里有阎罗。平生不做亏心事，鬼神又能奈我何！"许老师教学生要有平常心，律己则以不亏心，不以高调炫世，不以巧言唬人，诚哉斯言。

四是对世风时弊的针砭和批评。诗集中有《J 城世相杂记》一首长诗，是对近年来浮躁恶俗的城市文化的纪实和批评。还有《J城官场散记》一首，应是前首的姊妹篇。《某君归乡》则是对那些"出了草窑门，忘了草窑人"，暂时得势者的讽刺挖苦。

前现代社会，朝廷中设有左拾遗右补阙的职位，专门高薪养一些官员给朝廷和百官挑毛病提意见。再早的周代，"天子听政，使公卿至于列士献诗，瞽献曲，史献书，师箴，瞍赋，矇诵，百工谏，庶人传语，近臣尽规，亲戚补察，瞽、史教诲，耆、艾修之，而后王斟酌焉，是以事行而不悖"（《国语·周语上》）。《汉书·艺文志》也说："故古有采诗之官，王者所以观风俗、知得失、自考正也。"《汉书·食货志》则说："孟春之月，群居者将散，行人振木铎徇于路以采诗，献之大师，比其音律以闻于天子。"朝廷通过这些"饥者歌其食，劳者歌其事"的作品，知道了民间疾苦，以便更好地调整或确定政策。当前执政者若果真能继承并弘扬这些优秀的传统文化，许老师诗中反映的这些情况自然也能上达"天"听。

许老师诗集的名称中原来有个"翁"字，我建议他去掉。他仅比我年长八岁，今年虚六十六岁。近几十年来，全世界的衰老线在推后，长寿线在提升。中国国民平均年寿已经超过七十多岁，北京地区的平均寿命已过七十五岁。故我希望许老师老当益壮，向那些百岁老寿星看齐。"何止于米，相期以茶"（冯友兰语），我也期待在下一个三十年的同学聚会和老师的祝寿会上露面祝贺。

我并不知许老师会上网，通过读他的诗集，我才知道他还会玩微信，甚至还能与许多诗友在网上唱和。这体现出他心态年轻，能与时俱进，追踪并享用现代科技进步带来的成果。

所以，我相信在不久的将来，他还会给我们写出诗稿的续集。"庾信文章老更成，凌云健笔意纵横"（杜甫《戏为六绝句》），许老师也会给我们写出更加老辣沉雄的作品。其实，好的作品数量不一定要很多，只要能突破自我认知的天花板，拆除思维的篱笆墙，无复依傍，自由思考，笔补造化，自铸伟辞，还真的可以以诗文不朽。我期待着老师在新时代的新成果。

后 记

承蒙出版社和读者朋友的错爱,第一辑出来后各方面的反响还不错,这也让我鼓起勇气来,把没有做完的工作继续做完。

本辑三册与第一辑稍有区别,如果说第一辑与即将推出的第三辑定位的读者对象是学术共同体的小众的话,那么我期待本辑三册的读者对象应该是文化爱好者的大众人群。第一辑、第三辑是与小同行交流,尽量中规中矩。这一辑则设定为与文化爱好者这个大同行对话,希望更多的读者喜欢看,能看懂,希望与读者有持续的、深入的往复交流。

本册《濡羽编:讲辞、讲稿与讲纲》,所收讲授内容,不是统一规划的,也不是一时完成的。其中"通识视野"是一些博雅通识的话题,"专题讲纲"是限定在有唐一代这个"断代"的文化文学话题,"悠悠河汾"是对不同求学阶段部分老师们的怀念,也包括对对我影响很大的出版人的缅怀。原策划中还有几门高阶课程的讲授提纲,因为内容太多,篇幅也较大,暂时不列入。

美国学者埃德加·戴尔(Edgar Dale)在"经验之塔"(Cone of Experience)理论基础上形成了"学习金字塔"理论,美国物理学家费曼所创"费曼学习法",我给选课的学生们都曾实践过,对于学生们是否有作用,得由他们自己反馈。但是,我在这些年来,因为要赶着备新课、应付一些遵命的新讲座,不得不赶着鸭子上架,对一些原本不熟悉也没兴趣的话题深入钻研,渐入状态,最后开拓出新境。从这个意义上说,我要感谢本书中听过我讲座和课程的听众和学生,他们促成我以教代学、以输出倒逼输入,不仅形成了这些粗浅的文字材料,而且还彻底改变了我的认知方式,以谦卑理性看待人类无穷尽的无知,并在自己有限的存在中做好有限的探索。

我的学生邱旭、杨玉莲帮助校阅清样,订正错讹,也向他们表示感谢。

2022 年 11 月 28 日匆匆